Pierre-Joseph Proudhon

Système des contradictions économiques

ISBN : 978-1505839692

10 9 8 7 6 5 4 3 2 1

Pierre-Joseph Proudhon

Système des contradictions économiques

Table de Matières

Prologue 6

Chapitre I : De la Valeur 24

Chapitre II : La division du travail 54

Chapitre III : Les machines 65

Chapitre IV : La concurrence 76

Chapitre V : Le monopole 89

Chapitre VI : La police ou l'impôt 101

Chapitre VII : De la responsabilité de l'homme et de dieu
125

Chapitre VII : La propriété 145

Chapitre IX : La communauté 184

Chapitre X : Conclusion 210

Prologue

I

Avant que j'entre dans la matière qui fait l'objet de ces nouveaux mémoires, j'ai besoin de rendre compte d'une hypothèse qui paraîtra sans doute étrange, mais sans laquelle il m'est impossible d'aller en avant et d'être compris : je veux parler de l'hypothèse d'un Dieu.

Supposer Dieu, dira-t-on, c'est le nier. Pourquoi ne l'affirmez-vous pas ?

Est-ce ma faute si la foi à la Divinité est devenue une opinion suspecte ? Si le simple soupçon d'un Être suprême est déjà noté comme la marque d'un esprit faible, et si, de toutes les utopies philosophiques, c'est la seule que le monde ne souffre plus ? Est-ce ma faute si l'hypocrisie et l'imbécillité se cachent partout sous cette sainte étiquette ?

[...] je dirai donc comment, étudiant dans le silence de mon cœur et loin de toute considération humaine, le mystère des révolutions sociales, Dieu, le grand Inconnu, est devenu pour moi une hypothèse, je veux dire un instrument dialectique nécessaire.

Si je suis, à travers ses transformations successives, l'idée de Dieu, je trouve que cette idée est avant tout sociale ; j'entends par là qu'elle est bien plus un acte de foi de la pensée collective qu'une conception individuelle. Or, comment et à quelle occasion se produit cet acte de foi ? Il importe de le déterminer.

Au point de vue moral et intellectuel, la société, ou l'homme collectif, se distingue surtout de l'individu par la spontanéité d'action, autrement dite, l'instinct. Tandis que l'individu n'obéit ou s'imagine n'obéir qu'à des motifs dont il a pleine connaissance et auxquels il est maître de refuser ou d'accorder son adhésion ; tandis, en un mot, qu'il se juge libre, et d'autant plus libre qu'il se sait plus raisonneur et mieux instruit, la société est sujette à des entraînements où rien, au premier coup d'œil, ne laisse apercevoir de délibération et de projet, mais qui peu à peu

Pierre-Joseph Proudhon

semblent dirigés par un conseil supérieur, existant hors de la société, et la poussant avec une force irrésistible vers un terme inconnu. [...] Tout l'effort même de ceux qui, à la suite de Bossuet, Vico, Herder, Hegel, se sont appliqués à la philosophie de l'histoire, a été jusqu'ici de constater la présence du destin providentiel, qui préside à tous les mouvements de l'homme. Et j'observe, à ce propos, que la société ne manque jamais, avant d'agir, d'évoquer son génie : comme si elle voulait se faire ordonner d'en haut ce que déjà sa spontanéité a résolu. Les sorts, les oracles, les sacrifices, les acclamations populaires, les prières publiques, sont la forme la plus ordinaire de ces délibérations après coup de la société.

Cette faculté mystérieuse, tout intuitive, et pour ainsi dire supra-sociale, peu ou point sensible dans les personnes, mais qui plane sur l'humanité comme un génie inspirateur, est le fait primordial de toute psychologie.

Or, à la différence des autres espèces animales, comme lui soumises tout à la fois à des appétences individuelles et à des impulsions collectives, l'homme a le privilège d'apercevoir et clé signaler à sa propre pensée l'instinct ou fatum qui le mène ; nous verrons plus tard qu'il a aussi le pouvoir d'en pénétrer et même d'en influencer les décrets. Et le premier mouvement de l'homme, ravi et pénétré d'enthousiasme (du souffle divin), est d'adorer l'invisible Providence dont il se sent dépendre et qu'il nomme Dieu. [...] Dieu apparaît donc à l'homme comme un moi, comme une essence pure et permanente, qui se pose devant lui ainsi qu'un monarque devant son serviteur et qui s'exprime, tantôt par la bouche des poètes, des législateurs et des devins, *musa, nomos, numen*; tantôt par l'acclamation populaire, *Vox populi Vox Dei*. [...]

Remarquons au surplus qu'en rapportant à la conscience vague, et pour ainsi dire objectivée d'une raison universelle, la première révélation de, la Divinité, nous ne préjugeons absolument rien sur la réalité même ou la non réalité de Dieu. En effet, admettons que Dieu ne soit autre chose que l'instinct collectif ou la raison universelle : reste encore à savoir ce qu'est en elle-même cette raison universelle. Car, comme nous le ferons voir par la suite, la raison universelle n'est point donnée dans la raison individuelle; en d'autres termes, la connaissance des lois sociales, ou la théorie des idées collectives, bien que déduite des concepts fondamentaux de la raison pure, est cependant tout empirique, et n'eût jamais été découverte a priori par voie de déduction, d'induction ou de synthèse. D'où il suit que la raison universelle est précisément, en langage moderne, ce que les anciens appelèrent Dieu. Le mot est changé : que savons-nous de la chose ?

Poursuivons maintenant les évolutions de l'idée divine.

L'Être suprême une fois posé par un premier jugement mystique, l'homme généralise immédiatement ce thème par un autre mysticisme, l'analogie. Dieu n'est, pour ainsi dire, encore qu'un point : tout à l'heure il remplira le monde.

De même qu'en sentant son moi social, l'homme avait salué son Auteur ; de même en découvrant du conseil et, de l'intention dans les animaux, les plantes, les fontaines, les météores, et dans tout l'univers, il attribue à chaque objet en particulier, et ensuite au tout, une âme, esprit ou génie qui y préside : poursuivant cette induction déifiante du sommet le plus élevé de la nature, qui est la société, aux existences les plus humbles, aux choses inanimées et inorganiques. [...]

Ainsi, sans un Dieu, fabricateur souverain, l'univers et l'homme n'existeraient pas : telle est la profession de foi sociale. Mais aussi sans l'homme Dieu ne serait pas pensé, - franchissons cet intervalle, - Dieu ne serait rien. Si l'humanité a besoin d'un auteur, Dieu, les dieux, n'a pas moins besoin d'un révélateur : la, théogonie des histoires du ciel, de, l'enfer et de leurs habitants, ces rêves de la pensée humaine, sont la contre-partie de l'univers, que certains philosophes ont nommé en retour le rêve de Dieu. [...]

Descendons de cette région fantastique : l'impitoyable raison frappe à la porte ; il faut répondre à ses questions redoutables. Qu'est-ce que Dieu ? dit-elle. Mystère de Dieu et de la raison! Afin de rendre l'objet de son idolâtrie de plus en plus rationnel, le croyant le dépouille successivement de tout ce qui pourrait le faire réel ; et après des prodiges de logique et de génie, les attributs de l'Être par excellence se trouvent être les mêmes que ceux du néant. Cette évolution est inévitable et

Pierre-Joseph Proudhon

fatale : l'athéisme est au fond de toute théodicée.

Essayons de faire comprendre ce progrès.

L'esprit d'analyse, Satan infatigable qui interroge et contredit sans cesse, devait tôt ou tard chercher la preuve du dogmatisme religieux. Or, que le philosophe détermine l'idée de Dieu, ou qu'il la déclare indéterminable; qu'il l'approche de sa raison, ou qu'il l'en éloigne, je dis que cette idée souffre une atteinte. Donc le mouvement athéiste est le second acte du drame théologique, et ce second acte est donné par le premier, comme l'effet par la cause. Les cieux racontent la gloire de l'Éternel, dit le psalmiste; ajoutons : Et leur témoignage le détrône.

[...] Si je suis un esprit, un moi sensible et émettant des idées, continue le théiste, j'ai part aussi à l'existence absolue ; je suis libre, créateur, immortel, égal à Dieu. *Cogito, ergo sum* ; je pense, donc je suis immortel : voilà le corollaire, la traduction de *l'Ego sum qui sum* : la philosophie est d'accord avec la Bible. L'existence de Dieu et l'immortalité de l'âme sont données par la conscience dans le même jugement : là, l'homme parle au nom de l'univers, au sein duquel il transporte son, moi; ici, il parle en son propre nom, sans s'apercevoir que, dans cette allée et cette venue, il ne fait que se répéter.

L'immortalité de l'âme, vraie scission de la divinité et qui, au moment de sa promulgation première, arrivée après un long intervalle, parut une hérésie aux fidèles du dogme antique, n'en fut pas moins considérée comme le complément de la majesté divine, le postulé nécessaire de la bonté et de la justice éternelles. [...]

En se faisant semblable à Dieu, l'homme faisait Dieu semblable à lui : cette corrélation, que pendant bien des siècles on eût qualifiée d'exécrable, fut l'invisible ressort qui détermina le nouveau mythe. Au temps des patriarches, Dieu faisait alliance avec l'homme; maintenant, et pour cimenter le pacte, Dieu va se faire homme. Il prendra notre chair, notre figure, nos passions, nos joies et nos peines, naîtra d'une femme et mourra comme nous. Puis, après cette humiliation de l'infini, l'homme prétendra encore avoir agrandi l'idéal de son Dieu, en faisant, par une version logique, de celui qu'il avait jusque-là nommé créateur, un conservateur, un rédempteur. L'humanité ne dit pas encore : C'est moi qui suis Dieu ; une telle usurpation ferait horreur à sa piété ; elle dit : Dieu est en moi. [...]

Lorsque Milton représente la première femme se mirant dans une fontaine et tendant avec amour les bras vers sa propre image comme pour l'embrasser, il peint trait pour trait le genre humain. Ce Dieu que tu adores, ô homme! ce Dieu que tu as fait bon, juste, tout-puissant, tout sage, immortel et saint, c'est toi-même , cet idéal de perfections est ton image, épurée au miroir ardent de ta conscience. Dieu, la nature et l'homme, sont le triple aspect de l'être un et identique; l'homme, c'est Dieu même arrivant à la conscience de soi par mille évolutions; en Jésus-Christ, l'homme s'est senti Dieu, et le christianisme est vraiment la religion de Dieu-homme. Il n'y a pas d'autre Dieu que celui qui, dès l'origine, a dit : Moi ; il n'y a pas d'autre Dieu que Toi.

Telles sont les dernières conclusions de la philosophie, qui expire en dévoilant le mystère de la religion et le sien.

II

Il semble dès lors que tout soit fini ; il semble que, l'humanité cessant de s'adorer et de se mystifier elle-même, le problème théologique soit .écarté à jamais. Les dieux sont partis : l'homme n'a plus qu'à s'ennuyer et mourir dans son égoïsme. Quelle effrayante solitude s'étend autour de moi et se creuse au fond de mon âme ! Mon exaltation ressemble à l'anéantissement, et depuis que je me suis fait Dieu, je ne me vois plus que comme une ombre. Il est possible que je sois toujours un moi, mais il m'est bien difficile de me prendre pour l'absolu ; et si je ne suis pas l'absolu, je ne suis que la moitié d'une idée.

Un peu de philosophie éloigne de la religion, a dit je ne sais quel penseur ironique, et beaucoup de philosophie y ramène. - Cette observation est d'une vérité humiliante. [...]

On se tromperait donc, si l'on allait s'imaginer, après l'exposé rapide que j'ai fait des évolutions religieuses, que la métaphysique a dit son dernier mot sur la double énigme exprimée dans ces quatre mots : existence de

Dieu, immortalité de l'âme. Ici, comme ailleurs, les conclusions les plus avancées et les mieux établies de la raison, celles qui paraissent avoir tranché à jamais la question théologique, nous ramènent au mysticisme primordial, et impliquent les données nouvelles d'une inévitable philosophie. [...] Le genre humain, au moment où j'écris, est à la veille de reconnaître et d'affirmer quelque chose qui équivaudra pour lui à l'antique notion de la Divinité; et cela, non plus comme autrefois par un mouvement spontané, mais avec réflexion et en vertu d'une dialectique invincible.

Je vais, en peu de mots, tâcher de me faire entendre.

S'il est un point sur lequel les philosophes, malgré qu'ils en eussent, aient fini par se mettre d'accord, c'est sans doute la distinction de l'intelligence et de la nécessité, du sujet de la pensée et de son objet, du moi et du non-moi; en termes vulgaires, de l'esprit et de la matière. [...]

Ainsi, qui pense, et qui est pensé ? Qu'est-ce qu'une âme, qu'est-ce qu'un corps ? je défie d'échapper à ce dualisme. [...]

Or, quiconque a pris la peine d'y réfléchir sait aujourd'hui qu'une semblable distinction, toute réalisée qu'elle soit, est ce que la raison peut rencontrer de plus inintelligible, de plus contradictoire, de plus absurde. L'être ne se conçoit pas plus sans les propriétés de l'esprit que sans les propriétés de la matière. [...] Force nous est donc de débuter par un dualisme dont nous savons parfaitement que les termes sont faux, mais qui, étant pour nous la condition du vrai, nous oblige invinciblement ; force, nous est, en un mot, de commencer avec Descartes et avec le genre humain par le moi, c'est-à-dire par l'esprit.

Mais depuis que les religions et les philosophies, dissoutes par l'analyse, sont venues se fondre dans la théorie de l'absolu, nous n'en savons pas mieux ce que c'est que l'esprit, et nous ne différons en cela des anciens que par la richesse de langage dont nous décorons l'obscurité qui nous assiège. Seulement, tandis que, pour les hommes d'autrefois, l'ordre accusait une intelligence hors du monde; pour les modernes, il semble plutôt l'accuser dans le monde. Or, qu'on la place dedans ou dehors, dès l'instant qu'on l'affirme en vertu de l'ordre, il faut l'admettre partout où l'ordre se manifeste, ou ne l'accorder nulle part. Il n'y a pas plus de raison d'attribuer de l'intelligence à la tête qui produisit l'Iliade qu'à une masse de matière qui cristallise les octaèdres; et réciproquement il est aussi absurde de rapporter le Système du monde à des lois physiques, sans tenir compte du moi ordonnateur, que d'attribuer la victoire de Marengo à des combinaisons stratégiques, sans tenir compte du premier consul. Toute la différence qu'on pourrait faire est que, dans ce dernier cas, le moi pensant est localisé dans le cerveau de Bonaparte; tandis que, par rapport à l'univers, le moi n'a pas de lieu spécial et se répand partout.

Les matérialistes ont cru avoir bon marché de l'opinion contraire, en disant que l'homme, ayant assimilé l'univers à son corps, acheva sa comparaison en prêtant à cet univers, une âme semblable à celle qu'il supposait être le principe de sa vie et de sa pensée ; qu'ainsi tous les arguments de l'existence de Dieu se réduisaient à une analogie d'autant plus fausse que le terme de comparaison était lui-même hypothétique.

[...] Or, qui ne voit que l'objection des matérialistes prouve précisément ce qu'elle a pour objet de nier ? L'homme distinguant en lui-même un principe spirituel et un principe matériel, qu'est-ce autre chose que la nature même, proclamant tour à tour sa double essence, et rendant témoignage de ses propres lois ? Et remarquons l'inconséquence du matérialisme: il nie, et il est forcé de nier que l'homme soit libre; or, moins l'homme a de liberté, plus son dire acquiert d'importance et doit être regardé comme l'expression de la vérité. Lorsque j'entends cette machine qui me dit : je suis âme et je suis corps; bien qu'une semblable révélation m'étonne et me confonde, elle revêt à mes yeux une autorité incomparablement plus grande que celle du matérialiste qui, corrigeant la conscience et la nature, entreprend de leur faire dire : je suis matière et rien que matière, et l'intelligence n'est que la faculté matérielle de connaître.

Que serait-ce si, prenant à mon tour l'offensive, je démontrais combien l'existence des corps, ou, en d'autres termes, la réalité d'une nature purement corporelle, est une opinion insoutenable ? - La matière, dit-on, est impénétrable. - Impénétrable à quoi ? demanderai-je. A elle-même sans doute ; car on n'oserait dire à l'esprit, puisque ce serait admettre ce que l'on veut écarter. Sur quoi j'élève cette double question : Qu'en savez-vous ? et qu'est-ce que cela signifie ?

[...] Ainsi, soit que la philosophie, après avoir renversé le dogmatisme théologique, spiritualise la matière ou matérialise la pensée, idéalise l'être ou réalise l'idée; soit qu'identifiant la substance et la cause, elle substitue partout la FORCE, toujours elle nous ramène à l'éternel dualisme, et, en nous sommant de croire à nous-mêmes, nous oblige à croire en Dieu, si ce n'est aux esprits. [...]

La philosophie, à sa dernière heure, ne sait donc rien de plus qu'à sa naissance : comme si elle n'eût paru dans le monde que pour vérifier le mot de Socrate, elle nous dit, en se couvrant solennellement de son drap mortuaire : Je sais que je ne sais rien. Que dis-je ? la philosophie sait aujourd'hui que tous ses jugements reposent sur deux hypothèses également fausses, également impossibles, et cependant également nécessaires et fatales, la matière et l'esprit. En sorte que, taudis qu'autrefois l'intolérance religieuse et les discordes philosophiques, répandant partout les ténèbres, excusaient le doute et invitaient à une insouciance libidineuse, le triomphe de la négation sur tous les points ne permet plus même ce doute ; la pensée, affranchie de toute entrave, mais vaincue par ses propres succès, est contrainte d'affirmer ce qui lui paraît clairement contradictoire et absurde. Les sauvages disent que le monde est un grand fétiche gardé par un grand manitou. Pendant trente siècles, les poètes, les législateurs et les sages de la civilisation, se transmettant d'âge en âge la lampe philosophique, n'ont rien écrit de plus sublime que cette profession de foi. Et voici qu'à la fin de cette longue conspiration contre Dieu, qui s'est appelée elle-même philosophie, la raison émancipée conclut comme la raison sauvage : L'univers est un non-moi, objectivé par un moi.

L'humanité suppose donc fatalement l'existence de Dieu : et si, pendant la longue période qui se clôt de notre temps, elle a cru à la réalité de son hypothèse, si elle en a adoré l'inconcevable objet, si, après s'être saisie dans cet acte de foi elle persiste sciemment, mais non plus librement, dans cette opinion d'un être souverain qu'elle sait n'être qu'une personnification de sa propre pensée ; si elle est à la veille de recommencer ses invocations magiques, il faut croire qu'une si étonnante hallucination cache quelque mystère, qui mérite d'être approfondi.

Je dis hallucination et mystère, mais sans que je prétende nier par là le contenu surhumain de l'idée de Dieu, comme aussi sans admettre la nécessité d'une nouvelle religion. Car s'il est indubitable que l'humanité, en affirmant Dieu ou tout ce que l'on voudra sous le nom de moi ou d'esprit, n'affirme qu'elle-même, on ne saurait nier non plus qu'elle s'affirme alors comme autre que ce qu'elle se connaît; cela résulte de toutes les mythologies comme de toutes les théodicées. [...]

C'est donc une démonstration scientifique, c'est-à-dire empirique, de l'idée de Dieu, qui reste à faire : or, cette démonstration n'a jamais été essayée. La théologie dogmatisant sur l'autorité de ses mythes, la philosophie spéculant à l'aide des catégories, Dieu est demeuré à l'état de conception transcendantale, c'est-à-dire inaccessible à la raison, et l'hypothèse subsiste toujours.

III

Il me reste à dire comment, dans un livre d'économie politique, j'ai dû partir de l'hypothèse fondamentale de toute philosophie.

Et d'abord, j'ai besoin de l'hypothèse de Dieu pour fonder l'autorité de la science sociale. [...] La philosophie sociale n'admet point a priori que l'humanité dans ses actes puisse ni tromper ni être trompée : sans cela, que deviendrait l'autorité du genre humain, c'est-à-dire l'autorité de la raison, synonyme au fond de la souveraineté du peuple ? Mais elle pense que les jugements humains, toujours vrais dans ce qu'ils ont d'actuel et d'immédiat, peuvent se compléter et s'éclairer successivement les uns les autres, à mesure de l'acquisition des idées, de manière à mettre toujours d'accord la raison générale avec la spéculation individuelle, et à étendre indéfiniment la sphère de la certitude : ce qui est toujours affirmer l'autorité des jugements humains.

Or, le premier jugement de la raison, le préambule de toute constitution politique, cherchant une sanction et un principe, est nécessairement

Pierre-Joseph Proudhon

celui-ci : Il est un Dieu ; ce 'qui veut dire : la société est gouvernée avec conseil, préméditation, intelligence. Ce jugement, qui exclut le hasard, est donc ce qui fonde la possibilité d'une science sociale, et toute étude historique et positive des faits sociaux, entreprise dans un but d'amélioration et de progrès, doit supposer avec le peuple l'existence de Dieu, sauf à rendre compte plus tard de ce jugement.

Ainsi, l'histoire des sociétés n'est plus pour nous qu'une longue détermination de l'idée de Dieu, une révélation progressive de la destinée de l'homme. Et tandis que l'ancienne sagesse faisait tout dépendre de la notion arbitraire et fantastique de la Divinité, opprimant la raison et la conscience, et arrêtant le mouvement par la terreur d'un maître invisible ; - la nouvelle philosophie, renversant la méthode, brisant l'autorité de Dieu aussi bien que celle de l'homme, et n'acceptant d'autre joug que celui du fait et de l'évidence, fait tout converger vers l'hypothèse théologique, comme vers le dernier de ses problèmes.

L'athéisme humanitaire est donc le dernier terme de l'homme, par conséquent la dernière phase de la philosophie, servant de passage à la reconstruction ou vérification scientifique de tous les dogmes démolis. [...]

J'ai besoin de l'hypothèse de Dieu pour montrer le lien qui unit la civilisation à la nature.

En effet, cette hypothèse étonnante, par laquelle l'homme s'assimile à l'absolu, impliquant l'identité des lois de la nature et des lois de la raison, nous permet de voir dans l'industrie humaine le complément de l'opération créatrice, rend solidaire l'homme et le globe qu'il habite, et, dans les travaux d'exploitation de ce domaine où nous a placés la Providence, et qui devient ainsi en partie notre ouvrage, nous fait concevoir le principe et la fin de toutes choses. Si donc l'humanité n'est pas Dieu, elle continue Dieu ; ou, si l'on préfère un autre style, ce que l'humanité fait aujourd'hui avec réflexion, est la même chose que ce qu'elle a commencé d'instinct, et que la nature nous semble accomplir par nécessité. Dans tous ces cas, et quelque opinion qu'on choisisse, une chose demeure indubitable, l'unité d'action et de loi.

'Êtres intelligents, acteurs d'une fable conduite avec intelligence, nous pouvons hardiment conclure de nous à l'univers et à l'éternel, et, quand nous aurons définitivement organisé parmi nous le travail, dire avec orgueil : La création est expliquée.

Ainsi le champ d'exploration de la philosophie se trouve déterminé : la tradition est le point de départ de toute spéculation sur l'avenir; l'utopie est écartée à jamais; l'étude du moi, transporté de la conscience individuelle aux manifestations de la volonté sociale, acquiert le caractère d'objectivité dont elle avait été jusqu'alors privée; et, l'histoire devenant psychologie, la théologie anthropologie, les sciences naturelles métaphysique, la théorie de la raison se déduit, non plus de la vacuité de l'intellect, mais des innombrables formes d'une nature largement et directement observable.

J'ai besoin de l'hypothèse de Dieu pour témoigner de ma bonne volonté envers une multitude de sectes, dont je ne partage pas les opinions, mais dont je crains les rancunes : - théistes; je sais tel qui, pour la cause de Dieu, serait prêt à tirer l'épée, et, comme Robespierre, à faire jouer la guillotine jusqu'à la destruction du dernier athée, sans se douter que cet athée ce serait lui; mystiques, dont le parti, composé en grande partie d'étudiants et de femmes, marchant sous la bannière de MM. Lamennais, Quinet, Leroux et autres, a pris pour devise : Tel maître tel valet, tel Dieu tel peuple; et, pour régler le salaire d'un ouvrier, commence par restaurer la religion; - spiritualistes, qui, si je méconnaissais les droits de l'esprit, m'accuseraient de fonder le culte de la matière, contre lequel je proteste de toutes les forces de mon âme; - sensualistes et matérialistes, pour qui le dogme divin est le symbole de la contrainte et le principe de l'asservissement des passions, hors desquelles, disent-ils, il n'est pour l'homme ni plaisir, ni vertu, ni génie; - éclectiques et sceptiques, libraires-éditeurs de toutes les vieilles philosophies, mais eux-mêmes ne philosophant pas, coalisés en une vaste confrérie, avec approbation et privilège, contre quiconque pense, croit ou affirme sans leur permission; - conservateurs enfin, rétrogrades, égoïstes et hypocrites, prêchant l'amour de Dieu par haine du prochain, accusant depuis le déluge la liberté des malheurs du monde, et calomniant la raison par sentiment de leur sottise. [...]

Pierre-Joseph Proudhon

Enfin j'ai besoin de l'hypothèse de Dieu pour expliquer la publication de ces nouveaux Mémoires.

Notre société se sent grosse d'événements et s'inquiète de l'avenir : comment rendre raison de ces pressentiments vagues avec le seul secours d'une raison universelle, immanente si l'on veut, et permanente, mais impersonnelle, et par conséquent muette ; - ou bien avec l'idée de nécessité, s'il implique que la nécessité se connaisse, et partant qu'elle ait des pressentiments ? Reste donc encore une fois l'hypothèse d'un agent ou incube qui presse la société, et lui donne des visions.

Or, quand la société prophétise, elle s'interroge par la bouche des uns, et se répond par la bouche des autres. Et sage alors qui sait écouter et comprendre, parce que Dieu même a parlé, *quia locutus est Deus*.

L'Académie des Sciences morales et politiques a proposé la question suivante :

Déterminer les laits généraux qui règlent les rapports des profits avec les salaires, et en expliquer les oscillations respectives.

Il y a quelques années, la même Académie demandait : Quelles sont les causes de la misère ? C'est qu'en effet le dix-neuvième siècle n'a qu'une pensée, qui est égalité et réforme. Mais l'esprit souffle où il veut : beaucoup se mirent à ruminer la question, personne ne répondit. Le collège des aruspices a donc renouvelé sa demande, mais en termes plus significatifs. Il veut savoir si l'ordre règne dans l'atelier; si les salaires sont équitables; si la liberté et le privilège se font une juste compensation; si la notion de valeur, qui domine tous les faits d'échange, est, dans les formes où l'ont rendue les économistes, suffisamment exacte; si le crédit protège le travail; si la circulation est régulière; si les charges de la société pèsent également sur tous, etc., etc.

Et, en effet, la misère ayant pour cause immédiate l'insuffisance du revenu, il convient de savoir comment, hors les cas de malheur et de mauvaise volonté, le revenu de l'ouvrier est insuffisant. C'est toujours la même question d'inégalité des fortunes qui fit tant de bruit il y a un siècle, et qui, par une fatalité étrange, se reproduit sans cesse dans les programmes académiques, comme si là était le véritable nœud des temps modernes [...].

Je sais bien que les vues de l'Académie ne sont pas si profondes, et qu'elle a horreur des nouveautés à l'égal d'un concile; mais plus elle se tourne vers le passé, plus elle nous réfléchit l'avenir, plus par conséquent nous devons croire à son inspiration : car les vrais prophètes sont ceux qui ne comprennent pas ce qu'ils, annoncent. Écoutez plutôt :

Quelles sont, a dit l'Académie, *les applications les plus utiles qu'on puisse faire du Principe de l'association volontaire et Privée au soulagement de la misère ?*

Et encore :

Exposer la théorie et les principes du contrat d'assurance, en faire l'histoire, et déduire de la doctrine et des faits les développements que ce contrat peut recevoir, et les diverses applications utiles qui pourraient en être faites dans l'état de progrès où se trouvent actuellement notre commerce et notre industrie.

Lorsque, réunissant dans le même point de vue le sujet et l'objet, l'Académie demande, à côté d'une théorie de l'association des intérêts, une théorie de l'association volontaire, elle nous révèle ce que doit être la société la plus parfaite, et par là même elle affirme tout ce qu'il y a de plus contraire à ses convictions. Liberté, égalité, solidarité, association! Par quelle inconcevable méprise un corps si éminemment conservateur a-t-il proposé aux citoyens ce nouveau programme des droits de l'homme ? Ainsi Caïphe prophétisait la rédemption en reniant Jésus-Christ.

[Cependant], l'Académie a retiré sa question. Ainsi donc messieurs de l'Académie désavouent, dans la chambre de leurs séances, ce qu'ils ont annoncé sur le trépied! Une telle contradiction n'a rien qui m'étonne ; et Dieu me garde de leur en faire un crime. Les anciens croyaient que les révolutions s'annonçaient par des signes épouvantables, et qu'entre autres prodiges les animaux parlaient. C'était une figure, pour désigner ces idées soudaines et ces paroles étranges qui circulent tout à coup

Pierre-Joseph Proudhon

dans les masses aux instants de crises, et qui semblent privées de tous antécédents humains, tant elles s'écartent du cercle de la judiciaire commune. A l'époque où nous vivons, pareille chose ne pouvait manquer de se produire. [...] Sachons donc discerner les avis d'en haut d'avec les jugements intéressés des hommes et tenons pour certain que dans les discours des sages, cela est surtout indubitable, à quoi leur réflexion a eu le moins de part.

Toutefois l'Académie, en rompant si brusquement avec ses intuitions, semble avoir éprouvé quelque remords. En place d'une théorie de l'association à laquelle par réflexion elle ne croit plus, elle demande un Examen critique du système d'instruction et d'éducation de Pestalozzi, considéré Principalement dans ses rapports avec le bien-être et la moralité des classes pauvres. Qui sait ? peut-être que le rapport des profits et des salaires, l'association, l'organisation du travail, enfin, se trouvent. au fond du système d'enseignement. La vie de l'homme n'est-elle pas un perpétuel apprentissage ? La philosophie et la religion ne sont-elles pas l'éducation de l'humanité ? Organiser l'instruction, ce serait donc organiser l'industrie, et faire la théorie de la société : l'Académie, dans ses moments lucides, en revient toujours là.

Quelle influence, c'est encore l'Académie qui parle, les progrès et le goût du bien-être matériel exercent-ils sur la moralité d'un peuple ?

Prise dans le sens le plus apparent, cette nouvelle question de l'Académie est banale et propre tout au plus à exercer un rhéteur. Mais l'Académie, qui doit jusqu'à la fin ignorer le sens révolutionnaire de ses oracles, a levé le rideau dans sa glose. Qu'a-t-elle donc vu de si profond dans cette thèse épicurienne ?

« C'est, nous dit-elle, que le goût du luxe et des jouissances, l'amour singulier qu'en éprouve le plus grand nombre, la tendance des âmes et des intelligences à s'en préoccuper exclusivement, l'accord des particuliers ET DE L'ÉTAT pour en faire le mobile et le but de tous leurs projets, de tous leurs efforts et de tous leurs sacrifices, engendrent des sentiments généraux ou individuels qui, bienfaisants on nuisibles, deviennent des principes d'action plus puissants peut-être que ceux qui en d'autres temps ont dominé les hommes. »

Prologue

Jamais plus belle occasion ne s'était offerte à des moralistes d'accuser le sensualisme du siècle, la vénalité des consciences, et la corruption érigée en moyen de gouvernement : au lieu de cela, que fait l'Académie des Sciences morales ? Avec le calme le plus automatique, elle institue une série où le luxe, si longtemps proscrit par les stoïciens et les ascètes, ces maîtres en sainteté, doit apparaître à son tour comme un principe de conduite aussi légitime, aussi pur et aussi grand que tous ceux invoqués jadis par la religion et la philosophie. Déterminez, nous dit-elle, les mobiles d'action (sans doute vieux maintenant et usés) auxquels succède providentiellement l'histoire de la VOLUPTÉ, et, d'après les résultats des premiers, calculez les effets de celle-ci. Prouvez, en un mot, qu'Aristippe n'a fait que devancer son siècle, et que sa morale devait avoir son triomphe, aussi bien que celle de Zénon et d'A-Kempis.

Donc, nous avons affaire à une société qui ne veut plus être pauvre, qui se moque de tout ce qui lui fut autrefois cher et sacré, la liberté, la religion et la gloire, tant qu'elle n'a pas la richesse ; qui, pour l'obtenir, subit tous les affronts, se rend complice de toutes les lâchetés : et cette soif ardente de plaisir, cette volonté irrésistible d'arriver au luxe, symptôme d'une nouvelle période dans la civilisation, est le commandement suprême en vertu duquel nous devons travailler à l'expulsion de la misère ! ainsi dit l'Académie. Que devient après cela le précepte de l'expiation et de l'abstinence, la morale du sacrifice, de la résignation et de l'heureuse médiocrité ? Quelle méfiance des dédommagements promis pour l'autre vie, et quel démenti à l'Évangile ! Mais surtout quelle justification d'un gouvernement qui a pris la clef d'or pour système! Comment des hommes religieux, des chrétiens, des Sénèque ont-ils proféré d'un seul coup tant de maximes immorales ?

On s'étonnera peut-être qu'après avoir, à l'instar des plus audacieux novateurs, mis en question tous les principes de l'ordre social, la religion, la famille, la propriété, la justice, l'Académie des Sciences morales et politiques n'ait pas aussi proposé ce problème : Quelle est la meilleure forme de gouvernement ? En effet, le gouvernement est pour la société la source d'où découle toute initiative, toute garantie, toute réforme. Il était donc intéressant de savoir si le gouvernement, tel qu'il se trouve formulé dans la Charte, suffisait à la solution pratique des questions de l'Académie. Mais ce serait mal connaître les oracles que de s'imaginer qu'ils procèdent par induction et analyse ; et précisément parce que le problème politique était une condition ou corollaire des démonstrations demandées, l'Académie ne pouvait le mettre au concours. Une telle conclusion lui aurait ouvert les yeux, et sans attendre les mémoires des concurrents, elle se serait empressée de supprimer tout entier son programme. L'Académie a repris la question de plus haut. Elle s'est dit !

Les oeuvres de Dieu sont belles de leur propre essence, *justificata in semetipsa*; elles sont vraies, en un mot, parce qu'elles sont de lui. Les pensées de l'homme ressemblent à d'épaisses vapeurs, traversées par de longs et minces éclairs. Qu'est-ce donc que la vérité par rapport à nous, et quel est le caractère de la certitude ?

Comme si l'Académie nous disait: Vous vérifierez l'hypothèse de votre existence, l'hypothèse de l'Académie qui vous interroge, l'hypothèse du temps, de l'espace, du mouvement, de la pensée et des lois de la pensée. Puis vous vérifierez l'hypothèse du paupérisme, l'hypothèse de l'inégalité des conditions, l'hypothèse de l'association universelle, l'hypothèse du bonheur, l'hypothèse de la monarchie et de la république, l'hypothèse d'une providence ! ...

C'est toute une critique de Dieu et du genre humain.

J'en atteste le programme de l'honorable compagnie : ce n'est pas moi qui ai posé les conditions de mon travail, c'est l'Académie des Sciences morales et politiques. Or, comment puis-je satisfaire à ces conditions, si je ne suis moi-même doué d'infaillibilité, en un mot si je ne suis Dieu ou devin ? L'Académie admet donc que la divinité et l'humanité sont identiques ; ou du moins corrélatives ; mais il s'agit de savoir en quoi consiste cette corrélation : tel est le sens du problème de la certitude, tel est le but, de la philosophie sociale.

Ainsi donc, au nom de la société que Dieu inspire, une Académie interroge.

Au nom de la même société, je suis l'un des voyants qui essaie de répondre. La tâche est immense et je ne promets pas de la remplir :

j'irai jusqu'où Dieu me donnera. Mais, quel que soit mon discours, il ne vient point de moi: la pensée qui fait courir ma plume ne m'est pas personnelle, et rien de ce que j'écris ne m'est imputable. Je rapporterai les faits tels que je les aurai vus; je les jugerai sur ce que j'en aurai dit ; j'appellerai chaque chose de son nom le plus énergique, et nul ne pourra y trouver une offense. Je chercherai librement et d'après les règles de la divination que j'ai apprise, ce que nous vent le conseil divin qui s'exprime en ce moment par la bouche éloquente des sages, et par les vagissements inarticulés du peuple : et quand je nierais toutes les prérogatives consacrées par notre constitution, je ne serai point factieux. je montrerai du doigt où nous pousse l'invisible aiguillon ; et mon action ni mes paroles ne seront irritantes. Je provoquerai la nue, et quand j'en ferais tomber la foudre, je serais innocent. Dans cette enquête solennelle où l'Académie m'invite, j'ai plus que le droit de dire la vérité, j'ai le droit de dire ce que je pense : puissent ma pensée, mon expression et la vérité, n'être jamais qu'une seule et même chose !

Et vous, lecteur, car sans lecteur il n'est pas écrivain, vous êtes de moitié dans mon oeuvre. Sans vous, je ne suis qu'un airain sonore ; avec la faveur de votre attention, je dirai merveille. Voyez-vous ce tourbillon qui passe et qu'on appelle la SOCIÉTÉ duquel jaillissent avec un éclat si terrible, les éclairs, les tonnerres et les voix ? je veux vous faire toucher du doigt les ressorts cachés qui le meuvent ; mais il faut pour cela que vous vous réduisiez, sous mon commandement, à l'état de pure intelligence. [...]. Souffrez donc qu'avant de dérouler à vos yeux les feuillets du livre de vie, je prépare votre âme par cette purification sceptique, que réclamèrent de tous temps de leurs disciples les grands instituteurs des peuples, Socrate, Jésus-Christ, saint Paul, saint Rémi, Bacon, Descartes, Galilée, Kant, etc.

[...] Qu'aucune fantaisie politique ni religieuse ne retienne donc votre âme captive; c'est l'unique moyen aujourd'hui de n'être ni dupe ni renégat. Ah ! disais-je au temps de mon enthousiaste jeunesse, n'entendrai-je point sonner les secondes vêpres de la république, et nos prêtres, vêtus de blanches tuniques, chanter sur le mode dorien l'hymne du retour: Change, ô Dieu, notre servitude, comme le vent du désert en un souffle rafraîchissant!...

Pierre-Joseph Proudhon

Mais j'ai désespéré des républicains, et je ne connais plus ni religion ni prêtres.

Je voudrais encore pour assurer tout à fait votre jugement, cher lecteur, vous rendre l'âme insensible à la pitié, supérieure à la vertu, indifférente au bonheur. Mais ce serait trop exiger d'un néophyte. Souvenez-vous seulement, et n'oubliez jamais, que la pitié, le bonheur, et la vertu, de même que la patrie, la religion et l'amour, sont des masques .....

Prologue

Chapitre I : De la Valeur

Opposition de la valeur d'utilité et de la valeur d'échange.

La VALEUR est la pierre angulaire de l'édifice économique. Le divin artiste qui nous a commis à la continuation de son oeuvre ne s'en est expliqué à personne ; mais, sur quelques indices, on le conjecture. La valeur, en effet, présente deux faces: l'une, que les économistes appellent valeur d'usage, ou valeur en soi ; l'autre, valeur en échange, ou d'opinion. Les effets que produit la valeur sous ce double aspect, et qui sont fort irréguliers tant qu'elle n'est point assise, ou, pour nous exprimer plus philosophiquement, tant qu'elle n'est pas constituée, changent totalement par cette constitution.

Or, en quoi consiste la corrélation de valeur utile à valeur en échange que faut-il entendre par valeur constituée, et par quelle péripétie s'opère cette constitution c'est l'objet et la fin de l'économie politique.

Tout ce qui peut m'être de quelque service a pour moi de la valeur, et je suis d'autant plus riche que la chose utile est plus abondante : à cela point de difficulté. Le lait et la chair, les fruits et les graines, la laine, le sucre, le coton, le vin, les métaux, le marbre la terre enfin, l'eau l'air, le feu et le soleil sont, relativement à moi, valeurs d'usage, valeurs par nature et destination. Si toutes les choses qui servent à mon existence étaient aussi abondantes que certaines d'entre elles, par exemple la lumière, en d'autres termes, si la qualité de chaque espèce de valeurs était inépuisable, mon bien-être serait à jamais assuré : je n'aurais que faire de travailler, je ne penserais même pas. Dans cet état, il y aurait toujours utilité dans les choses, mais il ne serait plus vrai de dire qu'elles VALENT ; car la valeur, ainsi que nous le verrons bientôt, indique un rapport essentiellement social; et c'est même uniquement par l'échange, en faisant une espèce de retour de la société sur la nature, que nous avons acquis la notion d'utilité. Tout le développement de la civilisation tient donc à la nécessité où se trouve la race humaine de provoquer incessamment la création de nouvelles valeurs ; de même que les maux de la société ont leur cause première dans la lutte perpétuelle que nous soutenons contre notre propre inertie. Ôtez à l'homme ce besoin qui sollicite sa pensée et le façonne à la vie contemplative, et le contremaître de la création n'est plus que le premier des quadrupèdes.

Mais comment la valeur d'utilité devient-elle valeur en échange ? Car il faut remarquer que les deux sortes de valeurs, bien que contemporaines dans la pensée (puisque la première ne s'aperçoit qu'à l'occasion clé la seconde), soutiennent néanmoins un rapport de succession. [...]. Cette génération de l'idée de valeur n'a pas été notée par les économistes avec assez de soin : il importe de nous y arrêter.

Puis donc que parmi les objets dont j'ai besoin, un très grand nombre ne se trouve dans la nature qu'en une quantité médiocre, ou même ne se trouve pas du tout, je suis forcé d'aider à la production de ce qui me manque; et comme je ne puis mettre la main à tant de choses, je proposerai à d'autres hommes, mes collaborateurs dans des fonctions diverses, de me céder une partie de leurs produits en échange du mien. J'aurai donc par devers moi, de mon produit particulier, toujours plus que je ne consomme; de même que mes pairs auront par devers eux, de leurs produits respectifs, plus qu'ils n'usent. Cette convention tacite s'accomplit par le commerce. À cette occasion nous ferons observer que la succession logique des deux espèces de valeur apparaît bien mieux encore dans l'histoire que dans la théorie, les hommes ayant passé des milliers d'années à se disputer les biens naturels (c'est ce qu'on appelle la communauté primitive), avant que leur industrie eût donné lieu à aucun échange.

Or, la capacité qu'ont tous les produits, soit naturels, soit industriels, de servir à la subsistance de l'homme, se nomme particulièrement valeur d'utilité; la capacité qu'ils ont de se donner l'un pour l'autre, valeur en échange. Au fond, c'est la même chose, puisque le second cas ne fait qu'ajouter au premier l'idée d'une substitution, et tout cela peut paraître d'une subtilité oiseuse : dans la pratique, les conséquences sont surprenantes, et tour à tour heureuse ou funestes.

Ainsi, la distinction établie dans la valeur est donnée par les faits et n'a rien d'arbitraire : c'est à l'homme, en subissant cette loi, de la faire tourner au profit de son bien-être et de sa liberté. Le travail, selon la belle expression d'un auteur, M. Walras, est une guerre déclarée à la parcimonie de la nature ; c'est par lui que s'engendrent à la fois la richesse et la société. Non seulement le travail produit incomparablement plus de biens que ne nous en donne la nature ; - ainsi, l'on a remarqué que les seuls cordonniers de France produisaient dix fois plus que les mines réunies du Pérou, du Brésil et du Mexique ; - mais, le travail, par les transformations qu'il fait subir aux valeurs naturelles, étendant et multipliant à l'infini ses droits, il arrive peu à peu que toute richesse, à force de passer par la filière industrielle, revient tout entière à celui qui la crée, et qu'il ne reste rien ou presque rien pour le détenteur de la matière première.

Telle est donc la marche du développement économique : au premier moment, appropriation de la terre et des valeurs naturelles ; puis association et distribution par le travail jusqu'à complète égalité. Les abîmes sont semés sur notre route, le glaive est suspendu sur nos têtes ; mais, pour conjurer tous les périls, nous avons la raison ; et la raison c'est la toute-puissance.

Il résulte du rapport de valeur utile à valeur échangeable que si, par accident ou malveillance, l'échange était interdit à l'un des producteurs, ou si l'utilité de son produit venait à cesser tout à coup, avec ses magasins remplis il ne posséderait rien. Plus il aurait fait de sacrifices et déployé de vaillance à produire, plus profonde serait sa misère. - Si l'utilité du produit, au lieu de disparaître tout à fait, était seulement diminuée, chose qui peut arriver de cent façons : le travailleur, au lieu d'être frappé de déchéance et ruiné par une catastrophe subite, ne serait qu'appauvri ; obligé de livrer une quantité forte de sa valeur pour une quantité faible de valeurs étrangères, sa subsistance se trouverait réduite dans une proportion égale au déficit de sa vente : ce qui le conduirait par degrés de l'aisance à l'exténuation. Si enfin l'utilité du produit venait à croître, ou bien si la production en était rendue moins coûteuse, la balance de l'échange tournerait à l'avantage du producteur, dont le bien-être pourrait ainsi s'élever de la, médiocrité laborieuse à l'oisive opulence. Ce phénomène de dépréciation et d'enrichissement se manifeste sous mille formes et par mille combinaisons : c'est en cela que consiste le jeu passionnel et intrigué du commerce et de l'industrie ; c'est cette loterie pleine d'embûches que, les économistes croient devoir durer éternellement. [...]

Pierre-Joseph Proudhon

Les économistes ont très bien fait ressortir le double caractère de la valeur : mais ce qu'ils n'ont pas rendu avec la même netteté, c'est sa nature contradictoire. Ici commence notre critique.

L'utilité est la condition nécessaire de l'échange mais ôtez l'échange, et l'utilité devient nulle ces deux termes sont indissolublement liés. Où est-ce donc qu'apparaît la contradiction ?

Puisque tous tant que nous sommes nous ne subsistons que par le travail et l'échange, et que nous sommes d'autant plus riches que nous produisons et échangeons davantage, la conséquence, pour chacun, est de produire le plus possible de valeur utile, afin d'augmenter d'autant ses échanges, et partant ses jouissances. Eh bien, le premier effet, l'effet inévitable de la multiplication des valeurs est de les AVILIR : plus une marchandise abonde, plus elle perd à l'échange et se déprécie commercialement. N'est-il pas vrai qu'il y a contradiction entre la nécessité du travail et ses résultats ?

Un paysan qui a récolté vingt sacs de blé, qu'il se propose de manger avec sa famille, se juge deux fois plus riche que s'il n'en avait récolté que dix; - pareillement une ménagère qui a filé cinquante aunes de toile se croit deux fois plus riche aussi que si elle n'en avait filé que vingt-cinq. Relativement au ménage, ils ont raison tous deux ; mais au point de vue de leurs relations extérieures, ils peuvent se tromper du tout au tout. Si la récolte du blé est double dans tout le pays, vingt sacs se vendront moins que dix ne se seraient vendus si elle avait été de moitié; comme aussi, dans un cas semblable, cinquante aunes de toile vaudront moins que vingt-cinq. En sorte que la valeur décroît comme la production de l'utilité augmente, et qu'un producteur peut arriver à l'indigence en s'enrichissant toujours. Et cela paraît sans remède, puisque le seul moyen de salut serait que les produits industriels devinssent tous, comme l'air et la lumière, en quantité infinie, ce qui est absurde. [...].

Dans les exemples qui précèdent, la valeur utile dépasse la valeur échangeable : dans d'autres cas, elle est moindre. Alors le même phénomène se produit, mais en sens inverse : la balance est favorable au producteur, et c'est le consommateur qui est frappé. C'est ce qui arrive notamment dans les disettes, où la hausse des subsistances a toujours quelque chose de factice. Il y a aussi des professions dont tout l'art consiste à donner à une utilité médiocre, et dont on se passerait fort bien, une valeur d'opinion exagérée : tels sont en général les arts de luxe. L'homme, par sa passion esthétique, est avide de futilités dont la possession satisfait hautement sa vanité, son goût inné du luxe, et son amour plus noble et plus respectable du beau : c'est là-dessus que spéculent les pourvoyeurs de ces sortes d'objets. Imposer la fantaisie et l'élégance n'est une chose ni moins odieuse ni moins absurde que de mettre des taxes sur la circulation : mais cet impôt est perçu par quelques entrepreneurs en vogue, que l'engouement général protège, et dont tout le mérite est bien souvent de fausser le goût et de faire naître l'inconstance, Dès lors personne ne se plaint; et tous les anathèmes de l'opinion sont réservés aux monopoleurs qui, à force de génie, parviennent à élever de quelques centimes le prix de la toile et du pain...

C'est peu d'avoir signalé, dans la valeur utile et dans la valeur échangeable, cet étonnant contraste, où les économistes sont accoutumés à ne voir rien que de très simple : il faut montrer que cette prétendue simplicité cache un mystère profond, que notre devoir est de pénétrer.

Je somme donc tout économiste sérieux de me dire, autrement qu'en traduisant ou répétant la question, par quelle cause la valeur décroît, à mesure que la production augmente; et réciproquement qu'est-ce qui fait grandir cette même valeur, à mesure que le produit diminue. En termes techniques, la valeur utile et la valeur échangeable, nécessaires l'une à l'autre, sont en raison inverse l'une de l'autre : je demande donc pourquoi la rareté, non l'utilité, est synonyme de cherté. Car, remarquons-le bien, la hausse et la baisse des marchandises sont indépendantes de la quantité de travail dépensée dans la production ; et le plus ou le moins de frais qu'elles coûtent ne sert de rien pour expliquer les variations de la mercuriale. La valeur est capricieuse comme la liberté : elle ne considère ni l'utilité ni le travail; loin de là, il semble que, dans le cours ordinaire des choses, et à part certaines perturbations exceptionnelles, les objets les plus utiles soient toujours ceux qui doivent se livrer à plus bas prix; en d'autres termes, qu'il est juste que les hommes qui travaillent avec le plus d'agrément soient le mieux rétribués, et ceux qui versent dans leur peine le sang et l'eau, le plus mal. Tellement qu'en suivant le principe jusqu'aux dernières conséquences, on arriverait à conclure le plus logiquement du monde: que les choses dont l'usage est nécessaire et la quantité infinie, doivent être pour rien; et celles dont l'utilité est nulle et la rareté extrême, d'un prix inestimable. Mais, et pour comble d'embarras., la pratique n'admet point ces extrêmes; d'un côté, aucun produit humain ne saurait jamais atteindre l'infini en grandeur; de l'autre, les choses les plus rares ont besoin d'être, à un degré quelconque, utiles, sans quoi elles ne seraient susceptibles d'aucune valeur. La valeur utile et la valeur échangeable restent donc fatalement enchaînées l'une à l'autre, bien que par leur nature elles tendent continuellement à s'exclure.

Je ne fatiguerai pas le lecteur de la réfutation des logomachies qu'on pourrait présenter pour éclaircir ce sujet, il n'y a pas, sur la contradiction inhérente à la notion de valeur, de cause assignable, ni d'explication possible. Le fait dont je parle est un de ceux qu'on nomme primitifs, c'est-à-dire qui peuvent servir à en expliquer d'autres, mais qui en eux-mêmes, comme les corps appelés simples, sont insolubles. Tel est le dualisme de l'esprit et de la matière.

[...] Ainsi, au lieu de chercher une explication chimérique, contentons-nous de bien constater la nécessité de la contradiction.

Avec la liberté [du marché] la production reste nécessairement indéterminée, soit en quantité, soit en qualité ; si bien qu'au point de vue du progrès économique, comme à celui de la convenance des consommateurs, l'estimation demeure éternellement arbitraire, et toujours le prix des marchandises flottera. Supposons pour un moment que tous les producteurs vendent à prix fixe: il y en aura qui, produisant à meilleur marché ou produisant mieux terres, et gagneront beaucoup, pendant que les autres ne gagneront rien. De toute manière l'équilibre est rompu. - Vent-on, afin de parer à la stagnation du commerce, limiter la production au juste nécessaire ? C'est violer la liberté : car, en m'ôtant la faculté de choisir, vous me condamnez à payer un maximum; vous détruisez la concurrence, seule garantie du bon marché, et provoquez à la contrebande. Ainsi, pour empêcher l'arbitraire commercial, vous vous jetterez dans l'arbitraire administratif; pour créer l'égalité, vous détruirez la liberté : ce qui est la négation de l'égalité même. - Il ne s'agit pas d'abolir l'idée de valeur, ce qui est aussi impossible que d'abolir le travail, mais de la déterminer; il ne s'agit pas de tuer la liberté individuelle, mais de la socialiser. Or, il est prouvé que c'est le libre arbitre de l'homme qui donne lieu, à l'opposition entre la valeur utile et la valeur en échange : comment résoudre cette opposition, tant que subsistera le libre arbitre ? Et comment sacrifier celui-ci, à moins de sacrifier l'homme ?...

Donc, par cela seul qu'en ma qualité d'acheteur libre je suis juge de mon besoin, juge de la convenance de l'objet, juge du prix que je veux y mettre; et que d'autre part, en votre qualité de producteur libre, vous êtes maître des moyens d'exécution, et qu'en conséquence vous avez la faculté de réduire vos frais, l'arbitraire s'introduit forcément dans la valeur, et la fait osciller entre l'utilité et l'opinion.

Mais cette oscillation, parfaitement signalée par les économistes, n'est rien que l'effet d'une contradiction qui, se traduisant sur une vaste échelle, engendre les phénomènes les plus inattendus. Trois années de fertilité, dans certaines provinces de la Russie, sont une calamité publique; comme dans nos vignobles, trois années d'abondance sont une calamité pour le vigneron.

L'idée contradictoire de valeur, si bien mise en lumière par la distinction inévitable de valeur utile et valeur en échange, ne vient pas d'une fausse aperception de l'esprit, ni d'une terminologie vicieuse, ni d'aucune aberration de la pratique : elle est intime à la nature des choses, et s'impose à la raison comme forme générale de la pensée, c'est-à-dire comme catégorie. Or, comme le concept de valeur est le point de départ de l'économie politique, il s'ensuit que tous les éléments de la science - j'emploie le mot science par anticipation - sont contradictoires en eux-mêmes et opposés entre eux; si bien que sur chaque question l'économiste se trouve incessamment placé entre une affirmation et une négation également irréfutables. L'ANTINOMIE enfin, pour me servir du mot consacré par la philosophie moderne, est le caractère essentiel de l'économie politique, c'est-à-dire tout à la fois son arrêt de mort et sa justification...

Ainsi, dans la valeur, rien d'utile qui ne se puisse échanger, rien

Pierre-Joseph Proudhon

d'échangeable s'il n'est utile : la valeur d'usage et la valeur en échange sont inséparables. Mais tandis que, par le progrès de l'industrie, la demande varie et se multiplie à l'infini; que la fabrication tend en conséquence à exhausser l'utilité naturelle des choses, et finalement à convertir toute valeur utile en valeur d'échange ; - d'un autre côté, la production, augmentant incessamment la puissance de ses moyens et réduisant toujours ses frais, tend à ramener la vénalité des choses à l'utilité primitive: en sorte que la valeur d'usage et la valeur d'échange sont en lutte perpétuelle.

Les effets de cette lutte sont connus : les guerres de commerce et de débouchés, les encombrements, les stagnations, les prohibitions, les massacres de la concurrence, le monopole, la dépréciation des salaires, les lois de maximum, l'inégalité écrasante des fortunes, la misère, découlent de l'antinomie de la valeur.

Les socialistes, tout en demandant avec juste raison la fin de cet antagonisme, ont eu le tort d'en méconnaître la source, et de n'y voir qu'une méprise du sens commun, que l'on pouvait réparer par décret d'autorité publique. De là cette, explosion de sensiblerie lamentable, qui a rendu le socialisme si fade aux esprits positifs, et qui, propageant les plus absurdes illusions, fait tous les jours encore tant de dupes. Ce que je reproche au socialisme, n'est pas d'être venu sans motif se c'est de rester si longtemps et si obstinément bête.

Mais les économistes ont eu le tort non moins grave de repousser a priori, et cela justement en vertu de la donnée antinomique de la valeur, toute idée et tout espoir de réforme, sans vouloir comprendre que par cela même que la était parvenue à son plus haut période d'antagonisme, il y avait imminence de conciliation et d'harmonie. C'est pourtant ce qu'un examen attentif de l'économie politique aurait fait toucher au doigt à ses adeptes, s'ils avaient tenu plus de compte des lumières de la métaphysique moderne. Il est en effet démontré, par tout ce que la raison humaine sait de plus positif, que là où se manifeste une antinomie, il y a promesse de résolution des termes, et par conséquent annonce d'une transformation. Or, la notion de valeur, telle qu'elle a été exposée entre autres par J.-B. Say, tombe précisément dans ce cas.

Chapitre I : De la Valeur

« Il n'y a pas de mesure de la valeur, d'étalon de la valeur; quelle est donc en définitive la règle qui préside aux échanges ? ... C'est, nous l'avons dit, l'offre et la demande d'une manière générale; voilà le dernier mot de la science. »(Journal des. Économistes, août 1845).

De fait, en quoi l'idée de mesurer, et par conséquent de fixer la valeur, répugne-t-elle à la science ? Tous les hommes croient à cette fixation, tous la veulent, la cherchent, la supposent; chaque proposition de vente on d'achat n'est en fin de compte qu'une comparaison entre deux valeurs, c'est à dire une détermination, plus ou moins juste si l'on veut, mais effective. L'opinion du genre humain sur la différence qui existe entre la valeur réelle et le prix de commerce, est, on peut le dire, unanime. C'est ce qui fait que tant de marchandises se vendent à prix fixe; il en est même qui, jusque dans leurs variations, sont toujours fixées: tel est le pain. On ne niera pas que si deux industriels peuvent s'expédier réciproquement en compte courant, et à prix fait, des quantités de leurs produits respectifs, dix, cent, mille industriels ne puissent en faire autant. Or, ce serait précisément avoir, résolu le problème de la mesure de la valeur. Le prix de chaque chose serait débattu, j'en conviens, parce que le débat est encore pour nous la seule manière de fixer le prix; mais enfin comme toute lumière jaillit du choc, le débat, bien qu'il soit une preuve d'incertitude, a poux but, abstraction faite du plus ou moins de bonne foi qui s'y mêle, de découvrir le rapport des valeurs entre elles, c'est-à-dire leur mensuration, leur loi.

Ricardo, dans sa théorie de la rente, a donné un magnifique exemple de la commensurabilité des valeurs. Il a fait voir que les terres arables sont entre elles comme, à frais égaux, sont leurs rendements; et la pratique universelle est en cela d'accord avec la théorie. Or, qui nous dit que cette manière, positive et sûre, d'évaluer les en général tous les capitaux engagés, ne peut pas s'étendre aussi aux produits ?...

[...] Tout, dans le mouvement économique des sociétés, indique une tendance à la constitution et à la fixation de la valeur; c'est là le point culminant de l'économie politique, laquelle, par cette constitution, se trouve transformée, et le signe suprême de l'ordre dans la société. Je dis que l'offre et la demande, que l'on prétend être la seule règle, des valeurs, ne sont autre chose que deux formes cérémonielles servant à mettre en présence la valeur d'utilité et la valeur en échange, et à provoquer leur conciliation. Ce sont les deux pôles électriques, dont la mise en rapport doit produire le phénomène d'affinité économique appelé ÉCHANGE. Comme les pôles de la pile, l'offre et la demande sont diamétralement opposées, et tendent sans cesse à s'annuler l'une l'autre ; c'est par leur antagonisme que le prix des choses ou s'exagère ou s'anéantit : on vent donc savoir s'il n'est pas possible, en toute occasion, d'équilibrer ou faire transiger ces deux puissances, de manière que le prix des choses soit toujours l'expression de la valeur vraie, l'expression de la justice. Dire après cela que l'offre et la demande sont la règle des échanges, c'est dire que l'offre et la demande sont la règle de l'offre et de la demande; ce n'est point expliquer la pratique ; c'est la déclarer absurde, et je nie que la pratique soit absurde [...]

Bon gré, mal gré, il faut donc chercher la mesure de la valeur ; c'est la logique qui le commande, et ses conclusions sont égales contre les économistes et contre les socialistes. L'opinion qui nie l'existence de cette mesure est irrationnelle, déraisonnable. Dites tant qu'il vous plaira, d'un côté, que l'économie politique est une science de faits, et que les faits sont contraires à l'hypothèse d'une détermination de la valeur de l'autre, que cette question scabreuse n'a plus lien dans une association universelle, qui absorberait tout antagonisme : je répliquerai toujours, à droite et à gauche:

1° Que comme il ne se produit pas de fait qui n'ait sa cause, de même il n'en existe pas qui n'ait Sa loi; et que si la loi de l'échange n'est pas trouvée, la faute en est, non pas aux faits, mais aux savants;

2° Qu'aussi longtemps que l'homme travaillera pour subsister, et travaillera librement, la justice sera la condition de la fraternité et la base de l'association : or, sans une détermination de la valeur, la justice est boiteuse, est impossible.

Constitution de la valeur : définition de la richesse.

Nous connaissons la valeur sous ses deux aspects contraires : nous ne la connaissons pas dans son TOUT. Si nous pouvions acquérir cette nouvelle idée, nous aurions la valeur absolue. [...]

Figurons-nous donc la richesse comme une masse tenue par une force chimique en état permanent de composition, et dans laquelle des éléments nouveaux, entrant sans cesse, se combinent en proportions différentes, mais d'après une loi certaine : la valeur est le rapport proportionné (la mesure) selon lequel chacun de ces éléments fait partie du tout.

Il suit de là deux choses : l'une, que les économistes se sont complètement abusés lorsqu'ils ont cherché la mesure générale de la valeur dans le blé, dans l'argent, dans la rente, etc. ; comme aussi, lorsque après avoir démontré que cet étalon de mesure n'était ni ici ni là, ils ont conclu qu'il n'y avait raison ni mesure à la valeur; - l'autre, que la proportion des valeurs peut varier continuellement, sans cesser pour cela d'être assujettie à une loi, dont la détermination est précisément la solution demandée.

Ce concept de la valeur satisfait, comme on le verra, à toutes les conditions : car il embrasse à la fois, et la valeur utile, dans ce qu'elle a de positif et de fixe, et la valeur en échange, dans ce qu'elle a de variable; en second lieu fait cesser la contrariété qui semblait un obstacle insurmontable à toute détermination; de plus, nous montrerons que la valeur ainsi entendue diffère entièrement de ce que serait une simple juxtaposition des deux idées de valeur utile et valeur échangeable, et qu'elle est douée de propriétés nouvelles.

La proportionnalité des produits n'est point une révélation que nous prétendons faire au monde, ni une nouveauté que nous apportions dans la science, pas plus que la division du travail n'était chose inouïe lorsque Adam Smith en expliqua les merveilles. La proportionnalité des produits est une idée vulgaire qui traîne partout dans les ouvrages d'économie politique, mais à laquelle personne jusqu'à ce jour n'a songé à restituer le rang qui lui est dû [...]

Les économistes semblent n'avoir jamais entendu, par la mesure de la valeur, 'qu'un étalon, une sorte d'unité primordiale, existant par elle-même, et qui s'appliquerait à toutes les marchandises, comme le mètre

Pierre-Joseph Proudhon

s'applique à toutes les grandeurs. Aussi a-t-il semblé à plusieurs que tel était en effet le rôle de l'argent. Mais la théorie des monnaies a prouvé du reste que, loin d'être la mesure des valeurs, l'argent n'en est que l'arithmétique et une arithmétique de convention. [...]

L'idée que l'on s'était faite jusqu'ici de la mesure de la valeur est donc inexacte; ce que nous cherchons n'est pas l'étalon de la valeur, comme on l'a dit tant de fois, et ce qui n'a pas de sens; mais la loi suivant laquelle les produits se proportionnent dans la richesse sociale; car c'est de la connaissance de cette loi que dépendent, dans ce qu'elles ont de normal et de légitime, la hausse et la baisse des marchandises. [...]

Je suppose donc une force qui combine, dans des proportions certaines, les éléments de la richesse, et qui en fait un tout homogène : si les éléments constituants ne sont pas dans la proportion voulue, la combinaison ne s'en opérera pas moins ; mais, au lieu d'absorber toute la matière, elle en rejettera une partie comme inutile. Le mouvement intérieur par lequel se produit la combinaison, et que détermine l'affinité des diverses substances, ce mouvement dans la société est l'échange, non plus seulement l'échange considéré dans sa forme élémentaire et d'homme à homme, mais l'échange en tant que fusion de toutes les valeurs produites par les industries privées en une seule et même richesse sociale. Enfin, la proportion selon laquelle chaque élément entre dans le composé, cette proportion est ce que nous appelons valeur; l'excédent qui reste après la combinaison est non-valeur, tant que, par l'accession d'une certaine quantité d'autres éléments, il ne se combine, ne s'échange pas.

Nous expliquerons plus bas le rôle de l'argent.

Cependant, la loi de proportionnalité des valeurs ne peut être déterminée par voie d'expérience à la façon dont les chimistes ont découvert la proportion de gaz qui se combinent pour former l'eau. Cette loi ne se découvre qu'à travers la force même qui la produit : le travail).

Cette force, qu'Adam Smith a célébrée avec tant d'éloquence et que ses successeurs ont méconnue, lui donnant pour égal le privilège, cette force est le TRAVAIL. Le travail diffère de producteur à producteur en quantité et qualité ; il en est de lui à cet égard comme de tous les grands principes de la nature et des lois les plus générales, simples dans leur action et leur formule, mais modifiés à l'infini par la multitude des causes particulières, et se manifestant sous une variété innombrable de formes. C'est le travail, le travail seul, qui produit tous les éléments de la richesse, et qui les combine jusque dans leurs dernières molécules selon une loi de proportionnalité variable, mais certaine.

La société, ou l'homme collectif, produit une infinité d'objets dont la jouissance constitue son bien-être. Ce bien-être se développe non seulement en raison de la quantité des produits, mais aussi en raison de leur variété (qualité) et proportion. De cette donnée fondamentale il suit que la société doit toujours, à chaque instant de sa vie, chercher dans ses produits une proportion telle, que la plus forte somme de bien-être s'y rencontre, eu égard à la puissance et aux moyens de production. [...]

Mais comment s'établit cette proportion merveilleuse et si nécessaire, que sans elle une partie du labeur humain est perdue, c'est-à-dire inutile, inharmonique, invraie, par conséquent synonyme d'indigence, de néant ?

Appelons donc la société Prométhée.

Prométhée donne au travail, en moyenne, dix heures par jour, sept au repos,, autant au plaisir. Pour tirer de ses exercices. le fruit le plus utile, Prométhée tient note de la peine et du temps que chaque objet de sa consommation lui coûte. Rien que l'expérience ne peut l'en instruire, et cette expérience sera de toute sa vie. Tout en travaillant et produisant, Prométhée éprouve donc une infinité de mécomptes. Mais, en dernier résultat, plus il travaille, plus son bien-être se raffine et son luxe s'idéalise ; plus il étend ses conquêtes sur la nature, plus il fortifie en lui-même le principe de vie et d'intelligence dont l'exercice seul le rend heureux. C'est au point que, la première éducation du Travailleur une fois faite, et l'ordre mis dans ses occupations, travailler pour lui n'est plus peiner, c'est vivre, c'est jouir. Mais l'attrait du travail n'en détruit pas la règle, puisqu'au contraire il en est le fruit. Quelquefois Prométhée se trompera dans son calcul, ou bien, emporté par la passion, il sacrifiera

Pierre-Joseph Proudhon

un bien immédiat pour une jouissance prématurée; et, après avoir sué le sang et l'eau, il s'affamera. Ainsi, la loi porte en elle-même sa sanction : elle ne peut être violée, sans que l'infracteur soit aussitôt puni.

Say a donc en raison de dire : « Le bonheur de cette classe (celle des consommateurs), composée de toutes les autres, constitue le bien-être général, l'état de prospérité d'un pays. » Seulement, il aurait dû ajouter que le bonheur de la classe des producteurs, qui se compose aussi de toutes les autres, constitue également le bien-être général, l'état de prospérité d'un pays. - De même quand il dit : « La fortune de chaque consommateur est perpétuellement en rivalité avec tout ce qu'il achète, » il aurait dû ajouter encore : « La fortune de chaque producteur est attaquée sans cesse par tout ce qu'il vend. » Sans cette réciprocité nettement exprimée, la plupart des phénomènes économiques deviennent inintelligibles. [...]

Ainsi la nature même des choses, autant que ses propres besoins, indiquaient au travailleur l'ordre dans lequel il devait attaquer la production des valeurs qui composent son bien-être : notre loi de proportionnalité est donc tout à la fois physique et logique, objective et subjective; elle a le plus haut degré de certitude. Suivons-en l'application. [...]

Je suppose que tout à coup, par une heureuse combinaison d'efforts, par la division du travail, l'emploi de quelque machine, la direction mieux entendue des agents naturels, en un mot par son industrie, Prométhée trouve moyen de produire en un jour, d'un certain objet, autant qu'autrefois il produisait en dix : que s'ensuivra-t-il ? le produit changera de place sur le tableau des éléments de la richesse ; sa puissance d'affinité pour d'autres produits, si j'ose ainsi dire, s'étant accrue, sa valeur relative se trouvera diminuée d'autant, et au lieu d'être cotée comme 100 elle ne le sera plus que comme 10. Mais cette valeur n'en sera pas moins, et toujours, rigoureusement déterminée; et ce sera encore le travail qui seul fixera le chiffre de son importance. Ainsi la valeur varie et la loi des valeurs est immuable : bien plus, si la valeur est susceptible de variation, c'est parce qu'elle est soumise à une loi dont le principe est essentiellement mobile, savoir le travail mesuré par le temps. [...]

Ici se place tout naturellement une objection, la seule qu'on puisse élever contre la théorie de la proportionnalité des valeurs.

Say, et les économistes qui l'ont suivi, ont observé que le travail étant lui-même sujet à évaluation, une marchandise comme une autre, enfin, il y avait cercle vicieux à le prendre pour principe et cause efficiente de la valeur. Donc, conclut-on, il faut s'en référer à la rareté et à l'opinion.

Ces économistes, qu'ils me permettent de le dire, ont fait preuve en cela d'une prodigieuse inattention. Le travail est dit valoir, non pas en tant que marchandise lui-même, mais en vue des valeurs qu'on suppose renfermées puissanciellement en lui. La valeur du travail est une expression figurée, une anticipation de la cause sur l'effet.

C'est une fiction, au même titre que la Productivité du capital. Le travail produit, le capital vaut : et quand, par une sorte d'ellipse, on dit la valeur du travail, on fait un enjambement qui n'a rien de contraire aux règles du langage, mais que des théoriciens doivent s'abstenir de prendre pour une réalité. Le travail, comme la liberté, l'amour, l'ambition, le génie, est chose vague et indéterminée de sa nature, mais qui se définit qualitativement par son objet, c'est-à-dire qui devient une réalité par le produit. Lors donc que l'on dit: le travail de cet homme vaut cinq francs par jour, c'est comme si l'on disait : le produit du travail quotidien de cet homme vaut cinq francs.

Or, l'effet du travail est d'éliminer incessamment la rareté et l'opinion, comme éléments constitutifs de la valeur, et, par une conséquence nécessaire, de transformer les utilités naturelles ou vagues (appropriées ou non) en utilités mesurables ou sociales : d'où il résulte que le travail est tout à la fois une guerre déclarée à la parcimonie de, la nature, et une conspiration permanente contre la propriété.

D'après cette analyse, la valeur, considérée dans la société que forment naturellement entre eux, par la division du travail et par l'échange, les producteurs, est le rapport de Proportionnalité des Produits qui composent la richesse ; et ce qu'on appelle spécialement la valeur d'un produit est une formule qui indique, en caractères monétaires, la proportion de ce produit dans la richesse générale. L'utilité fonde la valeur; le travail en fixe le rapport; le prix est l'expression qui, sauf les aberrations que nous aurons à étudier, traduit ce rapport.

Tel est le centre autour duquel oscillent la valeur utile et la valeur échangeable, le point où elles viennent s'abîmer et disparaître; telle est la loi absolue, immuable, qui domine les perturbations économiques, les caprices de l'industrie et du commerce, et qui gouverne le progrès [...]

La théorie de la mesure ou de la proportionnalité des valeurs est, qu'on y prenne garde, la théorie même de l'égalité. De même, en effet, que dans la société, où l'on a vu que l'identité entre le producteur et le consommateur est complète, le revenu payé à un oisif est comme une valeur jetée aux flammes de l'Etna; de même, le travailleur à qui l'on alloue un salaire excessif est comme un moissonneur à qui l'on donnerait un pain pour cueillir un épi : et tout ce que les économistes ont qualifié de consommation improductive n'est au fond qu'une infraction à la loi de proportionnalité.

Nous verrons par la suite comment de ces données simples, le génie social déduit peu à peu le système encore obscur de l'organisation du travail, de la répartition des salaires, de la tarification, des produits et de la solidarité universelle. Car l'ordre dans la société s'établit sur les calculs d'une justice inexorable, nullement sur les sentiments paradisiaques de fraternité, de dévouement et d'amour que tant d'honorables socialistes s'efforcent aujourd'hui d'exciter dans le peuple. C'est en vain qu'à l'exemple de Jésus-Christ ils prêchent la nécessité et donnent l'exemple du sacrifice : l'égoïsme est plus fort, et la loi de sévérité, la fatalité économique, est seule. capable de le dompter. L'enthousiasme humanitaire peut produire des secousses favorables au progrès de la civilisation; mais ces crises du sentiment, de même que les oscillations de la valeur, n'auront jamais pour résultat que d'établir plus fortement, plus absolument la justice. La nature, ou la Divinité, s'est méfiée de nos cœurs; elle n'a point cru à l'amour de l'homme pour son semblable; et tout, ce que la science nous découvre des vues de la Providence sur la marche des sociétés, - je le dis à la honte de la conscience humaine, mais il faut que notre hypocrisie le sache, - atteste de la part de Dieu une profonde misanthropie. Dieu nous aide, non par bonté, mais parce que l'ordre est son essence; Dieu procure le bien du monde, non qu'il l'en juge digne, mais parce que la religion de sa suprême intelligence l'y oblige; et tandis que le vulgaire lui donne le doux nom de Père, il est impossible à l'historien, à l'économiste philosophe, de croire qu'il nous aime ni nous estime.

[...] Cherchons donc dans la raison pure les conditions de la concorde et de la vertu.

La valeur conçue comme proportionnalité des produits, autrement dit la VALEUR CONSTITUÉE, suppose nécessairement, et dans un degré égal, utilité et vénalité, indivisiblement et harmoniquement unies. Elle suppose utilité, car, sans cette condition, le produit aurait été dépourvu de cette affinité qui le rend échangeable, et par conséquent fait de lui un élément de la richesse; - elle suppose vénalité, puisque si le produit n'était pas à toute heure et pour un prix déterminé acceptable à l'échange, il ne serait plus qu'une non-valeur, il ne serait rien.

Mais, dans la valeur constituée, toutes ces propriétés acquièrent une signification plus large, plus régulière et plus vraie qu'auparavant. Ainsi, l'utilité n'est plus cette capacité pour ainsi dire inerte qu'ont les choses de servir à nos jouissances et à nos explorations; la vénalité n'est pas davantage cette exagération d'une fantaisie aveugle ou d'une opinion sans principe; enfin, la variabilité a cessé de se traduire en un débat plein de mauvaise foi entre l'offre et la demande[...]. Par la constitution des valeurs, chaque produit, s'il est permis d'établir une pareille analogie, est comme la nourriture qui, découverte par l'instinct d'alimentation, puis préparée par l'organe digestif, entre dans la circulation générale où elle se convertit, suivant des proportions certaines, en chairs, en os, en liquides, etc., et donne au corps la vie, la force et la beauté.

Or, que se passe-t-il dans l'idée de valeur, lorsque, des notions antagonistes de valeur utile et valeur en échange, nous nous élevons à celle de valeur constituée ou valeur absolue ? Il y a, si j'ose ainsi dire, un emboîtement, une pénétration réciproque dans laquelle les deux concepts élémentaires, se saisissant chacun comme les atomes crochus d'Épicure, s'absorbent l'un l'autre, et disparaissent, laissant à leur place un composé doué, mais à un degré supérieur, de toutes leurs

Pierre-Joseph Proudhon

propriétés positives, et débarrassé de leurs propriétés négatives. Une valeur véritablement telle, comme la monnaie, le papier de commerce de premier choix, les titres de rente sur l'État, les actions sur une entreprise solide, ne peut plus ni s'exagérer sans raison, ni perdre à l'échange : elle n'est plus soumise qu'à la loi naturelle de l'augmentation des spécialités industrielles et de l'accroissement des produits. Bien plus, une telle valeur n'est point le résultat d'une transaction c'est-à-dire d'un éclectisme, d'un juste milieu ou d'un mélange ! c'est le produit d'une fusion complète, produit entièrement neuf et distinct de ses composants, comme l'eau, produit de la combinaison de l'hydrogène et de l'oxygène, est un corps à part, totalement distinct de ses éléments. [...]

L'idée synthétique de valeur, comme condition fondamentale d'ordre et de progrès pour la société, avait été vaguement aperçu par Adam Smith, lorsque, pour me servir des expressions de M. Blanqui, « il montra dans le travail la mesure universelle et invariable des valeurs, et fit voir que toute chose avait Son prix naturel, vers lequel elle gravitait sans cesse au milieu des fluctuations du prix courant, occasionnées par des circonstances accidentelles étrangères à la valeur vénale de la chose ».

Mais cette idée de la valeur était tout intuitive chez Adam Smith : or, la société ne change pas ses habitudes sur la foi d'intuitions ; elle ne se décide que sur l'autorité des faits. Il fallait que l'antinomie s'exprimât d'une manière plus sensible et plus nette : J.-B. Say fut son principal interprète. Mais, malgré les efforts d'imagination et l'effrayante subtilité de cet économiste, la définition de Smith le domine à son insu, et éclate partout dans ses raisonnements.

... Dans la science économique, nous l'avons dit après A. Smith, le point de vue sous lequel toutes les valeurs se comparent est le travail; quant à l'unité de mesure, celle adoptée en France est le FRANC. Il est incroyable que tant d'hommes de sens se démènent depuis quarante ans contre une idée si simple. Mais non : La comparaison des valeurs s'effectue sans qu'il y ait entre elles aucun point de comparaison, et sans unité de mesure; - voilà, plutôt que d'embrasser la théorie révolutionnaire de l'égalité, ce que les économistes du dix-neuvième siècle ont résolu de soutenir envers et contre tous. Qu'en dira la postérité ?

Application de la loi de proportionnalité des valeurs

Tout produit est un signe représentatif du travail.

Tout produit peut en conséquence être échangé pour un autre, et la pratique universelle est là qui en témoigne.

Mais supprimez le travail : il ne vous reste que des utilités plus ou moins grandes, qui, n'étant frappées d'aucun caractère économique, d'aucun signe humain, sont incommensurables entre elles, c'est-à-dire logiquement inéchangeables.

L'argent, comme toute autre marchandise, est un signe représentatif du travail : à ce titre, il a pu servir d'évaluateur commun, et d'intermédiaire aux transactions. Mais la fonction particulière que l'usage a dévolue aux métaux précieux, de servir d'agent au commerce, est purement conventionnelle, et toute autre marchandise pourrait, moins commodément peut-être, mais d'une manière aussi authentique, remplir ce rôle : les économistes le reconnaissent, et l'on en cite plus d'un exemple. Quelle est donc la raison de cette préférence généralement accordée aux métaux, pour servir de monnaie, et comment s'explique cette spécialité de fonction, sans analogue dans l'économie politique, de l'argent ? Car toute chose unique et sans comparaison dans son espèce est par cela même de plus difficile intelligence, souvent même ne s'entend pas du tout. Or, est-il possible de rétablir la série d'où la monnaie semble avoir été détachée, et, par conséquent, de ramener celle-ci à son véritable principe ?

Sur cette question les économistes, suivant leur habitude, se sont jetés hors du domaine de leur science : ils ont fait de la physique, de la mécanique, de l'histoire, etc. ils ont parlé de tout, et n'ont pas répondu. [...] Ils ont très bien fait valoir la convenance mécanique de l'or et de l'argent à servir de monnaie; mais ce qu'aucun d'eux n'a ni vu ni compris, c'est la raison économique qui a déterminé, en faveur des métaux précieux, le privilège dont ils jouissent.

Pierre-Joseph Proudhon

Or, ce que nul n'a remarqué, c'est que de toutes les marchandises, l'or et l'argent sont les premières dont la valeur soit arrivée à sa constitution. Dans la période patriarcale, l'or et l'argent se marchandent encore et s'échangent en lingots, mais déjà avec une tendance visible à la domination et avec une préférence marquée. Peu à peu les souverains s'en emparent et y apposent leur sceau : et de cette consécration souveraine naît la monnaie, c'est-à-dire la marchandise par excellence, celle qui, nonobstant toutes les secousses du commerce, conserve une valeur proportionnelle déterminée, et se fait accepter en tout payement.

Ce qui distingue la monnaie, en effet, n'est point la dureté du métal, elle est moindre que celle de l'acier; ni son utilité, elle est de beaucoup inférieure à celle du blé, du fer, de la houille, et d'une foule d'autres substances, réputées presque viles à côté de l'or; - ce n'est ni la rareté, ni la densité : l'une et l'autre pouvaient être suppléées, soit par le travail donné à d'autres matières, soit, comme aujourd'hui, par du papier de banque, représentant de vastes amas de fer ou de cuivre. Le trait distinctif de l'or et de l'argent vient, je le répète, de ce que, grâce à leurs propriétés métalliques, aux difficultés de leur production, et surtout à l'intervention de l'autorité publique, ils ont de bonne heure conquis, comme marchandises, la fixité et l'authenticité.

Je dis donc que la valeur de l'or et de l'argent n'a plus rien d'arbitraire.

Philippe 1er, roi de France, mêle à la livre tournois de Charlemagne un tiers d'alliage, s'imaginant que lui seul ayant le monopole de la fabrication des monnaies, il peut faire ce que fait tout commerçant ayant le monopole d'un produit. Qu'était-ce, en effet, que cette altération des monnaies, tant reprochée à Philippe et à ses successeurs ? Un raisonnement très juste au point de vue de la routine commerciale, mais très faux en science économique, savoir, que l'offre et la demande étant la règle des valeurs, on peut, soit en produisant une rareté factice, soit en accaparant la fabrication, faire monter l'estimation et partant la valeur des choses, et que cela est vrai de l'or et de l'argent, comme du blé, du vin, de l'huile, du tabac. Cependant la fraude de Philippe ne fut pas plutôt soupçonnée, que sa monnaie fut réduite à sa juste valeur, et qu'il perdit lui-même tout ce qu'il avait cru gagner sur ses sujets. Même chose arriva à la suite de toutes les tentatives analogues. D'où venait ce mécompte ?

C'est, disent les économistes, que par le faux monnayage, la quantité d'or et d'argent n'étant réellement ni diminuée ni accrue, la proportion de ces métaux avec les autres marchandises n'était point changée, et qu'en conséquence il n'était pas au pouvoir du souverain de faire que ce qui ne valait que comme 2 dans l'État, valût 4. Il est même à considérer que si, au lieu d'altérer les monnaies, il avait été au pouvoir du roi d'en doubler la masse, la valeur échangeable de l'or et de l'argent aurait aussitôt baissé de moitié, toujours par cette raison de proportionnalité et d'équilibre. L'altération des monnaies était donc, de la part du roi, un emprunt forcé, disons mieux, une banqueroute, une escroquerie. [...]

« La monnaie, dit très bien M. Augier, ne peut servir, soit d'échelle de constatation pour les marchés passés, soit de bon instrument d'échange, qu'autant que sa valeur approche le plus de l'idéal de la permanence; car elle n'échange on n'achète jamais que la valeur qu'elle possède. » (Histoire du Crédit public).

Traduisons cette observation éminemment judicieuse en une formule générale.

Le travail ne devient une garantie de bien-être et d'égalité qu'autant que le produit de chaque individu est en proportion avec la masse; car il n'échange ou n'achète jamais qu'une valeur égale à la valeur qui est en lui.

N'est-il pas étrange qu'on prenne hautement la défense du commerce agioteur et infidèle, et qu'en même temps on se récrie sur la tentative d'un monarque faux-monnayeur, qui, après tout, ne faisait qu'appliquer à l'argent le principe fondamental de l'économie politique, l'instabilité arbitraire des valeurs ? Que la régie s'avise de donner 750 grammes de tabac pour un kilogramme, les économistes crieront au vol; - mais si la même régie, usant de son privilège, augmente le prix du kilogramme de 2 francs, ils trouveront que c'est cher, mais ils n'y verront rien qui soit contraire aux principes. Quel imbroglio que l'économie politique !

Il y a donc dans la monétisation de l'or et de l'argent quelque chose de plus que ce qu'en ont rapporté les économistes : il y a la consécration de la loi de proportionnalité, le premier acte de constitution des valeurs. L'humanité opère en tout par des gradations infinies : après avoir compris que tous les produits du travail doivent être soumis à une mesure de proportion qui les rende tous également permutables, elle commence par donner ce caractère de permutabilité absolue à un produit spécial, qui deviendra pour elle le type et le patron de tous les autres. C'est ainsi que pour élever ses membres à la liberté et à l'égalité, elle commence par créer des rois. Le peuple a le sentiment confus de cette marche providentielle, lorsque dans ses rêves de fortune et dans ses légendes, il parle toujours d'or et de royauté ; et les philoso-phes n'ont fait que rendre hommage à la raison universelle, lorsque dans leurs homélies soi-disant morales et leurs utopies sociétaires,. ils tonnent avec un égal fracas contre l'or et la tyrannie. *Auri sacra fames!* Maudit or! s'écrie plaisamment un communiste. Autant vaudrait dire : maudit froment, maudites vignes, maudits moutons ; car, de même que l'or et l'argent, toute valeur commerciale doit arriver à une exacte et rigoureuse détermination. L'œuvre est dès longtemps commencée : aujourd'hui elle avance à vue d'œil.

Passons à d'autres considérations.

Un axiome généralement admis par les économistes, est que tout travail doit laisser un excédent.

Cette proposition est pour moi d'une vérité universelle et absolue,: c'est le corollaire de la loi de proportionnalité, que l'on peut regarder comme le sommaire de toute la science économique. Mais, j'en demande pardon aux économistes, le principe que tout travail doit laisser un excédent n'a pas de sens dans leur théorie, et n'est susceptible d'aucune démonstration. Comment, si l'offre et la demande sont la seule règle des valeurs, peut-on reconnaître ce qui excède et ce qui suffit ? Ni le prix de revient, ni le prix de vente, ni le salaire, ne pouvant être mathématiquement déterminés, comment est-il possible de concevoir un surplus, un profit ? La routine commerciale nous a donné, ainsi que le mot, l'idée du profit; et comme nous sommes politiquement égaux, on en conclut que chaque citoyen a un droit égal à réaliser, dans son industrie personnelle, des bénéfices. Mais les opérations du commerce sont essentiellement irrégulières, et l'on a prouvé sans réplique que les bénéfices du commerce ne sont qu'un prélèvement arbitraire et forcé du producteur sur le consommateur, en un mot un déplacement, pour ne pas dire mieux. C'est ce que l'on apercevrait bientôt, s'il était possible de comparer le chiffre total des déficits de chaque année avec le montant des bénéfices. Dans le sens de l'économie politique, le principe que tout travail doit laisser un excédent n'est autre que la consécration du droit constitutionnel que nous avons tous acquis par la 1a révolution, de voler le prochain.

La loi de proportionnalité des valeurs peut seule rendre raison de ce problème. Je prendrai la question d'un peu haut: elle est assez grave pour que je la traite avec l'étendue qu'elle mérite.

La plupart des philosophies comme des philologues, ne voient dans la société qu'un être de raison, ou, pour mieux dire un nom abstrait servant à désigner une collection d'hommes [...] Pour le véritable économiste, la société est un être vivant, doué d'une intelligence et d'une activité propres, régi par des lois spéciales que l'observation seule découvre, et dont l'existence se manifeste, non sous une forme physique, mais par le concert et l'intime solidarité de tous ses membres. [...]

Aux yeux de quiconque a réfléchi sur les lois du travail et de l'échange, la réalité, j'ai presque dit la personnalité de l'homme collectif, est aussi certaine que la réalité et la personnalité de l'homme individu. Toute la différence est que celui-ci se présente aux sens sous l'aspect d'un organisme dont les parties sont en cohérence matérielle, circonstance qui n'existe pas dans la société. Mais l'intelligence, la spontanéité, le développement, la vie, tout ce qui constitue au plus constitue au plus haut degré la réalité de l'être, est aussi essentiel à la société qu'à l'homme [...].

Le principe que tout travail doit laisser un excédent, indémontrable à l'économie politique, c'est-à-dire à la routine propriétaire, est un de ceux qui témoignent le plus de la réalité de la personne collective; car, ainsi qu'on va voir, ce principe n'est vrai des individus que parce qu'il émane de la société, qui leur confère ainsi le bénéfice de ses propres lois.

Pierre-Joseph Proudhon

On a remarqué que les entreprises de chemins de fer sont beaucoup moins une source de richesse pour les entrepreneurs que pour l'État. L'observation est juste; et l'on aurait dû ajouter qu'elle s'applique non seulement aux chemins de fer, mais à toute industrie. Mais ce phénomène, qui dérive essentiellement de la loi de proportionnalité des valeurs, et de l'identité absolue de la production et de la consommation, est inexplicable avec la notion ordinaire de valeur utile et valeur échangeable.

Le prix moyen du transport des marchandises par le roulage est 18 centimes par tonne et kilomètre, marchandise prise et rendue en magasin. On a calculé qu'à ce prix, une entreprise ordinaire de chemin de fer n'obtiendrait pas 10 p. 100 de bénéfice net, résultat à peu près égal à celui d'une entreprise de roulage. Mais admettons que la célérité du transport par fer soit à celle du roulage de terre, toutes compensations faites, comme 4 est à 1: 1 comme dans la société le temps est la valeur même, à égalité de prix le chemin de fer présentera sur le roulage un avantage de 400 p. 100. Cependant cet avantage énorme, très réel pour la société, est bien loin de se réaliser dans la même proportion pour le voiturier, qui, taudis qu'il fait jouir la société d'une mieux-value de 400 p. 100, ne retire pas, quant à lui, 10 p. 100. Supposons, en effet, pour rendre la chose encore plus sensible, que le chemin de fer porte son tarif à 25 centimes, celui du roulage restant à 18 ; il perdra à l'instant toutes ses consignations : expéditeurs, destinataires, tout le monde reviendra à la malbrouk, à la patache, s'il faut. On désertera la locomotive ; un avantage social de 400 p. 100 sera sacrifié à une perte privée de 33 p. 100.

La raison de cela est facile à saisir ? l'avantage qui résulte de la célérité du chemin de fer est tout social, et chaque individu n'y participe qu'en une proportion minime (n'oublions pas qu'il ne s'agit en ce moment que du transport des marchandises), taudis que la perte frappe directement et personnellement le consommateur. Un bénéfice social égal à 400 représente, pour l'individu, si la société est composée seulement d'un million d'hommes, quatre dix millièmes; tandis qu'une perte de 33 p. 100 pour le consommateur supposerait un déficit social de trente-trois millions. L'intérêt privé et 1'intérêt collectif, si divergents au premier coup d'œil, sont donc parfaitement identiques et adéquats et cet exemple peut déjà servit à faire comprendre comment, dans la science économique, tous les intérêts se concilient. [...]

Ces points éclaircis, rien de plus aisé que d'expliquer comment le travail doit laisser à chaque producteur un excédent.

Et d'abord, pour ce qui concerne la société : Prométhée, sortant du sein de la nature, s'éveille à la vie dans une inertie pleine de charme, mais qui deviendrait bientôt misère et torture s'il ne se hâtait d'en sortir par le travail. Dans cette oisiveté originelle, le produit de Prométhée étant nul, son bien-être est identique à celui de la brute et peut se représenter par zéro.

Prométhée se met à L'œuvre ; et dès sa première journée, première journée de la seconde création. le produit de Prométhée, c'est-à-dire sa richesse, son bien-être, est égal à 10.

Le second jour, Prométhée divise son travail, et son produit devient égal à 100.

Le troisième jour, et chacun des jours suivants, Prométhée invente des machines, découvre de nouvelles utilités dans les corps, de nouvelles forces dans la nature; le champ de son existence s'étend du domaine sensitif à la sphère du moral et de l'intelligence, et, à chaque pas que fait son industrie, le chiffre de sa production s'élève et lui dénonce un surcroît de félicité. Et puisque enfin pour lui consommer c'est produire, il est clair que chaque journée de consommation, n'emportant que le produit de la veille, laisse un excédent de produit à la journée du lendemain.

Mais remarquons aussi, remarquons surtout ce fait capital, c'est que le bien-être de l'homme est en raison directe de l'intensité du travail et de la multiplicité des industries ; en sorte que l'accroissement de la richesse et l'accroissement du labeur sont corrélatifs et parallèles. [...]

J'ai démontré par la théorie et par les faits le principe que tout travail doit laisser un excédent; mais ce principe, aussi certain qu'une proposition d'arithmétique, est loin encore de se réaliser pour tout le monde.

Pierre-Joseph Proudhon

Tandis que par le progrès de l'industrie collective, chaque journée de travail individuel obtient un produit de plus en plus grand, et, par une conséquence nécessaire, tandis que le travailleur avec le même salaire, devrait devenir tous les jours plus riche, il existe dans la société des états qui profitent et d'autres qui dépérissent; des travailleurs à double, triple et centuple salaire, et d'autres en déficit; partout enfin des gens qui jouissent et d'autres qui souffrent, et, par une division monstrueuse des facultés industrielles, des individus qui consomment, et qui ne produisent pas. [...]. Mais partout aussi le progrès de la richesse, c'est-à-dire la proportionnalité des valeurs, est la loi dominante; et quand les économistes opposent aux plaintes du parti social l'accroissement progressif de la fortune publique et les adoucissements apportés à la condition des classes même les plus malheureuses, ils proclament, sans s'en douter, une vérité qui est la condamnation de leurs théories.

Car j'adjure les économistes de s'interroger un moment dans le silence de leur cœur, loin des préjugés qui les troublent, et sans égard aux emplois qu'ils occupent ou qu'ils attendent, aux intérêts qu'ils desservent, aux suffrages qu'ils ambitionnent, aux distinctions dont leur vanité se berce ; qu'ils disent si, jusqu'à ce jour, le principe que tout travail doit laisser un excédent leur était apparu avec cette chaîne de préliminaires et de conséquences que nous avons soulevée; et si par ces mots ils ont jamais conçu autre chose que le droit d'agioter sur les valeurs, en manœuvrant l'offre et la demande ? S'il n'est pas vrai qu'ils affirment tout à la fois, d'un côté le progrès de la richesse et du bien-être, et par conséquent la mesure des valeurs ; de l'autre l'arbitraire des transactions commerciales et l'incommensurabilité des valeurs, c'est-à-dire tout ce qu'il y a de plus contradictoire ? N'est-ce pas en vertu de cette contradiction qu'on entend sans cesse répéter dans les cours, et qu'on lit dans les ouvrages d'économie politique, cette hypothèse absurde : Si le prix de TOUTES choses était doublé... Comme si le prix de toutes choses n'était pas la proportion des choses, et qu'on pût doubler une proportion, un rapport, une loi 1 N'est-ce pas enfin en vertu de la routine propriétaire et anormale, défendue par l'économie politique, que chacun dans le commerce, dans l'industrie, dans les arts et dans l'État, sous prétexte de services rendus à la société, tend sans cesse à exagérer son importance, sollicite des récompenses, des subventions, de grosses pensions, de larges honoraires ; comme si la rétribution de tout service n'était pas nécessairement fixée par le montant de ses frais ? Pourquoi les économistes ne répandent-ils pas de toutes leurs forces cette vérité si simple et si lumineuse: Le travail de tout homme ne peut acheter que la valeur qu'il renferme, et cette valeur est Proportionnelle aux services de tous les autres travailleurs ; si, comme ils paraissent le croire, le travail de chacun doit laisser un excédent ?...

Mais ici se présente une dernière considération que j'exposerai en peu de mots.

J.-B. Say, celui de tous les économistes qui a le plus insisté sur l'indéterminabilité absolue de la valeur, est aussi celui qui s'est donné le plus de peine pour renverser cette proposition. C'est lui qui, si je ne me trompe, est auteur de la formule: Tout Produit vaut ce qu'il coûte, ou, ce qui revient au même, les Produits s'achètent avec des Produits. Cet aphorisme, plein de conséquences égalitaires, a été contredit depuis par d'autres économistes; .nous examinerons tour à tour l'affirmative et la négative.

Quand je dis : Tout produit vaut les produits qu'il a coûtés, cela signifie que tout produit est une unité collective qui, sous une forme nouvelle, groupe un certain nombre d'autres produits consommés en des quantités diverses. D'où il suit que les produits de l'industrie humaine sont, les uns par rapport aux autres, genres et espèces, et qu'ils forment une série du simple au composé, selon le nombre et la proportion des éléments, tous équivalents entre eux, qui constituent chaque produit. [...]. Je dis donc que le principe de Say, Tout produit vaut ce qu'il coûte, indique une série de la production humaine, analogue aux séries animale et végétale, et dans laquelle les unités élémentaires (journées de travail) sont réputées égales. En sorte que l'économie politique affirme dès son début, mais par une contradiction, ce que ni Platon, ni Rousseau, ni aucun publiciste ancien ou moderne n'a cru possible, l'égalité des conditions et des fortunes.

Prométhée est tour à tour laboureur, vigneron, boulanger, tisserand. Quelque métier qu'il exerce, comme il ne travaille que pour lui-même, il achète ce qu'il consomme (ses produits) avec une seule et même monnaie (ses produits), dont l'unité métrique est nécessairement sa

Pierre-Joseph Proudhon

journée de travail. Il est vrai que le travail lui-même est susceptible de variation ; Prométhée n'est pas toujours également dispos, et d'un moment à l'autre son ardeur, sa fécondité monte et descend. Mais, comme tout ce qui est sujet à varier, le travail a sa moyenne, et cela nous autorise à dire qu'en somme la journée de travail paye la journée de travail, ni plus ni moins. Il est bien vrai, si l'on compare les produits d'une certaine époque de la vie sociale à ceux d'une autre, que la cent-millionnième journée du genre humain donnera un résultat incomparablement supérieur à celui de la première ; mais c'est le cas de dire aussi que la vie de l'être collectif, pas plus que celle de l'individu, ne peut être scindée ; que si les jours ne se ressemblent pas, ils sont indissolublement unis, et que dans la totalité de l'existence, la peine et le plaisir leur sont communs. Si donc le tailleur, pour rendre la valeur d'une journée, consomme dix fois la journée du tisserand, c'est comme si le tisserand donnait dix jours de sa vie pour un jour de la vie du tailleur. C'est précisément ce qui arrive quand un paysan paye 12 francs à un notaire pour un écrit dont la rédaction coûte une heure; et cette inégalité, cette iniquité dans les échanges, est la plus puissante cause de misère que les socialistes aient dévoilée et que les économistes avouent tout bas, en attendant qu'un signe du maître leur permette de la reconnaître tout haut.

Toute erreur dans la justice commutative est une immolation du travailleur, une transfusion du sang d'un homme dans le corps d'un autre homme... Qu'on ne s'effraye pas : je n'ai nul dessein de fulminer une irritante philippique à la Propriété; j'y Pense d'autant moins que, selon nies principes, l'humanité ne se trompe jamais; qu'en se constituant d'abord sur le, droit de propriété, elle n'a fait que poser un des principes de son organisation future : et que, la prépondérance de la propriété une fois abattue, ce qui reste à faire est de ramener à l'unité cette fameuse antithèse. Tout ce que l'on pourrait m'objecter en faveur de la propriété, je le sais aussi bien qu'aucun de mes censeurs, à qui je demande pour toute grâce de montrer du cœur, alors que la dialectique leur fait défaut. Comment des richesses dont le travail n'est pas le module seraient-elles valables ? Et si c'est le travail qui crée la richesse et légitime la propriété, comment expliquer la consommation de l'oisif ? Comment un système de répartition dans lequel le produit vaut, selon les personnes, tantôt plus, tantôt moins qu'il ne coûte, est-il loyal ?

Les idées de Say conduisaient à une loi agraire; aussi le parti conservateur s'est-il empressé de protester contre elles. [...] La science et la vérité ne sont plus rien ; ce que l'on adore maintenant, c'est la boutique, et après la boutique, le constitutionnalisme désespéré qui la représente. [...]

Si le travail est la source de toute richesse, si c'est le guide le plus sûr pour suivre l'histoire des établissements humains sur la face du globe, comment l'égalité de répartition, l'égalité selon la mesure du travail, ne serait-elle pas une loi ?

Si, au contraire, il est des richesses qui ne viennent pas du travail, comment la possession de ces richesses est-elle un privilège ? Quelle est la légitimité du monopole ? Qu'on expose donc une fois cette théorie du droit de consommation improductive cette jurisprudence du bon plaisir, cette religion de l'oisiveté, prérogative sacrée d'une caste d'élus !

[...] Partout où le travail n'a point été socialisé, c'est-à-dire partout où la valeur ne s'est pas déterminée synthétiquement, il y a perturbation et déloyauté dans les échanges, guerre de ruses et d'embuscades, empêchement à la production, à la circulation et à la consommation, labeur improductif, absence de garanties, spoliation, insolidarité, indigence et luxe, mais en même temps effort du génie social pour conquérir la justice, et tendance constante vers l'association et l'ordre. L'économie politique n'est autre chose que l'histoire de cette grande lutte. D'une part, en effet, l'économie politique, en tant qu'elle consacre et prétend éterniser les anomalies de la valeur et les prérogatives de l'égoïsme, est véritablement la théorie du malheur et l'organisation de la misère; mais en tant qu'elle expose les moyens inventés par la civilisation pour vaincre le paupérisme bien que ces moyens aient constamment tourné à l'avantage exclusif du monopole, l'économie politique est le préambule de l'organisation de la richesse.

Il importe donc de reprendre l'étude des faits et des routines économiques, d'en dégager l'esprit et d'en formuler la philosophie. Sans cela, nulle intelligence de la marche des sociétés ne peut. être acquise, nulle réforme essayée. L'erreur du socialisme a été jusqu'ici de perpé-

Pierre-Joseph Proudhon

tuer la rêverie religieuse en se lançant dans un avenir fantastique au lieu de, saisir la réalité qui l'écrase; comme le tort des économistes est de voir dans chaque fait accompli un arrêt de proscription contre toute hypothèse de changement. [...]

J'interrogerai l'économie politique comme la dépositaire des pensées secrètes de l'humanité ; je ferai parler les faits selon l'ordre de leur géné-ration, et raconterai, sans y mettre du mien, leurs témoignages. Ce sera tout à la fois une triomphante et lamentable histoire, où les personnages seront des idées, les épisodes des théories, et les dates des formules.

Chapitre I : De la Valeur

Chapitre II : La division du travail

L'idée fondamentale, la catégorie dominante de l'économie politique est la VALEUR.

La valeur parvient à sa détermination positive par une suite d'oscillations entre l'offre et la demande.

En conséquence, la valeur se pose successivement sous trois aspects : valeur utile, valeur échangeable, et valeur synthétique ou valeur sociale, qui est la valeur vraie. [...]

Dans la société, il faut que les concepts primitifs soient, pour ainsi dire, fécondés par de bruyantes controverses et des luttes passionnées; des batailles sanglantes seront les préliminaires de la paix. En ce moment l'Europe, fatiguée de guerre et de polémique, attend un principe conciliateur, et c'est le sentiment vague de cette situation qui fait demander à l'Académie. des Sciences morales et politiques, quels sont les laits généraux qui règlent les rapports des profits avec les salaires et qui en déterminent les oscillations, en d'autres termes, quels sont les épisodes les plus saillants et les phases les plus remarquables de la guerre du travail et du capital...

Effets antagonistes du principe de division.

Tous les hommes sont égaux dans la communauté primitive, égaux par leur nudité et leur ,ignorance, égaux par la puissance indéfinie de leurs facultés. Les économistes ne considèrent d'habitude que le premier de ces aspects : ils négligent ou méconnaissent totalement le second. [...] Un peu plus tôt, un peu plus tard, suivant que les circonstances auront été favorables, le progrès général doit conduire tous les hommes de l'égalité originelle et négative, à l'équivalence positive des talents et des connaissances. [...]

De même donc, comme nous l'avons prouvé par la théorie de la valeur, que l'égalité de misère doit se convertir progressivement en égalité de

Pierre-Joseph Proudhon

bien-être; de même l'égalité des âmes, négative au départ, puisqu'elle ne représente que le vide, doit se reproduire positivement au dernier terme de l'éducation de l'humanité. Le mouvement intellectuel s'accomplit parallèlement au mouvement économique : ils sont l'expression, la traduction l'un de l'autre; la psychologie et l'économie sociale sont d'accord, ou, pour mieux dire, elles ne font que dérouler chacune à un point de vue différent la même histoire. C'est ce qui apparaît surtout dans la grande loi de Smith, la division du travail.

Considérée dans son essence, la division du travail est le mode selon lequel se réalise l'égalité des conditions et des intelligences. C'est elle qui, par la diversité des fonctions, donne lieu à la proportionnalité des produits et à l'équilibre dans les échanges, conséquemment qui nous ouvre la route à la richesse; comme aussi, en nous découvrant l'infini partout dans l'art et la nature, elle nous conduit à idéaliser toutes nos opérations, et rend l'esprit créateur, c'est-à-dire la divinité même, *mentem diviniorem*, immanente et sensible chez tous les travailleurs.

La division du travail est donc la première phase de l'évolution économique aussi bien que du progrès intellectuel : notre point de départ est vrai du côté de l'homme et du côté des choses, et la marche de notre exposition n'a rien d'arbitraire.

Mais, à cette heure solennelle de la division du travail, le vent des tempêtes commence à souffler sur l'humanité. Le progrès ne s'accomplit pas pour tous d'une manière égale et uniforme, bien qu'à la fin il doive atteindre et transfigurer toute créature intelligente et travailleuse. Il commence par s'emparer d'un petit nombre de privilégiés, qui composent ainsi l'élite des nations, pendant que la masse persiste ou même s'enfonce plus avant dans la barbarie. C'est cette acception de personnes de la part du progrès qui a fait croire si longtemps à l'inégalité naturelle et providentielle des conditions, enfanté les castes, et constitué hiérarchiquement toutes les sociétés. On ne comprenait pas que toute inégalité, n'étant jamais qu'une négation, portait en soi le signe de son illégitimité et l'annonce de sa déchéance : bien moins encore pouvait-on s'imaginer que cette même inégalité procédât accidentellement d'une cause dont l'effet ultérieur devait la faire disparaître entièrement.

Chapitre II : La division du travail

Ainsi l'antinomie de la valeur se reproduisant dans la loi de division, il s'est trouvé que le premier et le plus puissant instrument de savoir et. de richesse que la Providence eût mis en nos mains, est devenu pour nous un instrument de misère et d'imbécillité. Voici la formule de cette nouvelle loi d'antagonisme, à laquelle nous devons les deux maladies les plus anciennes de la civilisation, l'aristocratie et le prolétariat: le travail, en se divisant selon la loi qui lui est propre, et qui est la condition première de sa fécondité, aboutit à la négation de ses fins et se détruit lui-même; en d'autres termes : La division hors de laquelle point de progrès, point de richesse, point d'égalité, subalternise l'ouvrier, rend l'intelligence inutile, la richesse nuisible et l'égalité impossible.

Tous les économistes depuis A. Smith ont signalé les avantages et les inconvénients de la loi de division, mais en insistant beaucoup plus sur les premiers que sur les seconds, parce que cela servait mieux leur optimisme, et sans qu'aucun d'eux se soit jamais demandé ce que pouvaient être les inconvénients d'une loi. Voici comment J.-B Say a résumé la question :

« Un homme qui ne fait pendant toute sa vie qu'une même opération, parvient à coup sûr à l'exécuter mieux et plus promptement qu'un autre homme; mais en même temps il devient moins capable de toute autre occupation, soit physique, soit morale; ses autres facultés s'éteignent, et il en résulte une dégénération dans l'homme considéré individuellement. C'est un triste témoignage à se rendre que de n'avoir jamais fait que la dix-huitième partie d'une épingle : et qu'on ne s'imagine pas que ce soit uniquement l'ouvrier, qui toute sa vie conduit une lime ou un marteau, qui dégénère ainsi de la dignité de sa nature : c'est encore l'homme qui par état exerce les facultés les plus déliées de son esprit... En résultat, on peut dire que la séparation des travaux est un habile emploi des forces de l'homme; qu'elle accroît prodigieusement les produits de la société; mais qu'elle ôte quelque chose à la capacité de chaque homme pris individuellement.» (Traité d'Économie politique).

Ainsi, quelle est, après le travail, la cause première de la multiplication des richesses et de l'habileté des travailleurs ? La division.

Quelle est la cause première de la décadence de l'esprit, et, comme nous le prouverons incessamment, de là misère civilisée ? La division.

Comment le même principe, poursuivi rigoureusement dans ses conséquences, conduit-il à des effets diamétralement opposés ? Pas un économiste, ni avant ni depuis A. Smith, ne s'est seulement aperçu qu'il y eût là un problème à éclaircir. Say va jusqu'à reconnaître que dans la division du travail la même cause qui produit le bien engendre le mal; puis, après quelques mots de commisération sur les victimes de la séparation des industries, content d'avoir fait un exposé impartial et fidèle, il nous laisse là. [...]

En vain l'on s'indigne contre une théorie qui, créant par le travail même une aristocratie de capacités, conduit fatalement à l'inégalité politique; en vain l'on proteste au nom de la démocratie et du progrès qu'il n'y aura plus à l'avenir ni noblesse, ni bourgeoisie, ni parias. L'économiste répond, avec l'impassibilité du destin : Vous êtes condamnés à produire beaucoup, et à produire à bon marché; sans quoi votre industrie sera toujours chétive, votre commerce nul, et vous vous traînerez à la queue de la civilisation, au lieu d'en prendre le commandement. - Quoi ! parmi nous, hommes généreux, il y aurait des prédestinés à l'abrutissement, et plus notre industrie se perfectionne, plus augmenterait le nombre de nos frères maudits !... - Hélas !... Voilà le dernier mot de l'économiste. [...] Après quoi, s'il teste au travailleur parcellaire une lueur d'intelligence, il se consolera par la pensée qu'il meut selon les règles de l'économie politique...

Le premier effet du travail parcellaire, après la dépravation de l'âme, est la prolongation des séances qui croissent en raison inverse de la somme d'intelligence dépensée. Car le produit s'appréciant tout à la fois au point de vue de la quantité et de la qualité, si, par une évolution industrielle quelconque, le travail fléchit dans un sens, il faut qu'il soit fait compensation dans l'autre. Mais comme la durée des séances ne peut excéder seize à dix-huit heures par jour, du moment où la compensation ne pourra se prendre sur le temps, elle se prendra sur le prix, et le salaire diminuera. Et cette baisse aura lieu, non pas comme on l'a ridiculement imaginé, parce que la valeur est essentiellement arbitraire, mais parce qu'elle est essentiellement déterminable. Peu importe que la lutte de l'offre et de la demande se termine, tantôt à l'avantage du maître, tantôt au profit du salarié; de telles oscillations peuvent varier d'amplitude, selon des circonstances accessoires bien connues, et qui ont été mille fois appréciées. Ce qui est certain, et qu'il s'agit uniquement pour nous de noter, c'est que la conscience universelle ne met pas au même taux le travail d'un contremaître et la manœuvre d'un goujat. Il y a donc nécessité de réduction sur le prix de la journée : en sorte que le travailleur, après avoir été affligé dans son âme par une fonction dégradante, ne peut manquer d'être frappé aussi dans son corps par la modicité de la récompense. C'est l'application littérale de cette parole de l'Évangile: À celui qui a peu, j'ôterai encore le peu qu'il a. [...]

De même donc que l'économie politique, à son point de départ, nous a fait entendre cette parole mystérieuse et sombre : À mesure que la production d'utilité augmente, la vénalité diminue; de même, arrivée à sa première station, elle nous avertit d'une voix terrible : A mesure que l'art fait des progrès, l'artisan rétrograde. (Citation tirée de Tocqueville, de la Démocratie en Amérique, Livre 11, 2, eh. XX).

Pour mieux fixer les idées, citons quelques exemples.

Quels sont, dans toute la métallurgie, les moins industrieux des salariés ? ceux-là précisément qu'on appelle mécaniciens. Depuis que l'outillage a été si admirablement perfectionné, un mécanicien n'est plus qu'un homme qui sait donner un coup de lime ou présenter une pièce au rabot si quant à la mécanique, c'est l'affaire des ingénieurs et des contremaîtres. Un maréchal de campagne réunit quelquefois, par la seule nécessité de sa position, les talents divers de serrurier, de taillandier, d'armurier, de mécanicien, de charron, de vétérinaire : on serait étonné, dans le monde des beaux esprits, de la science qu'il y a sous le marteau de cet homme à qui le peuple, toujours railleur, donne le sobriquet de brûle fer. Un ouvrier du Creusot, qui a vu pendant dix ans tout ce que sa profession peut offrir de plus grandiose et de plus fin, sorti de son chantier n'est plus qu'un être inhabile à rendre le moindre service et à gagner sa vie. L'incapacité du sujet est en raison directe de la perfection de l'art; et cela est vrai de tous les états comme de la métallurgie.

Le salaire des mécaniciens s'est soutenu jusqu'à présent à un taux élevé

: il est inévitable qu'il descende un jour, la qualité médiocre du travail ne pouvant le soutenir. (Proudhon cite ensuite les cas de l'imprimerie et de l'administration).

Partout donc, dans les services publics comme dans l'industrie libre, les choses sont arrangées de telle sorte que les neuf dixièmes des travailleurs servent de bêtes de somme à l'autre dixième; tel est l'effet inévitable du progrès industriel, et la condition indispensable de toute richesse. Il importe de se bien rendre compte de cette vérité élémentaire, avant de parler au peuple d'égalité, de liberté, d'institutions démocratiques, et autres utopies, dont la réalisation suppose préalablement une révolution complète dans les rapports des travailleurs.

[...] Les divers spécifiques imaginés dans ces derniers temps, loin de pouvoir guérir cette plaie, serviraient plutôt à l'envenimer en l'irritant; et tout ce que l'on a écrit à cet égard n'a fait que mettre en évidence le cercle vicieux de l'économie politique.

C'est ce que nous allons démontrer en peu de mots.

Impuissance des palliatifs.

Tous les remèdes proposés contre les funestes effets de la division parcellaire se réduisent à deux, lesquels même n'en font qu'un, le premier étant l'inverse du second : relever le moral de l'ouvrier en augmentant son bien-être et sa dignité; - ou bien, préparer de loin son émancipation et son bonheur par l'enseignement.

Nous examinerons successivement ces deux systèmes, dont l'un a pour représentant M. Blanqui, l'autre M. Chevalier.

M. Blanqui est l'homme de l'association et du progrès, l'écrivain aux tendances démocratiques, le professeur accueilli par les sympathies du prolétariat. Dans son discours d'ouverture pour l'année 1845, M. Blanqui a proclamé, comme moyen de salut, l'association du travail et du capital, la participation de l'ouvrier dans les bénéfices, soit un commencement de solidarité industrielle. « Notre siècle, s'est-il écrié, doit voir naître le producteur collectif. » - M. Blanqui oublie que le producteur collectif est né depuis longtemps, aussi bien que le consommateur collectif, et que la question n'est plus génétique, mais médicale. Il s'agit de faire que le sang, provenu de la digestion collective, au lieu de se porter tout à la tête, au ventre et à la poitrine, descende aussi dans les jambes et les bras. [...]

Quoi qu'il en soit, l'idée de, M. Blanqui se résout en une augmentation de salaire, provenant du titre de co-associés, ou du moins de co-intéressés, qu'il confère aux ouvriers. Qu'est-ce donc que vaudrait à l'ouvrier sa participation aux bénéfices ?

Une filature de 15 000 broches, occupant 300 ouvriers, ne donne pas, année courante, il s'en faut de beaucoup, 20 000 francs de bénéfices. Je tiens d'un industriel de Mulhouse que les fabriques de tissus en Alsace sont généralement au-dessous du pair, et que cette industrie n'est déjà plus une manière de gagner de l'argent par le travail, niais par l'agio. VENDRE, vendre à propos, vendre cher, est toute la question ; fabriquer n'est qu'un moyen de préparer une opération de vente. Lors donc que je suppose, en moyenne, un bénéfice de 20 000 francs par atelier de 300 personnes, comme mon argument est général, il s'en faut de 20 000 francs que je sois dans le vrai. Toutefois, admettons ce chiffre. Divisant 20 000 francs, le bénéfice de la fabrique, par 300 personnes et 300 journées de travail, je trouve pour chacune un surcroît de solde de 22 centimes et 2 millièmes, soit pour la dépense quotidienne un supplément de 18 centimes, juste un morceau de pain. Cela vaut-il la peine d'exproprier les entrepreneurs et de jouer la fortune publique, pour ériger des établissements d'autant plus fragiles, que la propriété étant morcelée en des infiniment petits d'actions, et ne se soutenant plus par le bénéfice, les entreprises manqueraient de lest, et ne seraient plus assurées contre les tempêtes ? Et s'il ne s'agit pas d'expropriation, quelle pauvre perspective à présenter à la classe ouvrière, qu'une augmentation de 18 centimes, pour prix de quelques siècles d'épargne ; car il ne lui faudra pas moins que cela pour former ses capitaux, à supposer que les chômages périodiques ne lui fassent pas manger périodiquement ses économies! [...]

Somme toute, le bénéfice tant envié, et souvent très problématique des

Pierre-Joseph Proudhon

maîtres, est loin de couvrir la différence des salaires effectifs aux salaires demandés; et l'ancien projet de M. Blanqui, misérable dans ses résultats et désavoué par son auteur, serait pour l'industrie manufacturière un fléau. Or, la division du travail étant désormais établie partout, le raisonnement se généralise, et nous avons pour conclusion que la misère est un effet du travail, aussi bien. que de la paresse.

On dit à cela, et cet argument est en grande faveur parmi le peuple : augmentez le prix des services, doublez, triplez le salaire.

Mais je dis qu'une pareille augmentation est impossible, et que la supposition en est absurde car, comme l'a très bien vu d'ailleurs M. Chevalier [1], le chiffre qui indique le prix de la journée du travail n'est qu'un exposant algébrique sans influence sur la réalité : et ce qu'il faut avant tout songer à accroître, tout en rectifiant les inégalités de distribution, ce n'est pas l'expression monétaire, c'est la quantité des produits. jusque-là, tout mouvement de hausse dans les salaires ne peut avoir d'autre effet que celui d'une hausse sur le blé, le vin, la viande, le sucre, le savon, la houille, etc., c'est-à-dire l'effet d'une disette. Car qu'est-ce que le salaire ?

C'est le prix de revient du blé, du vin, de la viande, de la houille; c'est le prix intégrant de toutes choses. Allons plus avant encore : le salaire est la proportionnalité des éléments qui composent la richesse, et qui sont consommés chaque jour reproductivement par la masse des travailleurs. Or, doubler le salaire, au sens où le peuple l'entend, c'est attribuer à chacun des producteurs une part plus grande que son produit, ce qui est contradictoire; et si la hausse ne porte que sur un petit nombre d'industries, c'est provoquer une perturbation générale dans les échanges, en un mot, une disette. Dieu me garde des prédictions 1 Mais malgré toute ma sympathie pour l'amélioration du sort de la classe ouvrière, il est impossible, je le déclare, que les grèves suivies d'augmentation de salaire n'aboutissent pas à un renchérissement général : cela est aussi certain que deux et deux font quatre. Ce n'est point par de semblables recettes que les ouvriers arriveront à la richesse, et, ce qui est mille fois plus précieux encore que la richesse, à la liberté.

---

1 Michel Chevalier (1806-1879), économiste saint-simonien et propagandiste (Lettres sur l'organisation du travail). (N. d. E.)

Chapitre II : La division du travail

Les ouvriers, appuyés par la faveur d'une presse imprudente, en exigeant une augmentation de salaire, ont servi le monopole bien plus que leur véritable intérêt : puissent-ils reconnaître, quand le malaise reviendra pour eux plus cuisant, le fruit amer de leur inexpérience!

Convaincu de l'inutilité, ou, pour mieux dire, des funestes effets de l'augmentation des salaires, et sentant bien que la question est tout organique et nullement commerciale, M. Chevalier prend le problème à rebours. Il demande pour la classe ouvrière, avant tout, l'instruction, et il propose dans ce sens de larges réformes. [...]

Il est sûr qu'un si puissant essor donné aux intelligences accélérerait la marche de l'égalité, et je ne doute pas que tel ne soit le vœu secret de M. Chevalier. Mais voilà précisément ce qui m'inquiète : les capacités ne font jamais défaut, pas plus que la population, et la question est de trouver de l'emploi aux unes et du pain à l'autre. [...] Quand chaque année scolaire vous apportera cent mille capacités, qu'en ferez-vous ?

Pour établir cette intéressante jeunesse, vous descendrez jusqu'au dernier échelon de la hiérarchie. Vous ferez débuter le jeune homme, après quinze ans de sublimes études, non plus comme aujourd'hui par les grades d'aspirant ingénieur, de sous-lieutenant d'artillerie, d'enseigne de vaisseau, de substitut, de contrôleur, de garde général, etc.; mais par les ignobles emplois de pionnier, de soldat du train, de dragueur, de mousse, de fagoteur et de rat de cave. Là il lui faudra attendre que la mort, éclaircissant les rangs, le fasse avancer d'une semelle. Il se pourra donc qu'un homme, sorti de l'École polytechnique et capable de faire un Vauban, meure cantonnier sur une route de deuxième classe, ou caporal dans un régiment.

Oh ! combien le catholicisme s'est montré plus prudent, et comme il vous a surpassés tous, saint-simoniens, républicains, universitaires, économistes, dans la connaissance de l'homme et de la société ! Le prêtre sait que notre vie n'est qu'un voyage, et que notre perfection ne se peut réaliser ici-bas ; et il se contente d'ébaucher sur la terre une éducation qui doit trouver son complément dans le ciel. L'homme que la religion a formé, content de savoir, de faire et d'obtenir ce qui suffit à sa destinée terrestre, ne peut jamais devenir un embarras pour

Pierre-Joseph Proudhon

le gouvernement: il en serait plutôt le martyr. O religion bien-aimée ! faut-il qu'une bourgeoisie qui a tant besoin de toi te méconnaisse ! ... [...]

« De toutes les vertus privées, observe avec infiniment de raison M. Dunoyer, la plus nécessaire, celle qui nous donne successivement toutes les autres, c'est la passion du bien-être, c'est un désir violent de se tirer de la misère et de l'abjection, c'est cette émulation et cette dignité tout à la fois qui ne lui permettent pas de se contenter d'une situation inférieure... Mais ce sentiment, qui semble si naturel, est malheureusement beaucoup moins commun qu'on ne pense. Il est peu de reproches que la très grande généralité des hommes méritent moins que celui que leur adressent les moralistes ascétiques d'être trop amis de leurs aises : on leur adresserait le reproche contraire avec infiniment plus de justice... Il y a même dans la nature des hommes cela de très remarquable, que moins ils ont de lumières et de ressources, et moins ils éprouvent le désir d'en acquérir. Les sauvages les plus misérables et les moins éclairés des hommes, sont précisément ceux à qui il est le plus difficile de donner des besoins, ceux à qui on inspire avec le plus de peine le désir de sortir de leur état; de sorte qu'il faut que l'homme se soit déjà procuré par le travail un certain bien-être, avant qu'il éprouve avec quelque vivacité ce besoin d'améliorer sa condition, de perfectionner son existence, que j'appelle amour du bien-être. » (De la Liberté du travail, tome II. p. 80.)

[...] Si, par impossible, le bien-être matériel pouvait échoir à l'ouvrier parcellaire, on verrait quelque chose de monstrueux se produire: les ouvriers occupés aux travaux répugnants deviendraient comme ces Romains gorgés des richesses du monde, et dont l'intelligence abrutie était devenue incapable d'inventer même des jouissances.

Le bien-être sans éducation abrutit le peuple et le rend insolent : cette observation a été faite dès la plus haute antiquité. *Incrassatus est, et recalcitravit*, dit le Deutéronome. Au reste, le travailleur parcellaire s'est jugé lui-même : il est content, pourvu qu'il ait le pain, le sommeil sur un grabat, et l'ivresse le dimanche. Toute autre condition lui serait préjudiciable, et compromettrait l'ordre public. [...]

Chapitre II : La division du travail

En résumé, il est impossible, contradictoire, que dans le système actuel des sociétés, le prolétariat arrive au bien-être par l'éducation, ni à l'éducation par le bien-être. Car, sans compter que le prolétaire, l'homme-machine, est aussi incapable de supporter l'aisance que l'instruction, il est démontré, d'une part, que son salaire tend toujours moins à s'élever qu'à descendre ; d'un autre côté, que la culture de son intelligence, alors même qu'il la pourrait recevoir, lui serait inutile : en sorte qu'il y a pour lui entraînement continu vers la barbarie et la misère. Tout ce que dans ces dernières années l'on a tenté en France et en Angleterre, en vue d'améliorer le sort des classes pauvres, sur le travail des enfants et des femmes et sur l'enseignement primaire, à moins qu'il ne soit le fruit d'une arrière-pensée de radicalisme, a été fait à rebours des données économiques et au préjudice de l'ordre établi. Le progrès, pour la masse des travailleurs, est toujours le livre fermé de sept sceaux; et ce n'est pas par des contresens législatifs que l'impitoyable énigme sera expliquée.

Pierre-Joseph Proudhon

Chapitre III : Les machines

Du rôle des machines, dans leurs rapports avec la liberté.

L'introduction des machines dans l'industrie s'accomplit en opposition à la loi de division, et comme pour rétablir l'équilibre profondément compromis par cette loi. Pour bien apprécier la portée de ce mouvement et en saisir l'esprit, quelques considérations générales deviennent nécessaires.

[...] Tout produit de l'art et de l'industrie, toute constitution politique et religieuse, de même que toute créature organisée ou inorganisée, n'étant qu'une réalisation, une application naturelle ou pratique de la philosophie, l'identité des lois de la nature et de la raison, de l'être et de l'idée, est démontrée ; et lorsque, pour notre part, nous établissons la conformité constante des phénomènes économiques avec les lois pures de la pensée, l'équivalence du réel et de l'idéal dans les faits humains, nous ne faisons que répéter, sur un cas particulier, cette démonstration éternelle.

Que disons-nous, en effet ?

Pour déterminer la valeur, en d'autres termes pour organiser en elle-même la production et la distribution des richesses, la société procède exactement comme la raison dans l'engendrement des concepts. D'abord elle pose un premier fait, émet une première hypothèse, la division du travail, véritable antinomie dont les résultats antagonistes se déroulent dans l'économie sociale, de la même manière que les conséquences auraient pu s'en déduire dans l'esprit; en sorte que le mouvement industriel, suivant en tout la déduction des idées, se divise en un double courant, l'un d'effets utiles, l'autre de résultats subversifs, tous également nécessaires et produits légitimes de la même loi. Pour constituer harmoniquement ce principe à double face et résoudre cette antinomie, la société en fait surgir une seconde, laquelle sera bientôt suivie d'une troisième ; et telle sera la marche du génie social, jusqu'à ce qu'ayant épuisé toutes ses contradictions, je suppose, mais cela n'est pas prouvé, que la contradiction dans l'humanité ait un terme, - il revienne d'un bond sur toutes ses positions antérieures, et, dans une seule formule, résolve tous ses problèmes.

En suivant dans notre exposé cette méthode du développement parallèle de la réalité et de l'idée, nous trouvons un double avantage : d'abord, celui d'échapper au reproche de matérialisme, si souvent adressé aux économistes, pour qui les faits, sont vérité par cela seul qu'ils sont des faits, et des faits matériels. Pour nous, au contraire, les faits ne sont point matière, car nous ne savons pas ce que veut dire ce mot matière, mais manifestations visibles d'idées invisibles. À ce titre, les faits ne prouvent que selon la mesure de l'idée qu'ils représentent; et voilà pourquoi nous avons rejeté comme illégitimes et non définitives la valeur utile et la valeur en échange, et plus tard la division du travail elle-même, bien que, pour les économistes, elles fussent toutes d'une autorité absolue.

D'autre part, on ne peut plus nous accuser de spiritualisme, idéalisme ou mysticisme ; car, n'admettant pour point de départ que la manifestation extérieure de l'idée, idée que nous ignorons, qui n'existe pas, tant qu'elle ne se réfléchit point, comme la lumière qui ne serait rien si le soleil existait seul dans un vide infini; écartant tout a priori théogonique et cosmogonique, toute recherche sur la substance, la cause, le moi et le non-moi, nous nous bornons à chercher les lois de l'être, et à suivre le système de ses apparences aussi loin que la raison peut atteindre.

En somme, les faits humains sont l'incarnation des idées humaines; donc, étudier les lois de l'économie sociale, c'est faire la théorie des lois de la raison et créer la philosophie. Nous pouvons maintenant suivre le cours de nos recherches.

Nous avons laissé, à la fin du chapitre précédent, le travailleur aux prises avec la loi de division ; comment cet infatigable Oedipe va-t-il s'y prendre pour résoudre cette énigme ?

Dans la société, l'apparition incessante des machines est l'antithèse, la formule inverse de la division du travail; c'est la protestation du génie industriel contre le travail parcellaire et homicide. Qu'est-ce, en

Pierre-Joseph Proudhon

effet, qu'une machine ? Une manière de réunir diverses particules du travail que la division avait séparées. Toute machine peut être définie : un résumé de plusieurs opérations, une simplification de ressorts, une condensation du travail, une réduction de frais. Sous tous ses rapports, la machine est la contrepartie de la division. Donc, par la machine il y aura restauration du travailleur parcellaire, diminution de peine pour l'ouvrier, baisse de prix sur le produit, mouvement dans le rapport des valeurs, progrès vers de nouvelles découvertes, accroissement du bien-être général. [...]

Les machines, se posant dans l'économie politique contradictoirement à la division du travail, représentent la synthèse s'opposant dans l'esprit humain à l'analyse ; et comme, ainsi qu'on le verra bientôt, dans la division du travail et dans les machines l'économie politique tout entière est déjà donnée, de même avec l'analyse et la synthèse on a toute la logique, on a la philosophie. L'homme qui travaille procède nécessairement et tour à tour par division et à l'aide d'instruments; de même, celui qui raisonne fait nécessairement et tour à tour de la synthèse et de l'analyse, rien, absolument rien de plus. Et le travail et la raison n'iront jamais au delà : Prométhée comme Neptune, atteint en trois pas aux bornes du monde. [...]

Ainsi le travail, après avoir différencié les capacités et préparé leur équilibre par la division des industries, complète, si j'ose ainsi dire, l'armement de l'intelligence par les machines. D'après les témoignages de l'histoire comme d'après l'analyse, et nonobstant les anomalies causées par l'antagonisme des principes économiques, l'intelligence diffère chez les hommes, non par la puissance, la netteté ou l'étendue ; mais, en premier lieu, par la spécialité, ou, comme dit l'école, par la détermination qualitative ; secondement par l'exercice et l'éducation. Donc, chez l'individu comme chez l'homme collectif, l'intelligence est bien plus une faculté qui vient, qui se forme et se développe, *quae fit*, qu'une entité ou entéléchie qui existe toute formée, antérieurement à l'apprentissage. La raison, ou quelque nom qu'on lui donne, génie, talent, industrie, est au point de départ une virtualité nue et inerte, qui peu à peu grandit, se fortifie, se colore, se détermine et se nuance à l'infini. Par l'importance de ses acquisitions, par son capital en un mot, l'intelligence diffère et différera toujours d'un individu à l'autre; mais comme puissance, égale dans tous à l'origine, le progrès social doit être, en perfectionnant incessamment ses moyens, de la rendre à la fin chez tous encore égale. Sans cela le travail resterait pour les uns un privilège, et pour les autres un châtiment.

Mais l'équilibre des capacités, dont nous avons vu le prélude dans la division du travail, ne remplit pas toute la destination des machines, et les vues de la Providence s'étendent fort au-delà. Avec l'introduction des machines dans l'économie, l'essor est donné à la LIBERTÉ.

La machine est le symbole de la liberté humaine, l'insigne de notre domination sur la nature, l'attribut de notre puissance, l'expression de notre droit, l'emblème de notre personnalité. Liberté, intelligence, voilà donc tout l'homme : car, si nous écartons comme mystique et inintelligible toute spéculation sur l'être humain considéré au point de vue de la substance (esprit ou matière), il ne nous reste plus que deux catégories de manifestations, comprenant, la première, tout ce que l'on nomme sensations, volitions, passions, attractions, instincts, sentiments; l'autre, tous les phénomènes classés sous les noms d'attention, perception, mémoire, imagination, comparaison, jugement, raisonnement, etc. Quant à l'appareil organique, bien loin qu'il soit le principe ou la base de ces deux ordres de facultés, on doit le considérer comme en étant la réalisation synthétique et positive, l'expression vivante et harmonieuse. Car, comme de l'émission séculaire que l'humanité aura faite de ses principes antagonistes doit résulter un jour l'organisation sociale, tout de même l'homme doit être conçu comme le résultat de deux séries de virtualités.

Ainsi, après s'être posée comme logique, l'économie sociale, poursuivant son oeuvre, se pose comme psychologie. L'éducation de l'intelligence et de la liberté, en un mot le bien-être de l'homme, toutes expressions parfaitement synonymes, voilà le but commun de l'économie politique et de la philosophie. Déterminer les lois de la production et de la distribution des richesses, ce sera démontrer, par une exposition objective et concrète, les lois de la raison et de la liberté ; ce sera créer a posteriori la philosophie et le droit : de quelque côté que nous nous tournions, nous, sommes en pleine métaphysique. [...]

Pierre-Joseph Proudhon

Ces préliminaires étaient indispensables pour bien apprécier le rôle des machines, et faire ressortir l'enchaînement des évolutions économiques. À ce propos, je rappellerai au lecteur que nous ne faisons point une histoire selon l'ordre des temps, mais selon la succession des idées. Les phases ou catégories économiques sont dans leur manifestation tantôt contemporaines, tantôt interverties; et de là vient l'extrême difficulté qu'ont éprouvée de tout temps les économistes à systématiser leurs idées ; de là le chaos de leurs ouvrages, même les plus recommanda les sous tout autre rapport, tels que ceux d'Adam Smith, Ricardo et J.-B. Say. Mais les théories économiques n'en ont pas moins leur succession logique et leur série dans l'entendement ; c'est cet ordre que nous nous sommes flatté de découvrir, et qui fera de cet ouvrage tout à la fois une philosophie et une histoire.

Contradiction des machines. - Origine du capital et du salariat.

Par cela même que les machines diminuent la peine de l'ouvrier, elles abrègent et diminuent le travail, qui de la sorte devient de jour en jour plus offert et moins demandé. Peu à peu, il est vrai, la réduction des prix faisant augmenter la consommation, la proportion se rétablit, et le travailleur est rappelé ; niais comme les perfectionnements industriels se succèdent sans relâche et tendent continuellement à substituer l'opération mécanique au travail de l'homme, il s'ensuit qu'il y a tendance constante à retrancher une partie du service, partant à éliminer de la production les travailleurs. Or, il en est de l'ordre économique comme de l'ordre spirituel; hors de l'église point de salut, hors du travail, point de subsistance, La société et la nature, également impitoyables, sont d'accord pour exécuter ce nouvel arrêt.

[...] Il ne s'agit pas seulement ici d'un petit nombre d'accidents, arrivés pendant un laps de trente siècles par l'introduction d'une, deux ou trois machines ; il s'agit d'un phénomène régulier, constant et général. Après que le revenu a été déplacé, comme dit Say, par une machine, il l'est par une autre, puis encore par une autre, et toujours par une autre, tant qu'il reste du travail à faire et des échanges à effectuer, Voilà comme le phénomène doit être présenté et envisagé. Le déplacement du revenu, la suppression du travail et du salaire est un fléau chronique, permanent, indélébile, une sorte de choléra qui tantôt apparaît sous la figure de Gutenberg, puis qui revêt celle d'Arkwright; ici on le nomme Jacquard, plus loin James Watt ou marquis de Jouffroy. Après avoir sévi plus ou moins longtemps sous une forme, le monstre en prend une autre et les économistes, qui le croient parti, de s'écrier Ce n'était rien ! Tranquilles et satisfaits, pourvu qu'ils appuient de tout le poids de leur dialectique sur le côté positif de la question, ils ferment les yeux sur le côté subversif, sauf cependant, lorsqu'on leur reparlera de misère, à recommencer leurs sermons sur l'imprévoyance et l'ivrognerie des travailleurs.

Le commerce anglais, sollicité par son immense clientèle, appelle de tous côtés des ouvriers, et provoque au manage ; tant que le travail abonde, le mariage est chose excellente, dont on aime à citer les effets dans l'intérêt des machines ; mais, comme la clientèle est flottante, dès que le travail et le salaire manquent, on crie à l'abus du mariage, on accuse l'imprévoyance des ouvriers. L'économie politique, c'est-à-dire le despotisme propriétaire, ne peut jamais avoir tort : il faut que ce soit le prolétariat.

L'exemple de l'imprimerie a été maintes fois cité, toujours dans une pensée d'optimisme. Le nombre de personnes que fait vivre aujourd'hui la fabrication des livres est peut-être mille fois plus considérable que ne l'était celui des copistes et enlumineurs avant Gutenberg; donc, conclut-on d'un air satisfait, l'imprimerie n'a fait tort à personne. Des faits analogues pourraient être cités à l'infini, sans qu'un seul fût à récuser, mais aussi sans que la question fît un pas. Encore une fois, personne ne disconvient que les machines aient contribué au bien-être général : mais j'affirme, en regard de ce fait irréfragable, que les économistes manquent à la vérité lorsqu'ils avancent d'une manière absolue que *la simplification des procédés n'a eu nulle part pour résultat de diminuer le nombre des bras employés à une industrie quelconque*. Ce que les économistes devraient dire, c'est que les machines, de même que la division du travail, sont tout à la fois, dans le système actuel de l'économie sociale, et une source de richesse, et une cause permanente et fatale de misère.

Un manufacturier anglais : « L'insubordination de nos ouvriers nous

Pierre-Joseph Proudhon

a fait songer à nous passer d'eux. Nous avons fait et provoqué tous les efforts d'intelligence imaginables pour remplacer le service des hommes par des instruments plus dociles, et nous en sommes venus à bout. La mécanique a délivré le capital de l'oppression du travail. Partout où nous employons encore un homme, ce n'est que provisoirement, en attendant qu'on invente pour nous le moyen de remplir sa besogne sans lui. »

1 Quel système que celui qui conduit un négociant à penser avec délices que la société pourra bientôt se passer d'hommes! La mécanique a délivré le capital de l'oppression du travail ! C'est exactement comme si le ministère entreprenait de délivrer le budget de l'oppression des contribuables. Insensé! si les ouvriers vous coûtent. ils sont vos acheteurs. que ferez-vous de vos produits, quand, chassés par vous, ils ne les consommeront plus ? Aussi, le contrecoup des machines, après avoir écrasé les ouvriers, ne tarde pas à frapper les maîtres ; car si la production exclut la consommation, bientôt elle-même est forcée de s'arrêter. [...]

Aujourd'hui, les coalitions et les grèves d'ouvriers paraissent avoir cessé sur tous les points de l'Angleterre, et les économistes se réjouissent avec raison de ce retour à l'ordre, disons même au bon sens. Mais parce que les ouvriers n'ajouteront plus désormais, j'aime à l'espérer du moins, la misère de leurs chômages volontaires à la misère que leur créent les machines, s'ensuit-il que la situation soit changée ? Et si rien n'est changé dans la situation, l'avenir ne sera-t-il pas toujours la triste copie du passé ?

« Depuis le commencement du siècle, la vie moyenne s'est accrue de deux ou trois ans : indice irrécusable d'une plus grande aisance, ou, si l'on veut, d'une atténuation de la misère. » (Théodore Fix. Revue mensuelle d'économie Politique, déc. 1844).

Je reconnais la sincérité du fait; mais en même temps je déclare l'observation. fautive. Expliquons cela. Supposons une population de dix millions d'âmes: si, par telle cause que l'on voudra, la vie moyenne venait à s'accroître de cinq ans pour un million d'individus, la mortalité continuant à sévir de la même manière qu'auparavant sur les neuf autres millions, on trouverait, en répartissant cet accroissement sur le tout, que la vie moyenne s'est augmentée pour chacun de six mois. Il en est de la vie moyenne, soi-disant indice du bien-être moyen, comme de l'instruction moyenne : le niveau des connaissances ne cesse de monter, ce qui n'empêche pas qu'il y ait aujourd'hui, en France, tout autant de barbares que du temps de François 1er. Les charlatans qui se proposaient d'exploiter les chemins de fer ont fait grand bruit de l'importance de la locomotive pour la circulation des idées; et les économistes, toujours à l'affût des niaiseries civilisées, n'ont pas manqué de répéter cette fadaise. - Comme si les idées avaient besoin, pour se répandre, de locomotives! Mais qui donc empêche les idées de circuler de l'Institut aux faubourgs Saint-Antoine et Saint-Marceau, dans les rues étroites et, misérables de la Cité et du Marais, partout enfin où habite cette multitude encore plus dépourvue d'idées que de pain ? D'où vient qu'entre un Parisien et un Parisien, malgré les omnibus et la petite poste, la distance est aujourd'hui trois fois plus grande qu'au XIVe siècle ?

L'influence subversive des machines sur l'économie sociale et la condition des travailleurs s'exerce en mille modes, qui tous s'enchaînent et s'appellent réciproquement: la cessation du travail, la réduction du salaire, la surproduction, l'encombrement, l'altération et la falsification des produits, les faillites, le déclassement des ouvriers, la dégénération de l'espèce, et finalement les maladies et la mort. [...]

Mais il faut pénétrer plus avant encore dans l'antinomie. Les machines nous promettaient un surcroît de richesse; elles nous ont tenu parole, mais en nous dotant du même coup d'un surcroît de misère. - Elles nous promettaient la liberté; je vais prouver qu'elles nous ont apporté l'esclavage.

J'ai dit que la détermination de la valeur, et avec elle les tribulations de la société, commençaient à la division des industries, sans laquelle il ne pourrait exister ni échange, ni richesse, ni progrès. La période que nous parcourons en ce moment, celle des machines, se distingue par un caractère particulier; c'est le SALARIAT.

Le salariat est issu en droite ligne de l'emploi des machines, c'est-à-dire, pour donner à ma pensée toute la généralité d'expression qu'elle réclame, de la fiction économique par laquelle le capital devient agent de production. Le salariat, enfin,   postérieur à la division du travail et à l'échange,   est le corrélatif obligé de la théorie de réduction des frais, de quelque manière que s'obtienne cette réduction. Cette généalogie est trop intéressante pour que nous n'en disions pas quelques mots.

La première, la plus simple, la plus puissante des machines, est l'atelier.

La division ne faisait que séparer les diverses parties du travail, laissant chacun se livrer à la spécialité qui lui agréait le plus : l'atelier groupe les travailleurs selon le rapport de chaque partie au tout. C'est, dans sa forme la plus élémentaire, la pondération des valeurs, introuvable cependant selon les économistes. Or, par l'atelier, la production va s'accroître, et le déficit en même temps.

Un homme a remarqué qu'en divisant la production et ses diverses parties, et les faisant exécuter chacune par un ouvrier à part, il obtiendrait une multiplication de force dont le produit serait de beaucoup supérieur à la somme de travail que donne le même nombre d'ouvriers, lorsque le travail n'est pas divisé. Saisissant le fil de cette idée, il se dit qu'en formant un groupe permanent de travailleurs assortis pour l'objet spécial qu'il se propose, il obtiendra une production plus soutenue, plus abondante, et à moins de frais. [...]

Voici donc la proposition que fait le spéculateur à ceux qu'il désire faire collaborer avec lui : je vous garantis à perpétuité le placement de vos produits, si vous voulez m'accepter pour acheteur on pour intermédiaire. Le marché est si évidemment avantageux, que la proposition ne peut manquer d'être agréée. L'ouvrier y trouve continuité de travail, prix fixe et sécurité ; de son côté, l'entrepreneur aura plus de facilité pour la vente, puisque, produisant à meilleur compte, il peut lever la main sur le prix; enfin ses bénéfices seront plus considérables à cause de la masse des placements. Il n'y aura pas jusqu'au publie et au magistrat qui ne félicitent l'entrepreneur d'avoir accru la richesse sociale par ses combinaisons, et qui ne lui votent une 'récompense. [...]

J'ai fait voir l'entrepreneur, au début de l'industrie, traitant d'égal à égal avec ses compagnons, devenus plus tard ses ouvriers. Il est sensible, en effet, que cette égalité primitive a dû rapidement disparaître, par la position avantageuse du maître et de la dépendance des salariés. C'est en vain que la loi assure à chacun le droit d'entreprise, aussi bien que la faculté de travailler seul et de vendre directement ses produits. D'après l'hypothèse, cette dernière ressource est impraticable. puisque l'atelier a eu pour objet d'anéantir le travail isolé. [...]. Lorsqu'un établissement a eu le loisir de se développer, d'élargir ses bases, de se lester de capitaux, d'assurer sa clientèle, que peut contre une force aussi supérieure l'ouvrier qui n'a que ses bras ? Ainsi, ce n'est point par un acte arbitraire de la puissance souveraine ni par une usurpation fortuite et brutale que s'étaient établies au moyen âge les corporations et les maîtrises : la force des choses les avaient créées longtemps avant que les édits des rois leur eussent donné la consécration légale; et malgré la réforme de 89, nous les voyons se reconstituer sous nos yeux avec une énergie cent fois plus redoutable. Abandonnez le travail à ses propres tendances, et l'asservissement des trois quarts du genre humain est assuré.

Mais ce n'est pas tout. La machine ou l'atelier, après avoir dégradé le travailleur en lui donnant un maître, achève de l'avilir en le faisant déchoir du rang d'artisan à celui de manœuvre.

[...]. Multipliez les machines, vous augmentez le travail pénible et répugnant : cet apophtegme est aussi sûr qu'aucun de ceux qui datent du déluge. Qu'on m'accuse, si l'on vent, de malveillance envers la plus belle invention de notre siècle : rien ne m'empêchera de dire que le principal résultat des chemins de fer, après l'asservissement de la petite industrie, sera de créer une population de travailleurs dégradés, cantonniers, balayeurs, chargeurs, débardeurs, camionneurs, gardiens, portiers, peseurs, graisseurs, nettoyeurs, chauffeurs, pompiers, etc., etc. Quatre mille kilomètres de chemins de fer donneront à la France un supplément de cinquante mille serfs : ce n'est pas pour ce monde-là, sans doute, que M. Chevalier demande des écoles professionnelles. [...].

Avec la machine et l'atelier, le droit divin, c'est-à-dire le principe d'autorité, fait son entrée dans l'économie politique. Le Capital, la Maîtrise, le Privilège, le Monopole, la Commandite, le Crédit, la Propriété, etc., tels sont, dans le langage économique, les noms

Pierre-Joseph Proudhon

divers de ce je ne sais quoi qu'ailleurs on a nommé Pouvoir, Autorité, Souveraineté, Loi écrite, Révélation, Religion, Dieu enfin, cause et principe de toutes nos misères et de tous nos crimes, et qui, plus nous cherchons à le définir, plus il nous échappe.

(Contre les effets désastreux des machines, il n'y a pas, pour l'instant, de remède).

Cependant il est impossible que nous reculions: il faut produire, produire toujours, produire à bon] marché;. sans cela l'existence de la société est compromise. [...]

Or, solliciter le gouvernement de prendre des initiatives, c'est faire comme les paysans qui, voyant approcher l'orage, se mettent à prier Dieu et invoquer leur saint. Les gouvernements, on ne saurait trop le répéter aujourd'hui, sont les représentants de la Divinité, j'ai presque dit les exécuteurs des vengeances célestes : ils ne peuvent rien pour nous. Est-ce que le gouvernement anglais, par exemple, sait donner du travail aux malheureux qui se réfugient dans les workhaus ? Et quand il le saurait, l'oserait-il ? Aide-toi. le ciel t'aidera! Cet acte de méfiance populaire envers la Divinité nous dit aussi ce que nous devons attendre du pouvoir... rien.

Parvenus à la deuxième station de notre calvaire, au lien de nous livrer à des contemplations stériles, soyons de plus en plus attentifs aux enseignements du destin. Le gage de notre liberté est dans le progrès de notre supplice.

Chapitre IV : La concurrence

Entre l'hydre aux cent gueules de la division du travail et le dragon indompté des machines, que deviendra l'humanité ? Un prophète l'a dit il y a plus de deux mille ans : Satan regarde sa victime, et la guerre est allumée, *Aspexit gentes, et dissolvit.* Pour nous préserver de deux fléaux, la famine et la peste, la Providence nous envoie la discorde. [...]

Nécessité de la concurrence.

Prenez parti pour la concurrence, vous aurez tort ; prenez parti contre la concurrence, vous aurez encore tort ce qui signifie que vous aurez toujours raison. [...] Quelque parti que vous choisissiez, le privilège on la liberté, vous arrivez. à l'impossible, à l'absurde.

Sans doute il existe un principe d'accommodement; mais à moins d'être du plus parfait despotisme, ce principe doit dériver d'une loi supérieure à la liberté elle-même : or, c'est cette loi que nul encore n'a définie, et que je demande aux économistes, si véritablement ils ont la science. Car je ne puis réputer savant tel qui, de la meilleure foi et avec tout l'esprit du monde, prêche tour à tour, à quinze lignes de distance, la liberté et le monopole.

N'est-il pas évident, d'une évidence immédiate et intuitive, que LA CONCURRENCE DÉTRUIT LA CONCURRENCE ? Est-il dans la géométrie un théorème plus certain, plus péremptoire que celui-là ? Comment donc, à quelles conditions, en quel sens, un principe qui est la négation de lui-même, peut-il entrer dans la science ? comment peut-il devenir une loi organique de la société ? Si la concurrence est nécessaire, si, comme dit l'école, elle est un postulé de la production, comment devient-elle si dévastatrice ? Et si son effet le plus certain est de perdre ceux qu'elle entraîne, comment devient-elle utile ? Car les inconvénients qui marchent à sa suite, de même que le bien qu'elle procure, ne sont pas des accidents provenant du fait de l'homme : ils découlent logiquement, les uns et les autres, du principe, et subsistent au même titre et face à face...

Pierre-Joseph Proudhon

Et d'abord, la concurrence est aussi essentielle au travail que la division, puisqu'elle est la division elle-même revenue sous une autre forme, ou plutôt élevée à sa deuxième puissance; la division, dis-je, non plus, comme à la première époque des évolutions économiques, adéquate à la force collective, par conséquent absorbant la personnalité du travailleur dans l'atelier, mais donnant naissance à la liberté, en faisant de chaque subdivision du travail comme une souveraineté où l'homme se pose dans sa force et son indépendance. La concurrence, en un mot, c'est la liberté dans la division et dans toutes les parties divisées : commençant aux fonctions les plus compréhensives, elle tend à se réaliser jusque dans les opérations inférieures du travail parcellaire.

On dit : l'émulation n'est pas la concurrence. J'observe d'abord que cette prétendue distinction ne porte que sur les effets divergents du principe, ce qui a fait croire qu'il existait deux principes que l'on confondait. L'émulation n'est pas autre chose que la concurrence même. [...] Il n'y a pas d'émulation sans but, de même qu'il n'y a pas d'essor passionnel sans objet; et comme l'objet de toute passion est nécessairement analogue à la passion elle-même, une femme pour l'amant, du pouvoir pour l'ambitieux, de l'or pour l'avare, une couronne pour le poète, ainsi l'objet de l'émulation industrielle est nécessairement le profit.

Non, reprend le communiste, l'objet de l'émulation du travailleur doit être l'utilité générale, la fraternité, l'amour.

Mais la société elle-même ne travaille qu'en vue de la richesse; le bien-être, le bonheur, est son objet unique. Comment donc ce qui est vrai de la société ne le serait-il pas de l'individu, puisque après tout la société c'est l'homme, puisque l'humanité tout entière vit dans chaque homme ? Comment substituer à l'objet immédiat de l'émulation, qui, dans l'industrie, est le bien-être personnel, ce motif éloigné et presque métaphysique qu'on appelle le bien-être général, alors surtout que celui-ci n'est rien sans l'autre, ne peut résulter que de l'autre ? [...]

Mais qu'est-il besoin d'insister ? Dès lors que le communiste change le nom des choses, *vera rerum vocabula*, il avoue implicitement son impuissance, et se met hors de cause. C'est pourquoi je lui dirai pour toute réponse : En niant la concurrence, vous abandonnez la thèse ;

Chapitre IV : La concurrence

désormais vous ne comptez plus dans la discussion. Une autre fois nous chercherons jusqu'à quel point l'homme doit se sacrifier à l'intérêt de tous: pour le moment il s'agit de résoudre le problème de la concurrence, c'est-à-dire de concilier la plus haute satisfaction de l'égoïsme avec les nécessités sociales ; faites-nous grâce de vos moralités.

La concurrence est nécessaire à la constitution de la valeur, c'est-à-dire au principe même de la répartition, et par conséquent à l'avènement de l'égalité. Tant qu'un produit n'est donné que par un seul et unique fabricant, la valeur réelle de ce produit reste un mystère, soit dissimulation de la part du producteur, soit incurie ou incapacité à faire descendre le prix de revient à son extrême limite. Ainsi, le privilège de la production est une perte réelle pour la société ; et la publicité de l'industrie comme la concurrence des travailleurs un besoin. Toutes les utopies imaginées et imaginables ne peuvent se soustraire à cette loi. [...] Car il y a quelque chose de plus puissant ici que la volonté du législateur et des citoyens : c'est l'impossibilité absolue pour l'homme de remplir son devoir dès qu'il se trouve déchargé de toute respon-sabilité envers lui-même: or, la responsabilité envers soi, en matière de travail, implique nécessairement, vis-à-vis des autres, concurrence. Ordonnez qu'à partir du 1er janvier 1847, le travail et le salaire sont garantis à tout le monde : aussitôt une immense relâche va succéder à la tension ardente de l'industrie; la valeur réelle tombera rapidement au-dessous de la valeur nominale ; la monnaie métallique, malgré son effigie et son timbre, éprouvera le sort des assignats ; le commerçant demandera plus pour livrer moins ; et nous nous retrouverons un cercle plus bas dans l'enfer de misère dont la concurrence n'est encore que le troisième tour. [...]

Restons dans les faits, puisque les faits seuls ont un sens et peuvent nous servir. La Révolution française a été faite pour la liberté industrielle autant que pour la liberté politique ; et bien que la France, en 1789, n'eût point aperçu toutes les conséquences du principe dont elle demandait la réalisation, disons-le hautement, elle ne s'est trompée ni dans ses vœux ni dans son attente, Quiconque essayerait de le nier perdrait à nies yeux le droit à la critique : je ne disputerai jamais avec un adversaire qui poserait en principe l'erreur spontanée de vingt-cinq millions d'hommes.

Pierre-Joseph Proudhon

Sur la fin du dix-huitième siècle, la France, fatiguée de privilèges, voulut à tout prix secouer la torpeur de ses corporations, et relever la dignité de l'ouvrier, en lui conférant la liberté. Partout il fallait émanciper le travail, stimuler le génie, rendre l'industriel responsable, en lui suscitant mille compétiteurs et en faisant peser sur lui seul les conséquences de sa mollesse, de son ignorance et de sa mauvaise foi.

Pourquoi donc, si la concurrence n'eût été un principe de l'économie sociale, un décret de la destinée, une nécessité de l'âme humaine, pourquoi, au lieu d'abolir corporations, maîtrises et jurandes, ne songea-t-on pas plutôt à réparer le tout ? Pourquoi, au lieu d'une révolution, ne pas se contenter d'une réforme ? Pourquoi cette négation, si une modification pouvait suffire ? [...]

Ajoutez que l'événement confirma la théorie. A partir du ministère de Turgot, un surcroît d'activité et de bien-être commença à se manifester dans la nation. Aussi l'épreuve parut-elle si décisive, qu'elle obtint l'assentiment de toutes les législatures; la liberté de l'industrie et du commerce figure dans nos constitutions au même rang que la liberté politique. C'est à cette liberté, enfin, que depuis soixante ans la France doit les progrès de sa richesse...

[...] Telle est précisément sur l'industrie l'action de la concurrence. L'homme ne sort de sa paresse que lorsque le besoin l'inquiète; et le moyen le plus sûr d'éteindre en lui le génie, c'est de le délivrer de toute sollicitude, de lui enlever l'appât du bénéfice et de la distinction sociale qui en résulte, en créant autour de lui la paix partout, la paix toujours, et transportant à l'État la responsabilité de son inertie.

Oui, il faut le dire en dépit du quiétisme moderne : la vie de l'homme est une guerre permanente, guerre avec le besoin, guerre avec la nature, guerre avec ses semblables, par conséquent guerre avec lui-même. La théorie d'une égalité pacifique, fondée sur la fraternité et le dévouement, n'est qu'une contrefaçon de la doctrine catholique du renoncement aux biens et aux plaisirs de ce monde, le principe de la gueuserie, le panégyrique de la misère. L'homme peut aimer son semblable jusqu'à mourir; il ne l'aime pas jusqu'à travailler pour lui.

Chapitre IV : La concurrence

Effets subversifs de la concurrence, et destruction par elle de la liberté.

Le royaume des cieux se gagne par la force, dit l'Évangile, et les violents seuls le ravissent. Ces paroles sont l'allégorie de la société. Dans la société réglée par le travail, la dignité, la richesse et la gloire sont mises au concours; elles sont la récompense des forts, et l'on peut définir la concurrence, le régime de la force. Les anciens économistes n'avaient pas d'abord aperçu cette contradiction; les modernes ont été forcés de la reconnaître.

« Pour élever un état du dernier degré de barbarie au plus haut degré d'opulence, écrivait A. Smith, il ne faut que trois choses : la paix, des taxes modérées et une administration tolérable de la justice. Tout le reste est amené par le cours naturel des choses. » [...]

La concurrence, avec son instinct homicide, enlève le pain à toute une classe de travailleurs, et elle ne voit là qu'une amélioration, une économie : - elle dérobe lâchement un secret; et elle s'en applaudit comme d'une découverte; - elle change les zones naturelles de la production au détriment de tout un peuple, et elle prétend n'avoir fait autre chose qu'user des avantages de son climat. La concurrence bouleverse toutes les notions de l'équité et de la justice ; elle augmente les frais réels de la production en multipliant sans nécessité les capitaux engagés, provoque tour à tour la cherté des produits et leur avilissement, corrompt la conscience publique en mettant le jeu à la place du droit, entretient partout la terreur et la méfiance.

Mais quoi! sans cet atroce caractère, la concurrence perdrait ses effets les plus heureux; sans l'arbitraire dans l'échange et les alarmes du marché, le travail n'élèverait pas sans cesse fabrique contre fabrique, et, moins tenue en haleine, la production ne réaliserait aucune de ses merveilles. Après avoir fait surgir le mal de l'utilité même de son principe, la concurrence sait de nouveau tirer le bien du mal; la destruction engendre l'utilité, l'équilibre se réalise par l'agitation, et l'on peut dire de la concurrence ce que Samson disait du lion qu'il avait terrassé: *De comedente cibus exiit, et de forti dulcedo.* Est-il rien, dans toutes les sphères de la science humaine, de plus surprenant que l'économie politique ?

C'est le propre de la science économique de trouver sa certitude dans Ses contradictions, et tout le tort des économistes est de n'avoir pas su le comprendre. Rien de plus pauvre que leur critique, rien de plus attristant que le trouble de leurs pensées, dès qu'ils touchent à cette question de la concurrence : on dirait des témoins forcés par la torture de confesser ce que leur conscience voudrait taire. Le lecteur me saura gré de mettre sous ses yeux les arguments du laissez-passer, en le faisant, pour ainsi dire, assister à un conciliabule d'économistes. [...]

« Si la concurrence est un principe faux, dit M. Dunoyer, il s'ensuit que depuis deux mille ans l'humanité a fait fausse route. »

Non, cela ne s'ensuit pas comme vous le dites et votre remarque préjudicielle se réfute par la théorie même du progrès. L'humanité pose ses principes, tour à tour, et quelquefois à de longs intervalles : jamais elle ne s'en dessaisit quant au contenu, bien qu'elle les détruise successivement quant à l'expression ou à la formule. Cette destruction est appelée négation ; parce que la raison générale, progressant toujours, nie incessamment la plénitude et la suffisance de ses idées antérieures, C'est ainsi que la concurrence étant l'une des époques de la constitution de la valeur, l'un des éléments de la synthèse sociale, il est tout à la fois vrai de dire qu'elle est indestructible dans son principe, et que néanmoins dans sa forme actuelle elle doit être abolie, être niée. Si donc quelqu'un ici se trouve en opposition avec l'histoire, c'est vous.

« Il est patent, dit M. Dunoyer, que la richesse est infiniment mieux répartie de nos jours qu'elle ne l'a jamais été. »

- « L'équilibre des joies et des peines, reprend aussitôt M. Reybaud, tend toujours à se rétablir ici-bas. »

Quoi donc! que dites-vous ? richesse mieux répartie, équilibre rétabli! Expliquez-vous, de grâce [...]

Prenons la moitié au plus de vos six millions de soi-disant chefs d'entreprises, que nous ajouterons aux douze millions très problématiques de propriétaires réels, et nous arriverons à un total de quinze millions de Français en état, par leur éducation, leur industrie, leurs capitaux, leur crédit, leurs propriétés, de se faire concurrence. Pour le surplus de la nation, soit dix-neuf millions d'âmes, la concurrence est, comme la poule au pot de Henri IV, un mets qu'ils produisent pour la classe qui peut le payer, mais auquel ils ne touchent pas.

Autre difficulté. Ces dix-neuf millions d'hommes, à qui la concurrence demeure inabordable, sont les mercenaires des concurrents. Tels autrefois les serfs combattaient pour les seigneurs, mais sans pouvoir eux-mêmes porter bannière ni mettre armée sur pied. Or, si la concurrence ne peut par elle-même devenir la condition commune, comment ceux pour qui elle n'a que des périls n'exigeraient-ils pas des garanties de la part des barons qu'ils servent ? Et si ces garanties ne peuvent leur être refusées, comment seraient-elles autre chose que des entraves à la concurrence, ainsi que la trêve de Dieu, inventée par les évêques, avait été une entrave aux guerres féodales ? Par la constitution de la société, disais-je tout à l'heure, la concurrence est une chose d'exception, un privilège; à présent je demande comment, avec l'égalité des droits, ce privilège est encore possible ?

Et pensez-vous, lorsque je réclame pour les consommateurs et les salariés des garanties contre la concurrence, que ce soit un rêve de socialiste ? Écoutez deux de vos plus illustres confrères, que vous n'accuserez pas d'accomplir une oeuvre infernale.

M. Rossi reconnaît à l'État le droit de réglementer le travail, lorsque le danger est trop grand, et les garanties insuffisantes, ce qui veut dire toujours. Car le législateur doit procurer l'ordre publie par des principes et des lois : il n'attend pas que des faits imprévus se produisent pour les refouler d'une main arbitraire. Ailleurs, le même professeur signale, comme conséquences d'une concurrence exagérée, la formation incessante d'une aristocratie financière et territoriale, la déroute prochaine de la petite propriété, et il jette le cri d'alarme. [...]

Mais, dira-t-on, M. Rossi [et d'autres] n'entendent frapper que les abus de la concurrence; ils n'ont garde de proscrire le Principe, et dans tout cela ils sont parfaitement d'accord avec [leurs collègues].

Pierre-Joseph Proudhon

Je proteste contre cette distinction. En fait, l'abus a tout envahi, et l'exception est devenue la règle : il suffit au jurisconsulte le plus routinier de mettre la tête à sa fenêtre, pour voir qu'aujourd'hui tout absolument a été monopolisé par la concurrence, les transports (par terre, par fer et par eau), les blés et farines, les vins et eaux-de-vie, le bois, la houille, les huiles, les fers, les tissus, le sel, les produits chimiques, etc. Il est triste pour la jurisprudence, cette sœur jumelle de l'économie politique, de voir en moins d'un lustre ses graves prévisions démenties: mais il est plus triste encore pour une grande nation d'être menée par de si pauvres génies, et de glaner les quelques idées qui la font vivre dans la broussaille de leurs écrits.

En théorie, nous avons démontré que la concurrence, par son côté utile, devait être universelle et portée à son maximum d'intensité; mais que, sous son aspect négatif, elle doit être partout étouffée, jusqu'au dernier vestige. Les économistes sont-ils en mesure d'opérer cette élimination ? en ont-ils prévu les conséquences, calculé les difficultés ? En cas d'affirmative, j'oserais leur proposer le cas suivant à résoudre.

Un traité vient de réunir dans une même compagnie toutes les mines de houille du bassin de la Loire. Sur la plainte des municipalités de Lyon et de Saint-Étienne, le ministre a nommé une commission chargée d'examiner le caractère et les tendances de cette effrayante société. Eh bien! je le demande, que peut ici l'intervention du pouvoir, assisté de la loi civile et de l'économie politique ?

On crie à la coalition. Mais peut-on empêcher les propriétaires de mines de s'associer, de réduire leurs frais généraux et d'exploitation, et de tirer, par un travail mieux entendu, un parti plus avantageux de leurs mines ? leur ordonnera-t-on de recommencer leur ancienne guerre, et de se ruiner par l'augmentation des dépenses, par le gaspillage, par l'encombrement, le désordre, la baisse des prix ? Tout cela est absurde.

Les empêchera-t-on d'augmenter leurs prix, de manière à retrouver l'intérêt de leurs capitaux ? Alors qu'on les défende eux-mêmes contre les demandes d'augmentation de salaires de la part des ouvriers qu'on refasse la loi sur les sociétés en commandite qu'on interdise le commerce des actions ; et quand toutes ces mesures auront été prises, comme les capitalistes propriétaires du bassin ne peuvent sans injustice être contraints de perdre des capitaux engagés sous un régime différent, qu'on les indemnise.

Leur imposera-t-on un tarif ? C'est une loi de maximum. l'État devra donc se mettre aux lieu et place des exploitants, faire leurs comptes de capital, d'intérêts, de frais de bureaux ; régler les salaires des mineurs, les appointements des ingénieurs et des directeurs, le prix des bois employés pour l'extraction, la dépense du matériel, et enfin déterminer le chiffre normal et légitime du bénéfice. Tout cela ne peut se faire par ordonnance ministérielle : il faut une loi. [...]

La coalition des mines de la Loire a posé la question sociale en des termes qui ne permettent plus de fuir. Ou la concurrence, c'est-à-dire le monopole et ce qui s'ensuit; ou l'exploitation par l'État, c'est-à-dire la cherté du travail et l'appauvrissement continu; ou bien enfin une solution égalitaire, en d'autres termes l'organisation du travail, ce qui emporte la négation de l'économie politique et la fin de la propriété.

Des remèdes contre la concurrence.

La concurrence dans le travail peut-elle être abolie ?

Autant vaudrait demander si la personnalité, la liberté, la responsabilité individuelle peut être supprimée.

La concurrence, en effet, est l'expression de l'activité collective ; de même que le salaire, considéré dans son acception la plus haute, est l'expression du mérite et du démérite, en un mot de la responsabilité du travailleur. En vain l'on déclame et l'on se révolte contre ces deux formes essentielles de la liberté et de la discipline dans le travail. Sans une théorie du salaire, point de répartition, point de justice ; sans une organisation de la concurrence, point de garantie sociale, partant point de solidarité.

Les socialistes ont confondu deux choses essentiellement distinctes, lorsque opposant l'union du foyer domestique à la concurrence industrielle, ils se sont demandé si la société ne pouvait pas être constituée précisément comme une grande famille dont tous les membres seraient liés par l'affection du sang, et non comme une espèce de coalition où chacun est retenu par la loi de ses intérêts.

La famille n'est pas, si j'ose ainsi dire, le type, la molécule organique de la société. Dans la famille, Comme l'avait très bien observé M. de Bonald, il n'existe qu'un seul être moral, un seul esprit une seule âme, je dirais presque, avec la Bible: une seule chair. La famille est le type et le berceau de la monarchie et du patriciat ; en elle réside et se conserve l'idée d'autorité et de souveraineté, qui s'efface de plus en plus dans l'État. C'est sur le modèle de la famille que toutes les sociétés antiques et féodales s'étaient organisées, et c'est précisément contre cette vieille constitution patriarcale que proteste et se révolte la démocratie moderne.

L'unité constitutive de la société est l'atelier.

Or, l'atelier implique nécessairement un intérêt de corps et des intérêts privés ; une personne collective et des individus. De là, un. système de rapports inconnus dans la famille, et parmi lesquels l'opposition de la volonté collective, représentée par le maître, et des volontés individuelles, représentées par les salariés, figure au premier rang. Viennent ensuite les rapports d'atelier à atelier, de capital à capital, en d'autres termes la concurrence et l'association. Car la concurrence et l'association s'appuient l'une sur l'autre ; elles n'existent pas l'une sans l'autre; bien loin de s'exclure, elles ne sont pas même divergentes. Qui dit concurrence, suppose déjà but commun; la concurrence n'est donc pas l'égoïsme, et l'erreur la plus déplorable du socialisme est de l'avoir regardée comme le renversement de la société.

Il ne saurait donc être ici question de détruire la concurrence, chose aussi impossible que de détruire la liberté; il s'agit d'en trouver l'équilibre, je dirais volontiers la police. Car toute force, toute spontanéité, soit individuelle, soit collective, doit recevoir sa détermination ; il en est à cet égard de la concurrence comme de l'intelligence et de la liberté. Comment donc la concurrence se déterminera-t-elle harmoniquement dans la société ?

Chapitre IV : La concurrence

[...] Selon les économistes, le remède aux inconvénients de la concurrence est encore la concurrence; et puisque l'économie politique est la théorie de la propriété, du droit absolu d'user et d'abuser, il est clair que l'économie politique n'a rien autre chose à répondre. [...] Et, en effet, pour nous renfermer dans le sujet que nous traitons, il saute aux yeux que la concurrence, pratiquée pour elle-même et sans autre but que de maintenir une indépendance vague et discordante, ne peut aboutir à rien, et que ses oscillations sont éternelles. Dans la concurrence ce sont les capitaux, les machines, les procédés, le talent et l'expérience, c'est-à-dire encore des capitaux, qui, sont en lutte; la victoire est assurée aux plus gros bataillons. Si donc la concurrence ne s'exerce qu'au profit d'intérêts privés, et que ses effets sociaux n'aient été ni déterminés par la science, ni réservés par l'État, il y aura dans la concurrence, comme dans la démocratie, tendance continuelle de la guerre civile à l'oligarchie, de l'oligarchie au despotisme, puis dissolution et retour à la guerre civile, sans fin et sans repos. Voilà pourquoi la concurrence, abandonnée à elle-même, ne peut jamais arriver à sa constitution : de même que la valeur, elle a besoin d'un principe supérieur qui la socialise et la définisse. [...]

Reste à savoir comment le socialisme a entendu la solution. Un seul exemple donnera la mesure de ses moyens, et nous permettra de prendre à son égard des conclusions générales.

(Suit une polémique contre l'Organisation du travail de Louis Blanc, dont on retiendra ce qui suit.)

Le SYSTÈME de M. Blanc se résume en trois points :

1° Créer au pouvoir une grande force d'initiative, c'est-à-dire, en langage français, rendre l'arbitraire tout puissant pour réaliser une utopie

2° Créer et commanditer aux irais de l'État des ateliers publics;

3° Éteindre l'industrie privée sous la concurrence de l'industrie nationale.

Et c'est tout.

Pierre-Joseph Proudhon

M. Blanc a-t-il, abordé le problème de la valeur, qui implique à lui seul tous les autres ? Il ne s'en doute seulement pas. - A-t-il donné une théorie de la répartition ? Non. - A-t-il résolu l'antinomie de la division du travail, cause éternelle d'ignorance, d'immoralité et de misère pour l'ouvrier ? Non. - A-t-il fait disparaître la contradiction des machines et du salariat, et concilié les droits de l'association avec ceux de la liberté ? Tout au contraire, M. Blanc consacre cette contradiction. Sous la protection despotique de l'État, il admet en principe l'inégalité des rangs et des salaires, en y ajoutant, pour compensation, le droit électoral. Des ouvriers qui votent leur règlement et qui nomment leurs chefs ne sont-ils pas libres ? [...]

Ainsi, M. Blanc débute par un coup d'État, ou plutôt, suivant son expression originale, par une application de la force d'initiative qu'il crée au pouvoir ; et il frappe une contribution extraordinaire sur les riches afin de commanditer le prolétariat. La logique de M. Blanc est toute simple, c'est celle de la République : le pouvoir peut ce que le peuple veut, et ce que le peuple veut est vrai. Singulière façon de réformer la société que de comprimer ses tendances les plus spontanées, de nier ses manifestations les plus authentiques, et, au lieu de généraliser le bien-être par le développement régulier des traditions, de déplacer le travail et le revenu! Mais, en vérité, à quoi bon ces déguisements ? Pourquoi tant de détours ? N'était-il pas plus simple d'adopter tout de suite la loi agraire ? Le pouvoir, en vertu de sa force d'initiative, ne pouvait-il d'emblée déclarer que tous les capitaux et instruments de travail étaient propriété de l'État, sauf l'indemnité à accorder aux détenteurs par forme de transition ? Au moyen de cette mesure péremptoire, mais loyale et sincère, le champ économique était déblayé ; il n'en eût pas coûté davantage à l'utopie, et M. Blanc pouvait alors, sans nul empêchement, procéder à l'aise à l'organisation de la société ?

M. Blanc, avec son organisation par l'État, est obligé de conclure toujours par où il aurait dû commencer, et qui lui aurait évité la peine de faire son livre, l'étude de la science économique.

Il a essayé de mettre le gouvernement en demeure, et il n'a réussi qu'à démontrer de mieux en mieux l'incompatibilité du socialisme avec la

Chapitre IV : La concurrence

démocratie harangueuse et parlementaire. Son pamphlet, tout émaillé de pages éloquentes, fait honneur à sa littérature; quant à la valeur philosophique du livre, elle serait absolument la même si l'auteur s'était borné à écrire sur chaque page, en gros caractères, ce seul mot

JE PROTESTE.

Résumons :

La concurrence, comme position ou phase économique, considérée dans son origine, est le résultat nécessaire de l'intervention des machines, de la constitution de l'atelier et de, la théorie de réduction des frais généraux; considérée dans sa signification propre et dans sa tendance, elle est le mode selon lequel se manifeste et s'exerce l'activité collective, l'expression de la spontanéité sociale, l'emblème de la démocratie et de l'égalité, l'instrument le plus énergique de la constitution de la valeur, le support de l'association. - Comme essor des forces individuelles, elle est le gage de leur liberté, le premier moment de leur harmonie, la forme de la responsabilité qui les unit toutes et les rend solidaires.

Mais la concurrence abandonnée à elle-même et privée de la direction d'un principe supérieur et efficace, n'est qu'un mouvement vague, une oscillation sans but de la puissance, industrielle, éternellement ballottée entre ces deux extrêmes également funestes : d'un côté les. corporations et le patronage, auxquels nous. avons vu l'atelier donner naissance, d'autre part le monopole, dont il sera question au chapitre suivant.

Le socialisme, 'eh protestant avec raison contre cette concurrence anarchique, n'a rien proposé enclore de, satisfaisant pour sa réglementation ; et la preuve, c'est qu'on rencontre partout, dans les utopies qui ont vu le jour, la détermination. ou socialisation de la valeur abandonnée à l'arbitraire, et toutes les réformes aboutir, tantôt à la corporation hiérarchique, tantôt au monopole, de l'État, ou au despotisme de la communauté.

Pierre-Joseph Proudhon

Chapitre V : Le monopole

Monopole: commerce, exploitation ou jouissance exclusive d'une chose.

Le monopole est l'opposé naturel de la concurrence. Cette simple observation suffit, comme nous l'avons remarqué, pour faire tomber les utopies dont la pensée est d'abolir la concurrence, comme si elle avait pour contraire l'association et la fraternité. La concurrence est la force vitale qui anime l'être collectif ; la détruire, si une pareille supposition pouvait se faire, ce serait tuer la société.

Mais dès lors que la concurrence est nécessaire, elle implique l'idée du monopole, puisque le monopole est comme le siège de chaque individualité concurrente. Aussi les économistes ont démontré, et M. Rossi l'a formellement reconnu, que le monopole est la forme de la possession sociale, hors de laquelle point de travail, point de produit, point d'échange, point de richesse. Toute possession terrienne est un monopole ; toute utopie industrielle tend à se constituer en monopole, et il faut en dire autant des autres fonctions non comprises dans ces deux catégories.

Le monopole par lui-même n'emporte donc pas l'idée d'injustice; bien plus, il y a quelque chose en lui qui, étant de la société aussi bien que de l'homme, le légitime : c'est là le côté positif du principe que nous allons examiner.

Mais le monopole, de même que la concurrence, devient antisocial et funeste : comment cela ? - Par l'abus, répondent les économistes. Et c'est à définir et réprimer les abus du monopole que les magistrats s'appliquent ; c'est à le dénoncer que la nouvelle école d'économistes met sa gloire.

Nous montrerons que les soi-disant abus du monopole ne sont que les effets du développement, en sens négatif, du monopole légal; qu'ils ne peuvent être séparés de leur. principe, sans que ce principe soit ruiné, conséquemment, qu'ils sont inaccessibles à la loi, et que toute répression à cet égard est arbitraire et injuste. De telle sorte que le monopole, principe constitutif de la société et condition de richesse, est en même temps et au même degré principe de spoliation et de paupérisme ; que plus on lui fait produire de bien, plus on en reçoit de mal ; que sans lui le progrès s'arrête, et qu'avec lui le travail s'immobilise et la civilisation s'évanouit.

Nécessité du monopole.

Ainsi, le monopole est le terme fatal de la concurrence, qui l'engendre par une négation incessante d'elle-même : cette génération du monopole en est déjà la justification. Car, puisque la concurrence est inhérente à la société comme le mouvement l'est aux êtres vivants, le monopole qui vient-à sa suite,. qui en est le but et la fin, et sans lequel la concurrence n'eût point été acceptée, le monopole est et demeurera légitime aussi longtemps que la concurrence, aussi longtemps que les procédés mécaniques et les combinaisons industrielles, aussi longtemps enfin que la division du travail et la constitution des valeurs seront des nécessités et des lois. [...]

Le. monopole n'est au, fond que l'autocratie de l'homme, sur, lui-même « c'est le droit dictatorial accordé par la nature à, tout producteur d'user de ses facultés comme il lui plaît, de donner l'essor à sa pensée dans telle direction qu'il préfère, de spéculer, en telle spécialité qu'il lui plait de choisir, de toute la puissance de ses moyens, de disposer souverainement des instruments qu'il s'est créés et ides capitaux accumulés par son épargne pour telle entreprise dont il lui semble bon de courir les risques, et sous la condition expresse de jouir seul du fruit de la découverte et des bénéfices de l'aventure.

Ce droit est tellement de l'essence de la liberté, qu'à le dénier on mutile l'homme dans son corps, dans son âme et dans l'exercice de ses facultés, et que la société, qui ne progresse que par le libre essor, des individus, venant à manquer d'explorateurs, se trouve arrêtée dans sa marche. [...]

Tout le monde n'est point à, même de faire présent à ses concitoyens d'une route ou d'une machine : d'ordinaire, c'est l'inventeur qui, après s'être épuisé de santé et de bien, attend récompense. Refusez donc, en les raillant encore, à Arkwright, à Watt, à Jacquart, le privilège de leur découverte ; ils s'enfermeront pour travailler, et peut-être, emporteront dans la tombe leur secret. Refusez au colon la possession du sol qu'il défriche, ,et personne ne défrichera.

Mais, dit-on, est-ce là le véritable droit, le droit social, le droit fraternel ? Ce qui s'excuse au sortir de la communauté primitive, effet de la nécessité, n'est qu'un provisoire qui doit disparaître devant une intelligence plus complète des droits et des devoirs de l'homme et de la société.

Mais je prie que l'on me dise comment il est possible de faire appel aux principes de sociabilité, de fraternité et de solidarité, alors que la société elle-même repousse toute transaction; solidaire et fraternelle ? Au début de chaque industrie, à la première lueur d'une découverte, l'homme qui invente est isolé ; la société l'abandonne et reste en arrière. Pour mieux dire, cet homme, relativement à l'idée qu'il a conçue et dont il poursuit, la réalisation, devient à lui seul la société tout entière. Il n'a plus d'associés, plus de collaborateurs, plus de garants ; tout le monde le fuit,à lui seul la responsabilité, à lui seul donc les avantages de la spéculation,

On insiste : c'est aveuglement de la part de la société, délaissement de ses droits et de ses intérêts les plus sacrés, du bien-être des générations futures ; et le spéculateur, mieux renseigné ou plus heureux, ne peut sans déloyauté profiter du monopole que l'ignorance universelle lui livre.

Je soutiens que cette conduite de la société est, quant au présent, un acte de haute prudence ; et quant à l'avenir, je montrerai qu'elle n'y perd pas. [...]

J'observe donc que la vie sociale se manifeste d'une double manière, conservation et développement.

Le développement s'effectue par l'essor des énergies individuelles; la masse est de sa nature inféconde, passive et réfractaire à toute nouveauté. C'est, si j'ose employer cette comparaison, la matrice,

Chapitre V : Le monopole

stérile par elle-même, mais où viennent se déposer les germes créés par l'activité privée, qui, dans la société hermaphrodite, fait véritablement fonction d'organe mâle.

Mais la société ne se conserve qu'autant qu'elle se dérobe à la solidarité des spéculations particulières, et qu'elle laisse absolument toute innovation aux risques et périls des individus. On pourrait en quelques pages dresser la liste des inventions utiles. Les entreprises menées à bonne fin se comptent; aucun nombre n'exprimerait la multitude d'idées fausses et d'essais imprudents qui tous les jours éclosent dans les cerveaux humains. Il n'est pas un inventeur, pas un ouvrier, qui, pour une conception saine et juste, n'ait enfanté des milliers de chimères ; pas une intelligence qui, pour une étincelle de raison, ne jette des tourbillons de fumée.

[...] Les brevets d'invention pleuvent, mais sans garantie du gouvernement. Les titres de propriété sont placés sous la garde des citoyens ; ni le cadastre, ni la charte n'en garantissent la valeur : c'est au travail à faire valoir. Et quant aux missions scientifiques et autres que le gouvernement se met parfois en veine de confier à des explorateurs sans argent, elles sont une rapine et une corruption de plus.

En fait, la société ne peut garantir à personne le capital nécessaire à l'expérimentation d'une idée : en droit, elle ne peut revendiquer le résultat d'une entreprise à laquelle elle n'a pas souscrit; donc le monopole est indestructible. Du reste : la solidarité ne servirait de rien ; car, comme chacun peut réclamer pour ses fantaisies la solidarité de tous, et aurait le même droit d'obtenir le 'blanc-seing du gouvernement, on arriverait bientôt à un arbitraire universel, c'est-à-dire purement et simplement au statu quo.

Quelques socialistes, très malheureusement inspirés, je le dis, de toute la force de ma conscience, par des abstractions évangéliques, ont cru trancher la difficulté par ces belles maximes : - L'inégalité clés capacités est la preuve de l'inégalité des devoirs ; - Vous avez reçu davantage de, la nature, donnez davantage à vos frères, - et autres phrases sonores et touchantes, qui ne manquent jamais leur effet sur les, intelligences vides, mais qui n'en sont pas moins tout ce qu'il est possible d'imaginer de

Pierre-Joseph Proudhon

plus innocent. La formule pratique que l'on déduit de ces merveilleux adages, c'est que chaque travailleur doit tout son temps à la société, et que la société doit lui rendre en échange tout ce qui est nécessaire à la satisfaction de ses besoins, dans la mesure des ressources dont elle dispose.

Que mes amis communistes me le pardonnent! je serais moins âpre à leurs idées, si je n'étais invinciblement convaincu, dans ma raison et dans mon cœur, que la communauté, le républicanisme, et toutes les utopies sociales, politiques et religieuses, qui dédaignent les faits et la critique, sont le plus grand obstacle qu'ait présentement à vaincre le progrès. Comment ne veut-on jamais comprendre que la fraternité ne peut s'établir que par la justice ; que c'est la justice seule, condition, moyen et loi de la liberté et de la fraternité, qui doit être l'objet de notre étude, et dont il faut poursuivre sans relâche, jusqu'aux moindres détails, la détermination et la formule ? Comment des écrivains à qui la langue économique est familière oublient-ils que supériorité de talents est synonyme de supériorité de besoins, et que bien loin d'attendre des personnalités vigoureuses quelque chose de plus que du vulgaire, la société doit constamment veiller à ce qu'elles ne reçoivent plus qu'elles ne rendent, alors que la masse a déjà tant de peine à rendre tout ce qu'elle reçoit ? Que l'on se tourne comme on voudra, toujours il faut en venir au livre de caisse, au compte de recette et de dépense, seule garantie contre les grands consommateurs, aussi bien que contre les petits producteurs. L'ouvrier est sans cesse en avance sur sa production ; toujours il tend à prendre crédit, à contracter des dettes et à faire faillite; il a perpétuellement besoin d'être rappelé à l'aphorisme de Say : les produits ne s'achètent qu'avec des produits. [...] Combien me devez-vous ? combien vous dois-je ? voilà ma religion et mon Dieu.

Le monopole existe de par la nature et l'homme: il a sa source à la fois au plus profond de notre conscience et dans le fait extérieur de notre individualisation. De même que dans nôtre corps et notre intelligence tout est spécialité et propriété; de même notre travail se produit avec un caractère propre et spécifique, qui en constitue la qualité et la valeur. Et comme le travail ne peut se manifester sans matière ou objet d'exercice, la personne appelant nécessairement la chose, le monopole s'établit du sujet à l'objet aussi infailliblement que la durée se constitue

Chapitre V : Le monopole

du passé à l'avenir. Les abeilles, les fourmis et autres animaux vivant en société, ne paraissent douées, individuellement que d'automatisme : l'âme et l'instinct chez elles sont presque exclusivement collectifs. Voilà pourquoi, parmi ces animaux, il ne peut y avoir lieu a privilège et monopole; pourquoi, dans leurs opérations, même, les plus réfléchies, ils ne se consultent ni ne délibèrent. Mais, l'humanité étant individualisée dans sa pluralité, l'homme devient fatalement monopoleur, puisque, n'étant pas monopoleur, il n'est rien ; et le problème social consiste à savoir, non pas comme on abolira, mais comment on conciliera tous les monopoles.

- Désastres dans le, travail et perversion des idées causés par le monopole.

De même que la concurrence, le monopole implique contradiction dans le terme et dans la définition. En effet, puisque consommation et production sont choses identiques dans la société, et que vendre est synonyme d'acheter, qui dit privilège de vente ou d'exploitation, dit nécessairement privilège de consommation et d'achat; ce qui aboutit à la négation de l'un et de l'autre. De là interdiction de consommer, aussi bien que de produire, prononcée par le monopole contre le salariat.. La concurrence était la guerre civile, le monopole est le massacre des prisonniers. [...]

Toute société considérée, dans ses rapports économiques se divise naturellement en capitalistes et travailleurs, entrepreneurs et salariés, distribués sur une échelle dont les degrés marquent le revenu de chacun, que ce revenu se compose de salaires, de profits, d'intérêts, de loyers ou de rentes.

De cette distribution hiérarchique des personnes et des revenus, il résulte que le principe de Say.: Dans une nation le produit net est égal au produit brut, n'est plus vrai, puisque, par l'effet du monopole, le chiffre des prix de vente est de beaucoup supérieur au chiffre des prix de revient. Or, comme c'est cependant le prix de revient qui doit acquitter le prix de vente, puisqu'une nation n'a en réalité d'autre débouché qu'elle-même, il s'ensuit que l'échange, partant la circulation et la vie, sont impossibles.

Pierre-Joseph Proudhon

« En France, 20 millions de travailleurs, répandus dans toutes les branches de la science, de l'art et de l'industrie, produisent tout ce qui est utile à la vie de l'homme. La somme de leurs salaires réunis égale, par hypothèse, 20 milliards; mais à cause du bénéfice (produit net et intérêt) avenant aux monopoleurs, la somme des produits doit être payée 25 milliards. Or, comme la nation n'a pas d'autres acheteurs que ses salariés et ses salariants, que ceux-ci ne payent pas pour les autres, et que le prix de vente des marchandises est le même pour tous, il est clair que pour rendre la circulation possible, le travailleur devrait payer cinq ce dont il n'a reçu que quatre. » (Qu'est-ce que la propriété ? ch. IV.)

Voilà donc ce qui fait que richesse et pauvreté sont corrélatives, inséparables, non seulement dans l'idée, mais dans le fait; voilà ce qui les fait exister concurremment l'une à l'autre, et qui donne droit au salarié de prétendre que le riche ne possède rien de plus que le pauvre, dont celui-ci n'ait été frustré. Après que le monopole a fait son compte de frais de bénéfice et d'intérêt, le salarié-consommateur fait le sien, et il se trouve qu'en lui promettant un salaire représenté dans le contrat par cent, on ne lui a donné réellement que soixante-quinze. Le monopole fait donc banqueroute au salariat, et il est rigoureusement vrai qu'il vit de ses dépouilles.

Depuis six ans, j'ai soulevé cette effroyable contradiction : pourquoi n'a-t-elle pas retenti dans la presse ? Pourquoi les maîtres de la renommée n'ont-ils pas averti l'opinion ?

[...] Victimes du monopole, consolez-vous! si vos bourreaux ne veulent pas entendre, c'est que la Providence a résolu de les frapper : *Non audierunt*, dit la Bible, *quia Deus volebat ocicidere eos.*

La vente ne pouvant remplir les conditions du monopole il y a encombrement de marchandises; le travail, a produit en un au ce que le salaire ne lui permet de consommer qu'en quinze mois ; donc, il devra chômer un quart de l'année. Mais, s'il chôme, il ne gagne rien : comment achètera-t-il jamais ? Et si le monopoleur ne se peut défaire de ses produits, comment son entreprise subsistera-t-elle ? L'impossibilité logique se multiplie autour de l'atelier ; les faits qui la traduisent sont partout.

Chapitre V : Le monopole

« Les bonnetiers d'Angleterre, dit Eugène Buret, en étaient venus à ne plus manger que de deux jours l'un, Cet état dura dix-huit mois. » - Et il cite une multitude de cas semblables.

Mais ce qui navre, dans le spectacle des effets du monopole, est de voir les malheureux ouvriers s'accuser réciproquement de leur misère, et s'imaginer qu'en se coalisant et s'appuyant les uns les autres, ils préviendront la réduction du salaire. « Les Irlandais, dit un observateur, ont donné une funeste leçon aux classes laborieuses de la Grande-Bretagne... Ils ont appris à nos travailleurs le fatal secret de borner leurs besoins à l'entretien de la seule vie animale, et de se contenter, comme les sauvages, du minimum de moyens de subsistance qui suffisent à prolonger la vie... Instruites par ce fatal exemple, cédant en partie à la nécessité, les classes laborieuses ont perdu ce louable orgueil qui les portait à meubler proprement leurs maisons, et à multiplier autour d'elles les commodités décentes qui contribuent au bonheur. »

Je n'ai jamais rien lu de plus désolant et de plus stupide. Et, que vouliez-vous qu'ils fissent ces ouvriers ? Les Irlandais sont venus : fallait-il les massacrer ? Le salaire a été réduit : fallait-il le refuser et mourir ? La nécessité commandait, vous-mêmes le dites. Puis sont arrivés les interminables séances, la maladie, la difformité, la dégénération, l'abrutissement, et tous les signes de l'esclavage industriel; toutes ces calamités sont nées du monopole et de ses tristes antécédents, la concurrence les machines et la division du travail; et vous accusez les Irlandais!

D'autres fois les ouvriers accusent la mauvaise fortune, et s'exhortent à la patience ; c'est la contrepartie des remerciements qu'ils adressent à la Providence, lorsque le travail abonde et que les salaires sont suffisants.

Je trouve dans un article publié par M. Léon Faucher, dans le journal des Économistes (septembre 1845), que depuis quelque temps les ouvriers anglais ont perdu l'habitude des coalitions, ce qui est assurément un progrès dont on ne peut que les féliciter ; mais que cette amélioration dans le moral des ouvriers vient surtout de leur instruction économique. « Ce n'est point des manufacturiers, s'écriait au meeting de Bolton un ouvrier fileur; que. le salaire dépend. Dans les époques dé dépression, les maîtres ne sont, pour ainsi dire, que le fouet dont s'arme la nécessité ; et, qu'ils le veuillent ou non, il faut qu'ils frappent. Le principe régulateur est le rapport de l'offre avec la demande ; et les maîtres n'ont pas ce pouvoir... Agissons donc prudemment; sachons nous résigner à la mauvaise fortune et tirer parti de la bonne ; en secondant les progrès de notre industrie, nous serons utiles non seulement à nous-mêmes, mais au pays tout entier. » (Applaudissements.)

A la bonne heure : voilà des ouvriers bien dressés, des ouvriers modèles. Quels hommes que ces fileurs qui subissent sans se plaindre le fouet de la nécessité, parce que le principe régulateur du salaire est l'offre et la demande! M. Léon Faucher ajoute avec une naïveté charmante : « Les ouvriers anglais sont des raisonneurs intrépides. Donnez-leur un principe faux, ils le pousseront mathématiquement jusqu'à l'absurde, sans s'arrêter ni s'effrayer, comme s'ils marchaient au triomphe de la vérité. » Pour moi, j'espère que, malgré tous les efforts de la propagande économiste, les ouvriers français ne seront jamais des raisonneurs de cette force. L'offre et la demande, aussi bien que le fouet de la nécessité, n'ont plus de prise sur leurs esprits. Cette misère manquait à l'Angleterre; elle ne passera pas le détroit.

Par l'effet combiné de la division, des machines, du produit net et de l'intérêt, le monopole étend ses conquêtes dans une progression croissante ; ses développements embrassent l'agriculture aussi bien que le commerce et l'industrie et toutes les espèces de produits. C'est le monopole [terrien] qui appauvrit encore et rend inhabitable la Campagne romaine, et qui forme le cercle vicieux où s'agite convulsivement l'Angleterre; c'est lui, qui, établi violemment à la suite d'une guerre de race, produit tous les maux de l'Irlande. [...]

L'envahissement du monopole dans le commerce et l'industrie est trop connu pour que j'en rassemble les témoignages ; d'ailleurs à quoi bon tant argumenter quand les résultats parlent si haut ? La description de la misère des classes ouvrières par E. Buret a quelque chose de fantastique, qui vous oppresse et vous épouvante. Ce sont des scènes auxquelles l'imagination refuse de croire, malgré les certificats et les procès-verbaux. Des époux tout nus, cachés au fond d'une alcôve dégarnie, avec leurs enfants nus ; des populations entières qui ne vont plus le dimanche

Chapitre V : Le monopole

à l'église, parce qu'elles sont nues; des :cadavres gardés huit jours sans sépulture, parce qu'il ne reste du défunt ni linceul pour l'ensevelir, ni de quoi payer la bière et le croque-mort (et l'évêque jouit de 4 à 500 000 livres de rente) ; - des familles entassées sur des égouts, vivant de chambrée avec les porcs, et saisies toutes vives par la pourriture, ou habitant dans des trous, comme les Albinos, des octogénaires couchés nus sur des planches nues ; et la vierge et la prostituée expirant dans la même nudité ; partout le désespoir, la consomption, la faim, la faim !... Et ce peuple, qui expie les crimes de ses maîtres, ne se révolte pas! Non, par les flammes de Némésis! Quand le peuple n'a plus de vengeances, il n'y a plus de Providence.

Les exterminations en masse du monopole n'ont pas encore trouvé de poètes. Nos rimeurs, étrangers aux affaires de ce monde, sans entrailles pour le prolétaire, continuent de soupirer à la lune leurs mélancoliques voluptés. Quel sujet de méditations cependant, que les misères engendrées par le monopole! [...]

Le monopole qui, tout à l'heure, nous avait paru si bien fondé en justice, est d'autant plus injuste que, non seulement il rend le salaire illusoire, mais qu'il trompe l'ouvrier dans l'évaluation même de ce salaire, en prenant vis-à-vis de lui un faux titre, une fausse qualité.

M. de Sismondi, dans ses Études d'Économie sociale, observe quelque part que lorsqu'un banquier remet à un négociant des billets de banque en échange de ses valeurs, bien loin qu'il fasse crédit au négociant, il le reçoit au contraire de lui. « Ce crédit, ajoute M. de Sismondi, est à la vérité si court, que le négociant se donne à peine le temps d'examiner si le banquier en est digne, d'autant plus que c'est le premier qui demande du crédit au lieu d'en accorder. »

Ainsi, d'après M. de Sismondi, dans l'émission du papier de banque, les rôles du négociant et du banquier sont intervertis; c'est le premier qui est créancier, et le second qui est crédité.

Quelque chose d'analogue se passe entre le monopoleur et le salarié.

En fait, ce sont les ouvriers qui, comme le négociant à la Banque, demandent à escompter leur travail ; en droit, c'est l'entrepreneur qui devrait leur fournir caution et sûreté. je m'explique.

Dans toute exploitation, de quelque nature qu'elle soit, l'entrepreneur ne peut revendiquer légitimement, en sus de son travail personnel, autre chose que l'IDÉE; quant à l'EXÉCUTION, résultat du concours de nombreux travailleurs,. c'est un effet de puissance collective dont les auteurs, aussi libres dans leur action que le chef, ne peuvent produire rien qui lui revienne gratuitement. Or, il s'agit de savoir si la somme des salaires individuels payés par l'entrepreneur équivaut à l'effet collectif dont je parle ; car s'il en était autrement, l'axiome de Say, Tout produit vaut ce qu'il coûte, serait violé.

« Le capitaliste, disait-on, a payé les journées des ouvriers à prix débattu; conséquemment il ne leur doit rien. Pour être exact, il faudrait dire qu'il a payé autant de fois une journée qu'il a occupé d'ouvriers, ce qui n'est point du tout la même chose. Car, cette force immense, qui résulte de l'union des travailleurs, de la convergence et de l'harmonie de leurs efforts ; cette économie de frais, obtenue par leur formation en atelier; cette multiplication du produit, prévue il est vrai par l'entrepreneur, mais réalisée par des forces libres, il ne les a point payées. Deux cents grenadiers, manœuvrant sous la direction d'un ingénieur, ont, en quelques heures, élevé l'obélisque sur sa base; pense-t-on qu'un seul homme, en deux cents jours, en fût venu à bout ? Cependant, au compte de l'entrepreneur, la somme de salaires est la même dans les deux cas, parce qu'il s'adjuge le bénéfice de la force collective. Or, de deux choses l'une : ou c'est usurpation de sa part, ou c'est erreur. » (Qu'est-ce que la Propriété ? Ch. III.)

Pour exploiter convenablement la mule-jenny, il a fallu des mécaniciens, des constructeurs, des commis, des brigades d'ouvriers et d'ouvrières de toute espèce. Au nom de leur liberté, de leur sécurité, de leur avenir et de l'avenir de leurs enfants, ces ouvriers, en s'embauchant dans la filature, avaient à faire des réserves; où sont les lettres de crédit qu'ils ont délivrées aux entrepreneurs ? Où sont les garanties qu'ils en ont reçues ? Quoi! Des millions d'hommes ont vendu leurs bras et aliéné leur liberté sans connaître la portée du contrat ; ils se sont engagés sur la foi d'un travail soutenu et d'une suffisante rétribution ; ils ont exécuté de leurs mains ce que la pensée des maîtres avait conçu ; ils sont devenus, par cette collaboration, associés dans l'entreprise. et quand le monopole, ne pouvant ou ne voulant plus faire d'échanges, suspend sa fabrication et laisse ces millions de travailleurs sans pain, on leur dit de se résigner. Par les nouveaux procédés, ils ont perdu neuf journées de leur travail sur dix; et pour compensation, on leur montre le fouet de la nécessité levé sur eux! Alors, s'ils refusent de travailler pour un moindre salaire, on leur prouve que c'est eux-mêmes qu'ils punissent. S'ils acceptent le prix qu'on leur offre, ils perdent ce noble orgueil, ce goût des commodités décentes qui font le bonheur et la dignité de l'ouvrier, et lui donnent droit aux sympathies du riche. S'ils se concertent pour faire augmenter leur salaire, on les jette en prison! Tandis qu'ils devraient poursuivre devant les tribunaux leurs exploiteurs, c'est sur eux que les tribunaux vengeront les attentats à. la liberté du commerce ! Victimes du Monopole, ils porteront la peine due aux monopoleurs! 0 justice des hommes, stupide courtisane, jusqu'à quand, sous tes oripeaux de déesse, boiras-tu le sang du prolétaire égorgé ? [...]

Pierre-Joseph Proudhon

Chapitre VI : La police ou l'impôt

Dans la position de ses principes, l'humanité, comme si elle obéissait à un ordre souverain, ne rétrograde jamais. Pareille au voyageur qui par des sinuosités obliques s'élève de la vallée profonde au sommet de la montagne, elle suit intrépidement sa route en zigzag, et marche à son but d'un pas assuré, sans repentir et sans arrêt. Parvenu à l'angle du monopole, le génie social porte en arrière un mélancolique regard, et dans une réflexion profonde il se dit,

« Le monopole a tout ôté au pauvre mercenaire ! pain, vêtement, foyer, éducation, liberté et sûreté. je mettrai le monopole à contribution à ce prix je lui conserverai son privilège.

« La terre et les mines, les forêts et les eaux, premier domaine de l'homme, sont pour le prolétaire en interdit. J'interviendrai dans leur exploitation, j'aurai ma part des produits, et le monopole terrien sera respecté.

« L'industrie est tombée en féodalité; mais c'est moi qui suis le suzerain. Les seigneurs me payeront tribut, et ils conserveront le bénéfice de leurs capitaux.

« Le commerce prélève sur le consommateur des profits usuraires. Je sèmerai sa route de péages, je timbrerai ses mandats et viserai ses expéditions, et il passera.

« Le capital a vaincu le travail par l'intelligence. je vais ouvrir des écoles; et le travailleur, rendu lui-même intelligent, pourra devenir à son tour capitaliste.

« La circulation manque aux produits et la vie sociale est comprimée. Je construirai des routes, des ponts, des canaux, des marchés, des théâtres et des temples, et ce sera à la fois un travail, une richesse et un débouché.

« Le riche vit dans l'abondance, pendant que l'ouvrier pleure famine. J'établirai des impôts sur le pain, le vin, la viande, le sel et le miel, sur les objets de nécessité et sur les choses de prix, et ce sera une aumône pour mes pauvres.

« Et je préposerai des gardes sur les eaux, les forêts, les campagnes, les mines et les routes; j'enverrai des collecteurs pour l'impôt et des précepteurs pour l'enfance; j'aurai une armée contre les réfractaires, des tribunaux pour les juger, des prisons pour les punir, et des prêtres qui les maudissent. Tous ces emplois seront livrés au prolétariat et payés par les hommes du monopole.

« Telle est ma volonté certaine et efficace. »

Nous avons à prouver que la société ne pouvait ni mieux penser ni plus mal agir; ce sera l'objet d'une revue qui, je l'espère, éclairera le problème social d'une nouvelle lumière. [...]

- Idée synthétique de l'impôt.

Considérons, en effet, ce qui se passe, au point de vue de la répartition, dans les quatre grandes divisions du travail collectif, extraction, industrie, commerce, agriculture. Chaque producteur apporte sur le marché un produit réel dont la quantité peut se mesurer, la qualité s'apprécier, le prix se débattre, et finalement la valeur s'escompter, soit contre d'autres services ou marchandises, soit en numéraire. Pour toutes ces industries, la répartition n'est donc pas autre chose que l'échange mutuel des produits, selon la loi de proportionnalité des valeurs.

Rien de semblable n'a lieu avec les fonctionnaires dits publics. Ceux-ci obtiennent leur droit à la subsistance, non par la production d'utilités réelles, mais par l'improductivité même où, sans qu'il y ait de leur faute, ils sont retenus. Pour eux la loi de proportionnalité est inverse; tandis que la richesse sociale se forme et s'accroît en raison directe de la quantité, de la variété et de la proportion des produits effectifs fournis par les quatre grandes catégories industrielles ; le développement de cette même richesse, le perfectionnement de l'ordre social, supposent au contraire, en ce qui regarde le personnel de la police, une réduction progressive et indéfinie. Les fonctionnaires de l'État sont donc bien véritablement improductifs. [...] En un mot, le salaire des employés du

Pierre-Joseph Proudhon

gouvernement constitue pour la société un déficit ; il doit être porté au compte des pertes, que le but de l'organisation industrielle doit être d'atténuer sans cesse; quelle autre qualification donner après cela aux hommes du pouvoir, si ce n'est celle d'Adam Smith?

Voilà donc une catégorie de services qui, ne donnant pas de produits réels, ne peuvent aucunement se solder en la forme ordinaire ; des services qui ne tombent pas sous la loi de l'échange, qui ne peuvent devenir l'objet d'une spéculation particulière, d'une concurrence, d'une commandite, ni d'aucune espèce de commerce; des services qui, censés au fond remplis gratuitement par tout le monde, mais confiés, en vertu de la loi de division du travail, à un petit nombre d'hommes spéciaux qui s'y livrent exclusivement, doivent en conséquence être payés. L'histoire confirme cette donnée générale. L'esprit humain, qui sur chaque problème essaie toutes les solutions, a entrepris aussi de soumettre à l'échange les fonctions publiques; pendant longtemps les magistrats en France, comme les notaires, etc., n'ont vécu que de leurs épices. Mais l'expérience a prouvé que ce mode de répartition employé avec des improductifs était trop coûteux, sujet à trop d'inconvénients, et l'on a dû y renoncer.

L'organisation des services improductifs contribue au bien-être général de plusieurs sortes

d'abord, en délivrant les producteurs des soins de la chose publique, à laquelle tous doivent participer, et dont par conséquent tous sont plus ou moins esclaves; secondement, en créant dans la société une centralisation artificielle, image et prélude de la solidarité future des industries; enfin, en donnant le premier essai de pondération et de discipline.

Ainsi, nous reconnaissons, avec J.-B. Say, l'utilité des magistrats et autres agents de l'autorité publique; mais nous soutenons que cette utilité est toute négative, et nous maintenons en conséquence à ses auteurs le titre d'improductifs que leur a donné Adam Smith, non par aucun sentiment de défaveur, mais parce qu'effectivement ils ne peuvent se classer dans la catégorie des producteurs.

J'insiste sur cette définition, qui me semble d'autant moins contestable que si l'on dispute encore sur le mot, tout le monde est d'accord sur la chose, parce qu'elle contient le germe de la plus grande révolution qui doive s'accomplir dans le monde, je veux parler de la subordination des fonctions improductives aux fonctions productives, en un mot de la soumission effective, toujours demandée et jamais obtenue, de l'autorité aux citoyens.

C'est une conséquence du développement des contradictions économiques, que l'ordre dans la société se montre d'abord comme à revers; que ce qui doit être en haut soit placé en bas ; ce qui doit être en relief paraisse taillé en creux, et ce qui doit recevoir la lumière soit rejeté dans l'ombre. Ainsi, le pouvoir, qui par essence est, comme le capital, l'auxiliaire et le subordonné du travail, devient, par l'antagonisme de la société, l'espion, le juge et le tyran des fonctions productives ; le pouvoir, à qui son infériorité originelle commande l'obéissance, est prince et souverain. [...]

Telle est donc, dans son exposé le plus succinct, la théorie synthétique de l'impôt, c'est-à-dire, si j'ose me permettre cette comparaison familière, de cette cinquième roue du char de l'humanité, qui fait tant de bruit, et qu'on appelle, en style gouvernemental, l'État. L'État, la police, ou leur moyen d'existence, l'impôt, c'est, je le répète, le nom officiel de la classe qu'on désigne en économie politique sous le nom d'improductifs, en un mot de la domesticité sociale. [...]

L'idée originaire de l'impôt est celle d'un RACHAT.

Comme, par la loi de Moïse, chaque premier-né était censé appartenir à Jéhovah, et devait être racheté par une offrande ; ainsi l'impôt se présente partout sous la forme d'une dîme ou d'un droit régalien par lequel le propriétaire rachète chaque année du souverain le bénéfice d'exploitation qu'il est censé ne tenir que de lui. Cette théorie de l'impôt n'est au surplus qu'un des articles particuliers de ce que l'on appelle le contrat social.

Les anciens et les modernes s'accordent tous, en termes plus ou moins explicites, à présenter l'état juridique des sociétés comme une réaction

Pierre-Joseph Proudhon

de la faiblesse contre la force. [...] Toute la Bible est un hymne à la JUSTICE, c'est-à-dire, selon le style hébreu, à la charité, à la mansuétude du puissant envers le faible, à la renonciation volontaire au privilège de la force. Solon, débutant dans sa mission législative par une abolition générale des dettes, et créant des droits et des réserves, c'est-à-dire des barrières qui en empêchassent le retour, ne fut pas moins réactionnaire. Lycurgue alla plus loin : il défendit la possession individuelle, et s'efforça d'absorber l'homme dans l'État, anéantissant la liberté pour mieux conserver l'équilibre. [...] La charte de 1830, consacrant l'insurrection faite en 89 par la roture contre la noblesse, et décrétant l'égalité abstraite des personnes devant la loi, malgré l'inégalité réelle des forces et des talents qui fait le véritable fond du système social en vigueur, n'est encore qu'une protestation de la société en faveur du pauvre contre le riche, du petit contre le grand. Toutes les lois du genre humain sur la vente, l'achat, le louage, la propriété, le prêt, l'hypothèque, la prescription, les successions, donations, testaments, la dot des femmes, la minorité, la tutelle, etc., sont de véritables barrières élevées par l'arbitraire juridique contre l'arbitraire de la force. Le respect des contrats, la fidélité à la parole, la religion du serment, sont les fictions, les osselets, comme disait excellemment le fameux Lysandre, avec lesquels la société trompe les forts et les met sous le joug.

L'impôt appartient à cette grande famille d'institutions préventives, coercitives, répressives et vindicatives, que A. Smith désignait sous le nom générique de police, et qui n'est, comme j'ai dit, dans sa conception originaire, que la réaction de la faiblesse contre la force. [...]

En deux mots, le but pratique et avoué de l'impôt est d'exercer sur les riches, au profit du peuple, une reprise proportionnelle au capital.

Or, l'analyse et les faits démontrent :

Que l'impôt de répartition, l'impôt du monopole, au lieu d'être payé par ceux qui possèdent, l'est presque tout entier par ceux qui ne possèdent pas;

Que l'impôt de quotité, séparant le producteur du consommateur, frappe uniquement sur ce dernier, ce qui ne laisse au capitaliste que la

Chapitre VI : La police ou l'impôt

part qu'il aurait à payer, si les fortunes étaient absolument égales ;

Enfin que l'armée, les tribunaux, la police, les écoles, les, hôpitaux, hospices, maisons de refuge et de correction, les emplois publics, la religion elle-même, tout ce que la société crée pour la défense, l'émancipation et le soulagement du prolétaire, payé d'abord et entretenu par le prolétaire, est dirigé ensuite contre le prolétaire ou perdu pour lui ; en sorte que le prolétariat, qui d'abord ne travaillait que pour la caste qui le dévore, celle des capitalistes, doit travailler encore pour la caste qui le flagelle, celle des improductifs.

[...] Ce que je me propose de mettre en lumière, c'est que la condition faite au travailleur par cette nouvelle phase de l'économie sociale n'est susceptible d'aucune amélioration ; que, hormis le cas où l'organisation industrielle, et par suite la réforme politique, amènerait l'égalité des fortunes, le mal est inhérent aux institutions de police comme la pensée de charité qui leur a donné naissance; enfin que l'ÉTAT, quelque forme qu'il affecte, aristocratique ou théocratique, monarchique ou républicaine, aussi longtemps qu'il ne sera pas devenu l'organe obéissant et soumis d'une société d'égaux, sera pour le peuple un inévitable enfer, j'ai presque dit une damnation légitime.

Antinomie de l'impôt.

J'entend quelquefois les partisans du statu quo prétendre que, quant au présent, nous jouissons d'assez de liberté, et que même, en dépit des déclamations contre l'ordre des choses, nous sommes au-dessous de nos institutions. je suis, du moins en ce qui regarde l'impôt, tout à fait de l'avis de ces optimistes.

D'après la théorie que nous venons de voir, l'impôt est la réaction de la société contre le monopole. Les opinions à cet égard sont unanimes : peuple et législateur, économistes, journalistes et vaudevillistes, traduisant, chacun dans sa langue, la pensée sociale, publient à l'envi que l'impôt doit tomber sur les riches, frapper le superflu et les objets de luxe, et laisser francs ceux de première nécessité. Bref, on fait de l'impôt une sorte de privilège pour les privilégiés; pensée mauvaise, puisque c'était par le fait reconnaître la légitimité du privilège, qui, dans aucun cas, et sous quelque forme qu'il se montre, ne vaut rien. Le peuple devait être puni de cette inconséquence égoïste : la Providence n'a pas manqué à sa mission.

Dès l'instant donc que l'impôt eût été conçu comme une revendication, il dut s'établir proportionnellement aux facultés, soit qu'il frappât le capital, soit qu'il affectât plus spécialement le revenu. Or, je ferai observer que la répartition au marc le franc de l'impôt étant précisément celle que l'on adopterait dans un pays où toutes les fortunes seraient égales, sauf les différences d'assiette et de recouvrement, le fisc est ce qu'il y a de plus libéral dans notre société, et que sur ce point nos mœurs sont effectivement en arrière de nos institutions. Mais comme avec les méchants les meilleures choses ne peuvent manquer d'être détestables, nous allons voir l'impôt égalitaire écraser le peuple, précisément parce que le peuple n'est point à sa hauteur.

Je suppose que le revenu brut de la France, pour chaque famille composée de quatre personnes, soit de 1 000 francs : c'est un peu plus que le chiffre de M. Chevalier, qui n'a trouvé que 63 centimes par jour et par tête, soit 919 francs 80 centimes par ménage. L'impôt étant aujourd'hui de plus d'un milliard, soit environ du huitième du revenu total, chaque famille, gagnant 1 000 francs par année, est imposée de 125 francs.

D'après cela, un revenu de 2 000 francs paye 250 francs ; un revenu de 3 000 francs, 375 ; un revenu de 4 000 francs, 500 francs, etc. La proportion est rigoureuse, et mathématiquement irréprochable ; le fisc est sûr, de par l'arithmétique, de ne rien perdre.

Mais du côté des contribuables, l'affaire change totalement d'aspect. L'impôt qui, dans la pensée du législateur, devait se proportionner à la fortune, est au contraire progressif dans le sens de la misère, en sorte que, plus le citoyen est pauvre, plus il paye. [...]

Par l'effet du monopole, la richesse sociale abandonnant la classe travailleuse pour se reporter sur la classe capitaliste, le but de l'impôt a été de modérer ce déplacement et de réagir contre l'usurpation, en exerçant sur chaque privilégié une reprise proportionnelle. Mais proportionnelle à quoi ? à ce que le privilégié a perçu de trop, sans doute, et non pas à la fraction du capital social que son revenu représente. Or, le but de l'impôt est manqué et la loi tournée en dérision, lorsque le fisc, au lieu de prendre son huitième là où ce huitième existe, le demande précisément à ceux à qui il devrait le restituer. [...]

C'est ce qu'exprime J.-B. Say en d'autres termes, lorsqu'il dit : « L'impôt proportionnel n'est pas équitable. » Adam Smith avait déjà dit avant lui : « Il n'est point déraisonnable que le riche contribue aux dépenses publiques, non seulement à la proportion de son revenu, mais pour quelque chose de plus. » - « J'irai plus loin, ajoute Say : je ne craindrai pas de dire que l'impôt progressif est le seul équitable. » [...]

Les économistes, avec cette bonhomie d'honnêtes gens qu'ils ont héritée de leurs anciens, et qui fait encore aujourd'hui tout leur éloge, n'ont eu garde de s'apercevoir que la théorie progressionnelle de l'impôt, qu'ils indiquent aux gouvernements comme le *nec plus ultra* d'une sage et libérale administration, était contradictoire dans ses termes, et grosse d'une légion d'impossibilités. [...] Ils ne se sont pas doutés un instant que ce qu'ils demandaient sous le nom d'impôt progressif était le renversement de toutes les notions économiques. [...]

Éclectisme, juste milieu, accommodement avec le ciel ou avec la morale : ce sera donc toujours la même philosophie! La vraie science répugne à de pareilles transactions. Tout capital engagé doit rentrer au producteur sous forme d'intérêts, tout travail doit laisser un excédent, tout salaire être égal au produit. Sous l'égide de ces lois, la société réalise sans cesse, par la plus grande variété des productions, la plus grande somme de bien-être possible. Ces lois sont absolues : les violer, c'est meurtrir, c'est mutiler la société. Ainsi, le capital, qui n'est autre chose après tout que du travail accumulé, est inviolable. Mais d'autre part, la tendance à l'égalité n'est pas moins impérieuse : elle se manifeste à chaque phase économique avec une énergie croissante et une autorité invincible. Vous avez donc à satisfaire tout à la fois au travail et à la justice : vous devez donner au premier des garanties de plus en plus réelles, et procurer la seconde sans concession ni ambiguïté.

Au lieu de cela, vous ne savez que substituer sans cesse à vos théories

Pierre-Joseph Proudhon

le bon plaisir du prince, arrêter le cours des lois économiques par un pouvoir arbitraire, et, sous prétexte d'équité, mentir également au salaire et au monopole! Votre liberté n'est qu'une demi-liberté, votre justice n'est qu'une demi-justice, et toute votre sagesse consiste dans ces moyens termes dont l'iniquité est toujours double, puisqu'ils ne font droit aux prétentions ni de l'une ni de l'autre partie. [...]

C'est une loi d'économie sociale que tout capital engagé doit rentrer incessamment à l'entrepreneur sous forme d'intérêts. Avec l'impôt progressif, cette loi est radicalement violée, puisque, par l'effet de la progression, l'intérêt du capital s'atténue au point de constituer l'industrie en perte d'une partie ou même de la totalité dudit capital. Pour qu'il en fût autrement, il faudrait que l'intérêt des capitaux s'accrût progressivement comme l'impôt lui-même, ce qui est absurde. Donc, l'impôt progressif arrête la formation des capitaux; de plus, il s'oppose à leur circulation. Quiconque, en effet, voudra acquérir un matériel d'exploitation ou un fonds de terre, devra, sous le régime de la progression contributive, considérer non plus la valeur réelle de ce matériel ou de ce fonds, mais bien l'impôt qu'il lui occasionnera : de manière que si le revenu, réel est de 4 p. 100 et que, par l'effet de l'impôt ou la condition de l'acquéreur, ce revenu doive se réduire à 3, l'acquisition ne pourra avoir lieu. Après avoir froissé tous les intérêts et jeté la perturbation sur le marché par ses catégories, l'impôt progressif arrête lé développement de la richesse, et réduit la valeur vénale au-dessous de la valeur réelle; il rapetisse, il pétrifie la société. Quelle tyrannie! quelle dérision!

L'impôt progressif se résout donc, quoi qu'on fasse, en un déni de justice, une défense de produire, une confiscation. C'est l'arbitraire sans limite et sans frein, donné au pouvoir sur tout ce qui, par le travail, par l'épargne, par le perfectionnement des moyens, contribue à la richesse publique.

Mais à quoi bon nous égarer dans les hypothèses chimériques lorsque nous touchons le vrai? Ce n'est pas la faute du principe proportionnel, si l'impôt frappe avec une inégalité si choquante les diverses classes de la société ; la faute en est à nos préjugés et à nos mœurs. L'impôt, autant que cela est donné aux opérations humaines, procède avec équité,

précision. L'économie sociale lui commande de s'adresser au produit ;
il s'adresse au produit. Si le produit. se dérobe, il frappe le capital: quoi
de plus naturel? L'impôt, devançant la civilisation, suppose l'égalité des
travailleurs et des capitalistes : expression inflexible de la nécessité, il
semble nous inviter à nous rendre égaux par l'éducation et le travail,
et, par l'équilibre de nos fonctions et l'association de nos intérêts, à
nous mettre d'accord avec lui. L'impôt se refuse à distinguer entre un
homme et un homme : et nous accusons sa rigueur mathématique de
la discordance de nos fortunes! nous demandons à l'égalité même de se
plier à notre injustice!... N'avais-je pas raison de dire en commençant
que, relativement à l'impôt, nous étions en arrière de nos institutions?
[...]

L'impôt, dont le but final, ainsi que nous l'avons fait voir, est la
rétribution des improductifs, mais dont la pensée originaire fut une
restauration du travailleur, l'impôt, sous le régime du monopole, se
réduit donc à une pure et simple protestation, à une sorte d'acte extra-
judiciaire dont tout l'effet est d'aggraver la position du salarié, en
troublant le monopoleur dans sa possession. [...]

Mais la menace plane, dorénavant, sur le privilège. Avec la faculté de
modifier la proportionnalité de l'impôt, le gouvernement a sous la main
un moyen expéditif et sûr de déposséder, quand il voudra, les détenteurs
de capitaux; et c'est chose effrayante que de voir partout cette grande
institution, base de la société, objet de tant de controverses, de tant
de lois, de tant de cajoleries et de tant de crimes, la PROPRIÉTÉ,
suspendue à l'extrémité d'un fil sur la gueule béante du prolétariat.

Conséquences désastreuses et inévitables de l'impôt.

Tous les prélèvements de l'impôt, la rente, l'intérêt des capitaux,
etc. opèrent sur la consommation, entrent dans le compte des frais
généraux et font partie du prix de vente ; de sorte que c'est toujours, à
peu de chose près, le consommateur qui paye l'impôt: nous savons cela.
Et comme les denrées qui se consomment davantage sont aussi celles
qui rendent le plus, il arrive nécessairement que ce sont les plus pauvres
qui sont les plus chargés : cette conséquence, comme la première, est
inévitable. Que nous importent donc, encore une fois [les] distinctions

fiscales? Quel que soit le classement de la matière imposable, comme il est impossible de taxer le capital au delà du revenu, le capitaliste sera toujours favorisé, pendant que le prolétaire souffrira iniquité, oppression. Ce n'est pas la répartition de l'impôt qui est mauvaise, c'est la répartition des biens.

Ainsi, l'impôt sur les subsistances agite et torture en mille manières le pauvre prolétaire : la cherté du sel nuit à la production du bétail ; les droits sur la viande diminuent encore la ration de l'ouvrier. Pour satisfaire en temps à l'impôt et au besoin de boissons fermentées qu'éprouve la classe travailleuse, on lui sert des mélanges inconnus au chimiste, autant qu'au brasseur et au vigneron. Qu'avons-nous encore besoin des prescriptions diététiques de l'Église ? Grâce à l'impôt, toute l'année est carême pour le travailleur; et son dîner de Pâques ne vaut pas la collation du vendredi saint de Monseigneur. Il y a urgence d'abolir partout l'impôt de consommation, qui exténue le peuple et qui l'affame; c'est la conclusion des économistes aussi bien que des radicaux. [...]

Vous voulez frapper les objets de luxe : vous prenez la civilisation à rebours. je soutiens, moi, que les objets de luxe doivent être francs. Quels sont, en langage économique, les produits de luxe? Ceux dont la proportion dans la richesse totale est la plus faible, ceux qui viennent les derniers dans la série industrielle, et dont la création suppose la préexistence de tous les autres. A ce point de vue, tous les produits du travail humain ont été, et tour à tour ont cessé d'être des objets de luxe, puisque, par le luxe, nous n'entendons autre chose qu'un rapport de postériorité, soit chronologique, soit commercial, dans les éléments de la richesse. Luxe, en un mot, est synonyme de progrès ; c'est, à chaque instant de la vie sociale, l'expression du maximum de bien-être réalisé par le travail, et auquel il est du droit comme de la destinée de tous de parvenir. Or, de même que l'impôt respecte pendant un laps de temps la maison nouvellement bâtie et le champ nouvellement défriché, de même il doit accueillir en franchise les produits nouveaux et les objets précieux, ceux-ci parce que leur rareté doit être incessamment combattue, ceux-là parce que toute invention mérite encouragement. Quoi donc! voudriez-vous établir, sous prétexte de luxe, de nouvelles catégories de citoyens? et prenez-vous au sérieux la ville de Salente et la prosopopée de Fabricius?

Puisque le sujet nous y porte, parlons morale. Vous ne nierez pas sans doute cette vérité rebattue par les Sénèques de tous les siècles, que le luxe corrompt et amollit les mœurs: ce qui signifie qu'il humanise, élève et ennoblit les habitudes; que la première et la plus efficace éducation pour le peuple, le stimulant de l'idéal, chez la plupart des hommes, est le luxe. Les Grâces étaient nues, suivant les anciens; où a-t-on vu qu'elles fussent indigentes? C'est le goût du luxe qui de nos jours, à défaut de principes religieux, entretient le mouvement social et révèle aux classes inférieures leur dignité. L'Académie des Sciences morales et politiques l'a bien compris, lorsqu'elle a pris le luxe pour sujet de l'un de ses discours, et j'applaudis du fond du cœur à sa sagesse. Le luxe, en effet, est déjà plus qu'un droit dans notre société, c'est un besoin ; et celui-là est vraiment à plaindre qui ne se donne jamais un peu de luxe. Et c'est quand l'effort universel tend à populariser de plus en plus les choses de luxe, que vous voulez restreindre la jouissance du peuple aux objets qu'il vous plaît de qualifier objets de nécessité! c'est lorsque par la communauté du luxe les rangs se rapprochent et se confondent, que vous creusez plus profondément la ligne de démarcation, et que vous rehaussez vos gradins! L'ouvrier sue, et se prive, et se pressure, pour acheter une parure à sa fiancée, un collier à sa petite fille une montre à son fils: et vous lui ôtez ce bonheur, à moins toutefois qu'il ne paye votre impôt, c'est-à-dire votre amende!

Mais avez-vous réfléchi que taxer les objets de luxe, c'est interdire les arts de luxe ? Trouvez-vous que les ouvriers en soie, dont le salaire en moyenne n'atteint pas 2 francs; les modistes à 50 centimes; les bijoutiers, orfèvres, horlogers, avec leurs interminables chômages; les domestiques à 10 écus, trouvez-vous qu'ils gagnent trop? [...]

Mais, dira-t-on, si l'impôt livrait au prix coûtant le sel, le tabac, le port des lettres, le sucre, les vins, la viande, etc., la consommation augmenterait sans doute, et l'amélioration serait énorme : mais alors avec quoi l'État couvrirait-il ses dépenses? La somme des contributions indirectes est de près de 600 millions; sur quoi voulez-vous que l'État perçoive cet impôt? Si le fisc ne gagne rien sur les postes, il faudra augmenter le sel ; si l'on dégrève encore le sel, il faudra tout reporter

Pierre-Joseph Proudhon

sur les boissons; cette kyrielle n'aurait pas de fin. Donc, la livraison à prix coûtant des produits, soit de l'État, soit de l'industrie privée, est impossible.

Donc, répliquerai-je à mon tour, le soulagement des classes malheureuses par l'État est impossible, comme la loi somptuaire est impossible, comme l'impôt progressif est impossible ; et toutes vos divagations sur l'impôt sont des chicanes de procureur. Vous n'avez pas même l'espoir que l'accroissement de la population, divisant les charges, allège le fardeau pour chacun ; parce qu'avec la population s'accroît la misère, et avec la misère, la besogne et le personnel de l'État augmentent. [...]

Qui pourrait se flatter de jamais rien faire au gré de la presse ! Après avoir déclamé et gesticulé contre l'énormité du budget, la voici qui réclame des augmentations de traitement pour une armée de fonctionnaires qui, à vrai dire, n'ont réellement pas de quoi vivre. Tantôt c'est l'enseignement, haut et bas, qui par elle fait entendre ses plaintes ; tantôt c'est le clergé des campagnes, si médiocrement rétribué, qu'il a été forcé de conserver son casuel, source féconde de scandales et d'abus. Puis, c'est toute la nation administrative, laquelle n'est ni logée, ni vêtue, ni chauffée, ni nourrie : c'est un million d'hommes avec leurs familles, près du huitième de la population, dont la pauvreté fait honte à la France, et pour lesquels il faudrait, du premier mot, augmenter le budget de 500 millions. Notez que dans cet immense personnel, pas un homme n'est de trop; au contraire, si la population vient à s'accroître, il augmentera proportionnellement. Êtes-vous en mesure de lever sur la nation 2 milliards d'impôt? Pouvez-vous prendre, sur une moyenne de 920 francs de revenu pour quatre personnes, 236 francs, plus du quart, pour payer, avec les autres frais de l'État, les appointements des improductifs! Et si vous ne le pouvez pas, si vous ne pouvez ni solder vos dépenses ni les réduire, que réclamez-vous? De quoi vous plaignez-vous?

Que le peuple le sache donc une fois : toutes les espérances de réduction et d'équité dans l'impôt dont le bercent tour à tour les harangues du pouvoir et les diatribes des hommes de partis, sont autant de mystifications; ni l'impôt ne se peut réduire, ni la répartition n'en

Chapitre VI : La police ou l'impôt

peut être équitable, sous le régime du monopole. Au contraire, plus la condition du citoyen s'abaisse, plus la contribution lui devient lourde; cela est fatal, irrésistible, malgré le dessein avoué du législateur et les efforts réitérés du fisc. Quiconque ne peut devenir ou se conserver opulent, quiconque est entré dans la caverne de l'infortune, doit se résigner à payer en proportion de sa misère : *Lasciate ogni speranza, voi ch'entrate.*

L'impôt donc, la police, - désormais nous ne séparerons plus ces deux idées, - est une source nouvelle de paupérisme : l'impôt aggrave les effets subversifs des antinomies précédentes, la division du travail, les machines, la concurrence, le monopole. Il attaque le travailleur dans sa liberté et dans sa conscience, dans son corps et dans son âme, par le parasitisme, les vexations, les fraudes qu'il suggère, et la pénalité qui les suit. [...]

[Récemment], les exploitants houillers [du bassin de la Loire] se sont associés, non sans inspirer une certaine inquiétude aux consommateurs, qui, dans cette association, ont vu le projet secret de faire hausser le prix du combustible. Le pouvoir, qui a reçu de nombreuses plaintes à ce sujet, interviendra-t-il pour ramener la concurrence et empêcher le monopole? Il ne le peut pas; le droit de coalition est identique dans la loi au droit d'association ; le monopole est la base de notre société, comme la concurrence en est la conquête; et pourvu qu'il n'y ait pas d'émeute, le pouvoir laissera faire et regardera passer. Quelle autre conduite pourrait-il tenir? Peut-il interdire une société de commerce légalement constituée? Peut-il contraindre des voisins à s'entre-détruire? Peut-il leur défendre de réduire leurs frais? Peut-il établir un maximum? Si le pouvoir faisait une seule de ces choses, il renverserait l'ordre établi. Le pouvoir ne saurait donc prendre aucune initiative ; il est institué pour défendre et protéger à la fois le monopole et la concurrence, sous la réserve des patentes, licences, contributions foncières et autres servitudes qu'il a établies sur les propriétés. A part ces réserves, le pouvoir n'a aucune espèce de droit à faire valoir au nom de la société. Le droit social n'est pas défini ; d'ailleurs, il serait la négation même du monopole et de la concurrence. Comment donc le pouvoir prendrait-il la défense de ce que la loi n'a pas prévu, ne définit pas, de ce qui est le contraire des droits reconnus par le législateur

Pierre-Joseph Proudhon

Aussi quand le mineur de Rive-de-Gier, que nous devons considérer dans les événements [de 18441. comme le vrai représentant de la société vis-à-vis des exploitants de houille, s'avisa de résister à la hausse des monopoleurs en défendant son salaire, et d'opposer coalition à coalition, le pouvoir fit fusiller le mineur [1]. Et les clabaudeurs politiques d'accuser l'autorité, partiale, disaient-ils, féroce, vendue au monopole, etc. Quant à moi, je déclare que cette façon de juger les actes de 'L'autorité me semble peu philosophique, et que je la repousse de toutes mes forces. Il est possible qu'on eût pu tuer moins de monde, possible aussi qu'on en eût tué davantage ; le fait à remarquer ici n'est pas le nombre des morts et des blessés, c'est la répression des ouvriers. Ceux qui ont critiqué l'autorité auraient fait comme elle, sauf peut-être l'impatience de leurs baïonnettes et la justesse du tir; ils auraient réprimé, dis-je, ils n'eussent pu agir autrement. Et la raison, que l'on voudrait en vain méconnaître, c'est que la concurrence est chose légale ; la société en commandite chose légale ; l'offre et la demande, chose légale, et toutes les conséquences qui résultent directement de la concurrence, de la commandite et du libre commerce, choses légales : tandis que la grève des ouvriers est ILLÉGALE. Et ce n'est pas seulement le Code pénal qui dit cela, c'est le système économique, c'est la nécessité de l'ordre établi. Tant que le travail n'est pas souverain, il doit être esclave : la société ne subsiste qu'à ce prix. Que chaque ouvrier individuellement ait la libre disposition de sa personne et de ses bras, cela peut se tolérer ; mais que les ouvriers entreprennent, par des coalitions, de faire violence au monopole, c'est ce que la société ne peut permettre. Écrasez le monopole, et vous abolissez la concurrence, et vous désorganisez l'atelier, et vous semez la dissolution partout. L'autorité, en fusillant les mineurs, s'est trouvée comme Brutus placé entre son amour de père et ses devoirs de consul : il fallait perdre ses enfants ou sauver la République. L'alternative était horrible, soit; mais tel est l'esprit et la lettre du pacte social, telle est la teneur de la charte, tel est l'ordre de la Providence.

---

1 Les troubles de Rive-de-Gier (31 mars 1844) suivirent le mouvement de concentration industrielle dont le bassin de la Loire avait été le siège. En six ans, on passa de soixante concessions à une Compagnie unique. Celle-ci décida une baisse de Salaire. La grève fut déclenchée et tourna à l'émeute. La troupe, requise, tira sur les mineurs. Nouvelles grèves en 1846 et 1852 qui amenèrent le gouvernement a légiférer sur la concentration industrielle. (N. d. E.)

Chapitre VI : La police ou l'impôt

Ainsi, la police, instituée pour la défense du prolétariat, est dirigée tout entière contre le prolétariat. Le prolétaire est chassé des forêts, des rivières, des montagnes : on lui interdit jusqu'aux chemins de traverse ; bientôt il ne connaîtra que celui qui mène à la prison.

Les progrès de l'agriculture ont fait sentir généralement l'avantage des prairies artificielles, et la nécessité d'abolir la vaine pâture. Partout on défriche, on amodie, on enclôt les terrains communaux : nouveaux progrès, nouvelle richesse. Mais le pauvre journalier, qui n'avait d'autre patrimoine que le communal, et qui l'été nourrissait une vache et quelques moutons, les faisant paître le long des chemins, à travers les broussailles et sur les champs défruités, perdra sa seule et dernière ressource. Le propriétaire foncier, l'acquéreur ou le fermier des biens communaux, vendront seuls désormais, avec le blé et les légumes, le lait et le fromage. Au lien d'affaiblir un antique monopole, on en crée un nouveau. Il n'est pas jusqu'aux cantonniers qui ne se réservent la lisière des routes comme un pré qui leur appartient, et qui n'en expulsent le bétail non administratif. Que suit-il de là ? que le journalier, avant de renoncer à sa vache, fait pâturer en contravention, se livre à la maraude, commet mille dégâts, se fait condamner à l'amende et à la prison : à quoi lui servent la police et les progrès agricoles? - L'an passé, le maire de Mulhouse, pour empêcher la maraude du raisin, fit défense à tout individu non propriétaire de vignes, de circuler de jour ni de nuit dans les chemins qui longent ou coupent le vignoble : précaution charitable, puisqu'elle prévenait jusqu'aux désirs et aux regrets. Mais si la voie publique n'est plus qu'un accessoire de la propriété ; si les communaux sont convertis en propriétés, si le domaine publie, enfin, assimilé à une propriété, est gardé, exploité, affermé, vendu comme une propriété, que reste-t-il au prolétaire ? A quoi lui sert que la société soit sortie de l'état de guerre, pour entrer dans le régime de la police ? [...]

Après avoir, dans un chaos de lois civiles, commerciales, administratives, jeté le trouble dans les esprits, rendu plus obscure la notion du juste en multipliant la contradiction, et rendu nécessaire pour expliquer ce système toute une caste d'interprètes, il a fallu organiser encore la répression des délits et pourvoir à leur châtiment. La justice criminelle, cet ordre si riche de la grande famille des improductifs, et dont l'entretien coûte chaque année plus de 30 millions à la France, est

Pierre-Joseph Proudhon

devenue pour la société un principe d'existence aussi nécessaire que le pain à la vie de l'homme ; mais avec cette différence que l'homme vit du produit de ses mains, tandis que la société dévore ses membres et se nourrit de sa propre chair. [...]

Ainsi, le système propriétaire ne se soutient, à Paris, que par une consommation annuelle d'un ou deux millions de délits! Or, quand tous ces délits seraient le fait d'un seul homme, l'argument subsisterait toujours : cet homme serait le bouc émissaire chargé des péchés d'Israël : qu'importe le nombre des coupables, dès lors que la justice a son contingent?

La violence, le parjure, le vol, l'escroquerie, le mépris des personnes et de la société sont tellement de l'essence du monopole; ils en découlent d'une manière si naturelle, avec une régularité si parfaite, et selon des lois si sûres, qu'on a pu en soumettre la perpétration au calcul, et que le chiffre d'une population, l'état de son industrie et de ses lumières étant donnés, on en déduit rigoureusement la statistique de la morale. Les économistes ne savent pas encore quel est le principe de la valeur; mais ils connaissent, à quelques décimales près, la proportionnalité du crime. Tant de mille âmes, tant de malfaiteurs, tant de condamnations : cela ne trompe pas. C'est une des plus belles applications du calcul des probabilités, et la branche la plus avancée de la science économique. Si le socialisme avait inventé cette théorie accusatrice, tout le monde eût crié à la calomnie.

Qu'y a-t-il là, au surplus, qui doive nous surprendre? Comme la misère est un résultat nécessaire des contradictions de la société, résultat qu'il est possible de déterminer, d'après le taux de l'intérêt, le chiffre des salaires et les prix du commerce, mathématiquement; ainsi les crimes et délits sont un autre effet de ce même antagonisme, susceptible, comme sa cause, d'être apprécié par le calcul. Les matérialistes ont tiré les conséquences les plus niaises de cette subordination de la liberté aux lois des nombres : comme si l'homme n'était pas sous l'influence de tout ce qui l'environne, et que ce qui l'environne étant régi par des lois fatales, il ne devait pas éprouver, dans ses manifestations les plus libres, le contre-coup de ces lois!

Chapitre VI : La police ou l'impôt

[...] Par cela seul que l'homme est puni, pourvu qu'il ait mérité de l'être, il est dégradé : la peine le rend infâme, non pas en vertu de la définition du code, mais en raison de la faute qui a motivé la punition. Qu'importe donc la matérialité du supplice? qu'importent tous vos systèmes pénitenciers? Ce que vous en faites est pour satisfaire votre sensibilité, mais est impuissant pour réhabiliter le malheureux que votre justice frappe. Le coupable, une fois flétri par le châtiment, est incapable de réconciliation; sa tache est indélébile, et sa damnation éternelle. S'il se pouvait qu'il en fût autrement, la peine cesserait d'être proportionnée au délit; ce ne serait plus qu'une fiction, ce ne serait rien. Celui que la misère a conduit au larcin, s'il se laisse atteindre par la justice, reste à jamais l'ennemi de Dieu et des hommes; mieux eût valu pour lui ne pas venir au monde : c'est Jésus-Christ qui l'a dit : *Bonum erat ei, si natus non fuisset homo ille.* Et ce qu'a prononcé Jésus-Christ, chrétiens et mécréants n'y font faute : l'irrémissibilité de la honte est, de toutes les révélations de l'Évangile, la seule qu'ait entendue le monde propriétaire. Ainsi, séparé de la nature par le monopole, retranché de l'humanité par la misère, mère du délit et de la peine, quel refuge reste au plébéien que le travail ne peut nourrir, et qui n'est point assez fort pour prendre ?

Pour conduire cette guerre offensive et défensive contre le prolétariat, une force publique était indispensable : le pouvoir exécutif est sorti des nécessités de la législation civile, de l'administration et de la justice. Et là encore les plus belles espérances se sont changées en amères déceptions. 1 Comme le législateur, comme le bourgmestre et comme le juge, le, prince s'est posé en représentant de l'autorité divine. Défenseur du pauvre, de la veuve et de l'orphelin, il a promis de faire régner autour du trône la liberté et l'égalité, de venir en aide au travail, et d'écouter la voix du peuple. Et le peuple s'est jeté avec amour dans les bras du pouvoir; et quand. l'expérience lui a fait sentir que le pouvoir était contre lui, au lieu de s'en prendre à l'institution, il s'est mis à accuser le prince, sans vouloir jamais comprendre que, le prince étant, par nature et destination, le chef des improductifs et le plus gros des monopoleurs, il était impossible, malgré qu'il en eût, qu'il prît fait et cause pour le peuple.

Toute critique, soit de la forme, soit des actes du gouvernement, aboutit à cette contradiction essentielle. Et lorsque de soi-disant théoriciens de la souveraineté du peuple prétendent que le remède à la tyrannie du pouvoir consiste à le faire émaner du suffrage populaire, ils ne font, comme l'écureuil, que tourner dans leur cage. Car du moment que les conditions constitutives du pouvoir, c'est-à-dire l'autorité, la propriété, la hiérarchie, sont conservées, le suffrage du peuple n'est plus que le consentement du peuple à son oppression ; ce qui est du plus niais charlatanisme.

Dans le système de l'autorité, quelle que soit d'ailleurs son origine, monarchique ou démocratique, le pouvoir est l'organe noble de la société ; c'est par lui qu'elle vit et se meut ; toute initiative en émane, tout ordre, toute perfection sont son ouvrage. D'après les définitions de la science économique, au contraire, définitions conformes à la réalité des choses, le pouvoir est la série des improductifs que l'organisation sociale doit tendre indéfiniment à réduire. Comment donc, avec le principe d'autorité si cher aux démocrates, le vœu de l'économie politique, vœu qui est aussi celui du peuple, pourrait-il se réaliser? Comment le gouvernement, qui dans cette hypothèse est tout, deviendra-t-il un serviteur obéissant, un organe subalterne? Comment le prince n'aurait-il reçu le pouvoir qu'afin de l'affaiblir, et travaillerait-il, en vue de l'ordre, à sa propre élimination? Comment ne s'occupera-t-il pas plutôt de se fortifier, d'augmenter son personnel, d'obtenir sans cesse de nouveaux subsides, et finalement de s'affranchir de la dépendance du peuple, terme fatal de tout pouvoir sorti du peuple?

On dit que le peuple, nommant ses législateurs, et par eux notifiant sa volonté au pouvoir, sera toujours à même d'arrêter ses envahissements ; qu'ainsi le peuple remplira tout à la fois le rôle de prince et celui de souverain. Voilà en deux mots l'utopie des démocrates, l'éternelle mystification dont ils abusent le prolétariat.

Mais le peuple fera-t-il des lois contre le pouvoir; contre le principe d'autorité et de hiérarchie, qui est le principe de la société elle-même; contre la liberté et la propriété? Dans l'hypothèse où nous sommes, c'est plus qu'impossible, c'est contradictoire. Donc la propriété, le monopole, la concurrence, les privilèges industriels, l'inégalité des fortunes, la prépondérance du capital, la centralisation hiérarchique et écrasante, l'oppression administrative, l'arbitraire légal, seront conservés; et comme il est impossible qu'un gouvernement n'agisse pas dans le sens de son principe, le capital restera comme auparavant le dieu de la société, et le peuple, toujours exploité, toujours avili, n'aura gagné à l'essai de sa souveraineté que la démonstration de son impuissance.

En vain les partisans du pouvoir, tous ces doctrinaires dynastico-républicains qui ne diffèrent entre eux que sur la tactique, se flattent, une fois aux affaires, de porter partout la réforme. Quoi réformer?

Réformer la constitution? C'est impossible. Quand la nation en masse entrerait dans l'assemblée constituante, elle n'en sortirait qu'après avoir voté sous une autre forme sa servitude, ou décrété sa dispersion. [...]

De toutes les réformes que sollicite la société en détresse, aucune n'est de la compétence du pouvoir; aucune ne peut être réalisée, parce que l'essence du pouvoir y répugne, et qu'il n'est pas donné à l'homme d'unir ce que Dieu a divisé.

Au moins, diront les partisans de l'initiative gouvernementale, vous reconnaîtrez que pour accomplir la révolution promise par le développement des antinomies, le pouvoir serait un auxiliaire puissant. Pourquoi donc vous opposer à une réforme qui, mettant le pouvoir aux mains du peuple, seconderait si bien vos vues ? La réforme sociale est le but ; la réforme politique est l'instrument : pourquoi, si vous voulez la fin, repoussez-vous le moyen ?

'Tel est aujourd'hui le raisonnement de toute la presse démocratique, à qui je rends grâce de toute mon âme d'avoir enfin, par cette profession de foi quasi socialiste.. proclamé elle-même le néant de ses théories. C'est donc au nom de la science que la démocratie réclame, pour préliminaire à la réforme sociale, une réforme politique. Mais la science proteste contre ce subterfuge pour elle injurieux ; la science répudie toute alliance avec la politique, et bien loin qu'elle en attende le moindre secours, c'est par la politique qu'elle doit commencer l'œuvre de ses exclusions.

[...] Si vous connaissez l'usage que vous devez faire du pouvoir, et

Pierre-Joseph Proudhon

si vous savez comment le pouvoir doit être organisé, vous possédez la science économique. Or, si vous possédez la science économique, si vous avez la clef de ses contradictions, si vous êtes en mesure d'organiser le travail, si vous avez étudié les lois de l'échange, vous n'avez pas besoin des capitaux de la nation ni de la force publique. Vous êtes, dès aujourd'hui, plus puissants que l'argent, plus forts que le pouvoir. Car, puisque les travailleurs sont avec vous, vous êtes par cela seul maîtres de la production ; vous tenez enchaînés le commerce, l'industrie et l'agriculture ; vous disposez de tout le capital social; vous êtes les arbitres de l'impôt; vous bloquez le pouvoir, et vous foulez aux pieds le monopole. [...]

Si vous possédez la science sociale, vous savez que le problème de l'association consiste à organiser, non seulement les improductifs : il reste, grâce au ciel, peu de chose à faire de ce côté-là; mais encore les *producteurs*, et, par cette organisation, à soumettre le capital et subalterniser le pouvoir. Telle est la guerre que vous avez à soutenir : guerre du travail contre le capital ; guerre de la liberté contre l'autorité ; guerre du producteur contre l'improductif; guerre de l'égalité contre le privilège. Ce que vous demandez, pour conduire la guerre à bonne fin, est précisément ce contre quoi vous devez combattre. Or, pour combattre et réduire le pouvoir, pour le mettre à la place qui lui convient dans la société, il ne sert à rien de changer les dépositaires du pouvoir, ni d'apporter quelque variante dans ses manœuvres : il faut trouver une combinaison agricole et industrielle au moyen de laquelle le pouvoir, aujourd'hui dominateur de la société, en devienne l'esclave. Avez-vous le secret de cette combinaison ?

Mais que dis-je? voilà précisément à quoi vous ne consentez pas. Comme vous ne pouvez concevoir la société sans hiérarchie, vous vous êtes faits les apôtres de l'autorité ; adorateurs du pouvoir, vous ne songez qu'à fortifier le pouvoir et a museler la liberté ; votre maxime favorite est qu'il faut procurer le bien du peuple malgré le peuple ; au lieu de procéder à la réforme sociale par l'extermination du pouvoir et de la politique, c'est une reconstitution du pouvoir et de la politique qu'il vous faut. Alors, par une série de contradictions qui prouvent votre bonne foi, mais dont les vrais amis du pouvoir, les aristocrates et les monarchistes, vos compétiteurs connaissent bien l'illusion, vous

Chapitre VI : La police ou l'impôt

nous promettez, de par le pouvoir, l'économie dans les dépenses, la répartition équitable de l'impôt, la protection au travail, la gratuité de l'enseignement, le suffrage universel, et toutes les utopies antipathiques à l'autorité et à la propriété. Aussi, le pouvoir, en vos mains, n'a jamais fait que péricliter : et c'est pour cela que vous n'avez jamais pu le retenir, c'est pour cela qu'au 18 brumaire il a suffi de quatre hommes pour vous l'enlever, et qu'aujourd'hui la bourgeoisie, qui aime comme vous le pouvoir, et qui veut un pouvoir fort, ne vous le rendra pas.

Ainsi, le pouvoir, instrument de la puissance collective, créé dans la société pour servir de médiateur entre le travail et le privilège, se trouve enchaîné fatalement au capital et dirigé contre le prolétariat. Nulle réforme politique ne peut résoudre cette contradiction, puisque, de l'aveu des politiques eux-mêmes, une pareille réforme n'aboutirait qu'à donner plus d'énergie et d'extension au pouvoir, et qu'à moins de renverser la hiérarchie et de dissoudre la société, le pouvoir ne saurait toucher aux prérogatives du monopole. Le problème consiste donc, pour les classes travailleuses, non à conquérir, mais à vaincre tout à la fois le pouvoir et le monopole, ce qui veut dire à faire surgir des entrailles du peuple, des profondeurs du travail, une autorité plus grande, un fait plus puissant, qui enveloppe le capital et l'État, et qui les subjugue. Toute proposition de réforme qui ne satisfait point à cette condition n'est qu'un fléau de plus, une verge en sentinelle, *virgam vigilantem*, disait un prophète, qui menace le prolétariat.

Le couronnement de ce système est la religion. je n'ai point à m'occuper ici de la valeur philosophique des opinions religieuses, à raconter leur histoire, à en chercher l'interprétation. je me borne à considérer l'origine économique de la religion, le lien secret qui la rattache à la police, la place qu'elle occupe dans la série des manifestations sociales. [...]

Reconnaissons toutefois que la théorie de la résignation a servi la société en empêchant la révolte. La religion, consacrant par le droit divin l'inviolabilité du pouvoir et du privilège, a donné à l'humanité la force de continuer sa route et d'épuiser ses contradictions. Sans ce bandeau jeté sur les yeux du peuple, la société se fût mille fois dissoute. Il fallait que quelqu'un souffrît pour qu'elle fût guérie ; et la religion, consolatrice

Pierre-Joseph Proudhon

des affligés, a décidé le pauvre à souffrir. C'est cette souffrance qui nous a conduits où nous sommes; la civilisation, qui doit au travailleur toutes se; merveilles, doit encore à son sacrifice volontaire son avenir et son existence. *Oblatus est quia ipse voluit*, et *livore ejus sanati sumus*.

O peuple de travailleurs - peuple déshérité, vexé, proscrit! peuple qu'on emprisonne, qu'on juge et qu'on tue! peuple bafoué, peuple flétrit Ne sais-tu pas qu'il est un terme, même à la patience, même au dévouement? Ne cesseras-tu de prêter l'oreille à ces orateurs du mysticisme qui te disent de prier et d'attendre, prêchant le salut tantôt par la religion, tantôt par le pouvoir, et dont la parole véhémente et sonore te captive? Ta destinée est une énigme que ni la force physique, ni le courage de l'âme, ni les illuminations de l'enthousiasme, ni l'exaltation d'aucun sentiment, ne peuvent résoudre. Ceux qui te disent le contraire te trompent, et tous leurs discours ne servent qu'à reculer l'heure de ta délivrance, prête à sonner. Qu'est-ce que l'enthousiasme et le sentiment, qu'est-ce qu'une vaine poésie, aux prises avec la nécessité? Pour vaincre la nécessité, il n'y a que la nécessité même, raison dernière de la nature, pure essence de la matière et de l'esprit.

Ainsi la contradiction de la valeur, née de la nécessité du libre arbitre, devait être vaincue par la proportionnalité de la valeur, autre nécessité que produisent par leur union la liberté et l'intelligence. Mais, pour que cette victoire du travail intelligent et libre produisît toutes ses conséquences, il était nécessaire que la société traversât une longue péripétie de tourments.

Il y avait donc nécessité que le travail, afin d'augmenter sa puissance, se divisât; et, par le fait de cette division, nécessité de dégradation et d'appauvrissement pour le travailleur.

Il y avait nécessité que cette division primordiale se reconstituât en instruments et combinaisons savantes ; et nécessité, par cette reconstruction, que le travailleur subalternisé perdît, avec le salaire légitime, jusqu'à l'exercice de l'industrie qui le nourrissait.

Il y avait nécessité que le producteur, ennobli par son art, comme autrefois le guerrier l'était par les armes, portât haut sa bannière, afin que la vaillance de l'homme fût honorée dans le travail comme à la guerre; et nécessité que du privilège naquît aussitôt le prolétariat.

Il y avait nécessité que la société prît alors sous sa protection le plébéien vaincu, mendiant et sans asile ; et nécessité que cette protection se convertît en une nouvelle série de supplices.

Nous rencontrerons sur notre route encore d'autres nécessités, qui toutes disparaîtront, comme les premières, sous des nécessités plus grandes, jusqu'à ce que vienne enfin l'équation générale, la nécessité suprême, le fait triomphateur, qui doit établir le règne du travail à jamais.

Mais cette solution ne peut sortir ni d'un coup dé main, ni d'une vaine transaction. Il est aussi impossible d'associer le travail et le capital, que de produire sans travail et sans capital ; - aussi impossible de créer l'égalité par le pouvoir, que de supprimer le pouvoir et l'égalité, et de faire une société sans peuple et sans police.

Il faut, je le répète, qu'une FORCE MAJEURE intervertisse les formules actuelles de la société ; que ce soit le TRAVAIL du peuple, non sa bravoure ni ses suffrages, qui, par une combinaison savante, légale, immortelle, inéluctable, soumette au peuple le capital et lui livre le pouvoir.

Chapitre VII : De la responsabilité de l'homme et de dieu

ou solution du problème de la providence

Les anciens accusaient de la présence du mal dans le monde la nature humaine.

La théologie chrétienne n'a fait que broder à sa façon sur ce thème ; et comme cette théologie résume toute la période religieuse qui depuis l'origine de la société s'étend jusqu'à nous, on peut dire que le dogme de la prévarication originelle, ayant pour lui l'assentiment du genre humain, acquiert par cela même le plus haut degré de probabilité.

Ainsi, d'après tous les témoignages de l'antique sagesse, chaque peuple défendant comme excellentes ses propres institutions et les glorifiant, ce n'est point aux religions, ni aux gouvernements, ni aux coutumes traditionnelles accueillies par le respect des générations, qu'il faut faire remonter la cause du mal, mais bien à une perversion primitive, à une sorte de malice congénitale de la volonté de l'homme. Quant à savoir comment un être a pu se pervertir et se corrompre d'origine, les anciens se tiraient de cette difficulté par des apologues: la pomme d'Ève et la boîte de Pandore sont restées célèbres parmi leurs solutions symboliques.

Non seulement donc l'antiquité avait posé dans ses mythes la question de l'origine du mal; elle l'avait résolue par un autre mythe, en affirmant sans hésiter la criminalité *ab ovo* de notre espèce.

Les philosophes modernes ont élevé contrairement au dogme chrétien un dogme moins obscur, celui de la dépravation de la société. *L'homme est né bon*, s'écrie Rousseau dans son style péremptoire ; mais la société, c'est-à-dire les formes et les institutions de la société, *le dépravent*. C'est en ces termes que s'est formulé le paradoxe, ou, pour mieux dire, la protestation du philosophe de Genève.

Or, il est évident que cette idée n'est que le renversement de l'hypothèse antique. Les anciens accusaient l'homme individuel; Rousseau accuse l'homme collectif : au fond, c'est toujours la même proposition, une proposition absurde.

Toutefois, malgré l'identité fondamentale du principe, la formule de Rousseau, précisément parce qu'elle était une opposition, était un progrès : aussi fut-elle. accueillie avec enthousiasme, et devint-elle le signal d'une réaction pleine d'antilogies et d'inconséquences. Chose singulière ! C'est à l'anathème fulminé par l'auteur d'Émile contre la société que remonte le socialisme moderne. [...]

C'est un curieux spectacle de voir de pseudo-novateurs, condamnant à la suite de Jean-Jacques monarchie, démocratie, propriété, communauté, tien et mien, monopole, salariat, police, impôt, luxe, commerce, argent, en un mot tout ce qui fait la société, et sans quoi la société ne peut se concevoir; puis, accusant de misanthropie et de paralogisme ce même Jean-Jacques, parce qu'après avoir aperçu le néant de toutes les utopies, en même temps qu'il signalait l'antagonisme de la civilisation, il avait rigoureusement conclu contre la société, tout en reconnaissant que hors de la société il n'y avait point d'humanité.

Je conseille de relire *l'Émile* et *le Contrat social* à ceux qui, sur la foi des calomniateurs et des plagiaires, s'imaginent que Rousseau n'avait embrassé sa thèse que par un vain désir de singularité. Cet admirable dialecticien avait été conduit, à nier la société au point de vue de la justice, bien qu'il fût forcé de l'admettre comme nécessaire; de la même manière que nous, qui croyons à un progrès indéfini, nous ne cessons de nier, comme normale et définitive, la condition actuelle de la société. Seulement, tandis que Rousseau, par une combinaison politique et un système d'éducation à lui, s'efforçait de rapprocher l'homme de ce qu'il appelait la nature, et qui était pour lui l'idéal de la société; instruits à une école plus profonde, nous disons que la tâche de la société est de résoudre sans cesse ses antinomies, chose dont Rousseau ne pouvait avoir l'idée. Ainsi, à part le système maintenant abandonné du Contrat social, et pour ce qui touche maintenant à la critique, le socialisme, quoi qu'il dise, est encore dans la même position que Rousseau, forcé de réformer sans cesse la société, c'est-à-dire de la nier perpétuellement.

Rousseau, en un mot, n'a fait que déclarer d'une manière sommaire et définitive ce que les socialistes redisent en détail et à chaque moment du progrès, savoir, (que l'ordre social est imparfait, et que quelque chose y manque toujours.) L'erreur de Rousseau n'est pas, ne peut pas être dans cette négation de la société : elle consiste, comme nous allons le faire voir, en ce qu'il ne sut point suivre son argumentation jusqu'à la fin, et nier tout à la fois la société, l'homme et Dieu.

Quoi qu'il en soit, la théorie de l'innocence de l'homme, corrélative à celle de la dépravation de la société, a fini par prévaloir. L'immense majorité du socialisme, Saint-Simon, Owen, Fourier, et leurs disciples ; les communistes, les démocrates, les progressistes de toute espèce, ont solennellement répudié le mythe chrétien de la chute pour y substituer le système d'une aberration de la société. Et comme la plupart de ces sectaires, malgré leur impiété flagrante, étaient encore trop religieux, trop dévots pour achever l'œuvre de Jean-Jacques et faire remonter jusqu'à Dieu la responsabilité du mal, ils ont trouvé le moyen de déduire de l'hypothèse de Dieu le dogme de la bonté native de l'homme, et ils se sont mis à fulminer de plus belle contre la société.

Les conséquences théoriques et pratiques de cette réaction furent que, le mal, c'est-à-dire l'effet de la lutte intérieure et extérieure, étant chose de soi anormale et transitoire, les institutions pénitentiaires et répressives sont également transitoires ; qu'en l'homme il n'y a pas de vice natif, mais que le milieu où il vit a dépravé ses inclinations; que la civilisation s'est trompée sur ses propres tendances ; que la contrainte est immorale, que nos passions sont saintes ; que la jouissance est sainte, et doit être recherchée comme la vertu même, parce que Dieu qui nous la fait désirer est saint. [...]

Ainsi, tandis que le socialisme, aidé de l'extrême démocratie, divinise l'homme en niant le dogme de la chute, et par conséquent détrône Dieu, désormais inutile à la perfection de sa créature ; ce même socialisme, par lâcheté d'esprit, retombe dans l'affirmation de la Providence, et cela au moment même où il nie l'autorité providentielle de l'histoire. [...]

Cependant il est sensible, malgré ces semblants, disons même ces velléités de religion, que la querelle engagée entre le socialisme et la tradition chrétienne, entre l'homme et la société, doit finir par une négation de la Divinité. La raison sociale ne se distingue pas pour nous de la Raison absolue, qui n'est autre que Dieu même, et nier la société dans ses phrases antérieures, c'est nier la Providence, c'est nier Dieu.

Ainsi donc nous sommes placés entre deux négations, deux affirmations contradictoires: l'une qui, par la voix de l'antiquité tout entière, mettant hors de cause la société et Dieu qu'elle représente, rapporte à l'homme seul le principe du mal ; l'autre qui, protestant au nom de l'homme libre, intelligent et progressif, rejette sur l'infirmité sociale, et, par une conséquence nécessaire, sur le génie créateur et inspirateur de la société, toutes les perturbations de l'univers.

Or, comme les anomalies de l'ordre social et l'oppression des libertés individuelles proviennent surtout du jeu des contradictions économiques, nous avons à rechercher, à vue des données que nous avons mises en lumière :

1• Si la fatalité, dont le cercle nous environne, est pour notre liberté tellement impérieuse et nécessitante, que les infractions à la loi, commises sous l'empire des antinomies, cessent de nous être imputables? Et, en cas de négative, d'où provient cette culpabilité particulière à l'homme.

2• Si l'être hypothétique, tout bon, tout puissant, tout sage, à qui la foi attribue la haute direction des agitations humaines, n'a pas manqué lui-même à la société au moment du péril? Et en cas d'affirmative, expliquer cette insuffisance de la Divinité.

Culpabilité de l'homme.

Afin de ne pas trop m'étendre, et surtout pour ne rien préjuger sur des questions que je devrai reprendre, je me renferme dans la limite des faits économiques précédemment analysés. Que la division du travail soit de sa nature, jusqu'au jour d'une organisation synthétique, une cause irrésistible d'inégalité physique, morale et intellectuelle parmi les hommes, la société ni la conscience n'y peuvent rien. C'est là un fait de nécessité, dont le riche est aussi innocent que l'ouvrier parcellaire, voué par état à toutes sortes d'indigences.

Pierre-Joseph Proudhon

Mais d'où vient que cette inégalité fatale s'est changée en titre de noblesse pour les uns, d'abjection pour les autres? D'où vient, si l'homme est bon, qu'il n'a pas su aplanir, par sa bonté, cet obstacle tout métaphysique, et qu'au lieu de resserrer entre les hommes le lien fraternel, l'impitoyable nécessité le rompt? Ici l'homme ne peut s'excuser sur son impéritie économique, sur son imprévoyance législative : il lui suffisait d'avoir du cœur. Pourquoi, tandis que les martyrs de la division du travail eussent dû être secourus, honorés par les riches, ont-ils été rejetés comme impurs? Comment n'a-t-on jamais vu les maîtres relayer quelquefois les esclaves ; les princes, les magistrats et les prêtres faire des tours de rechange avec les industrieux; les nobles remplacer les manants à la glèbe ? D'où est venu aux puissants cet orgueil brutal ?

Et remarquez qu'une telle conduite de leur part eût été non seulement charitable et fraternelle; c'était de, la justice la plus rigoureuse. En vertu du principe de force collective, les travailleurs sont les égaux et les alliés de leurs chefs; en sorte que dans le système du monopole même, la communauté d'action ramenant l'équilibre que l'individualisme parcellaire a troublé, la justice et la charité se confondent. Comment donc, avec l'hypothèse de la bonté essentielle de l'homme, expliquer la tentative monstrueuse de changer l'autorité des uns en noblesse, et l'obéissance des autres en roture ? Le travail, entre le serf et l'homme libre, de même que la couleur entre le noir et le blanc, a toujours tracé une ligne infranchissable : et nous-mêmes, si glorieux de notre philanthropie, nous pensons au fond de l'âme comme nos prédécesseurs. La sympathie que nous éprouvons pour le prolétariat est comme celle que nous inspirent les animaux : délicatesse d'organes, effroi de la misère, orgueil d'éloigner de nous tout ce qui souffre, voilà par quels détours d'égoïsme se produit notre charité. [...]

Le travail, en inventant des procédés et des machines qui multiplient à l'infini sa puissance, puis en stimulant par la rivalité le génie industriel, et assurant ses conquêtes au moyen des profits du capital et des privilèges de l'exploitation, a rendu plus profonde et plus inévitable la constitution hiérarchique de la société : encore une fois il ne faut accuser de cela personne. Mais j'en atteste de nouveau la sainte loi de l'Évangile, il dépendait de nous de tirer de cette subordination de l'homme à l'homme, ou, pour mieux dire, du travailleur au travailleur, des conséquences tout autres.

Les traditions de la vie féodale et celle des patriarches avaient donné l'exemple aux industriels. La division du travail et les autres accidents de la production n'étaient que des appels à la grande vie de famille, des indices du système préparatoire suivant lequel devait se traduire et se développer la fraternité. Les maîtrises, corporations et droits d'aînesse, furent conçus dans cette idée; beaucoup de communistes même ne répugnent point à cette forme d'association : est-il surprenant que l'idéal en soit si vivace parmi ceux qui, vaincus mais non convertis, se portent encore aujourd'hui comme ses représentants? Qui donc empêchait la charité, l'union, le dévouement, de se maintenir dans la hiérarchie, alors que la hiérarchie n'eût été, qu'une condition du travail ? Il suffisait que les hommes à machines, preux chevaliers combattant à armes égales, ne fissent mystère ou réserve de leurs secrets; que les barons ne se missent en campagne que pour le meilleur marché des produits, non pour leur accaparement; et que les vassaux, assurés que la guerre n'aurait pour résultat que d'augmenter leur richesse, se montrassent toujours entreprenants, laborieux et fidèles. Le chef d'atelier n'était plus alors qu'un capitaine faisant manœuvrer ses hommes d'armes dans leur intérêt autant que dans le sien, et les entretenant, non de ses deniers, mais de leurs propres services.

Au lieu de ces relations fraternelles, nous avons en l'orgueil, la jalousie et le parjure; le maître exploitant, comme le fabuleux vampire, le salarié avili, et le salarié conspirant contre le maître, t'oisif dévorant la substance du travailleur, et le serf accroupi dans l'ordure, n'ayant plus d'énergie que pour la haine.[...]

Et pourquoi cet arbitraire dans les rapports du capitaliste et du travailleur? Pourquoi cette hostilité d'intérêts? Pourquoi cet acharnement réciproque? Au lieu d'expliquer éternellement le fait par le fait même, allez au fond, et vous trouverez partout, pour premier mobile, une ardeur de jouissance que ni loi, ni justice, ni charité ne retiennent; vous verrez l'égoïsme escomptant sans cesse l'avenir, et sacrifiant à ses monstrueux caprices travail, capital, la vie et la sécurité de tous. [...]

Pierre-Joseph Proudhon

Ainsi, les contradictions organiques de la société ne peuvent couvrir la responsabilité de l'homme; vues en elles-mêmes, ces contradictions ne sont d'ailleurs que la théorie du régime hiérarchique, forme première, par conséquent forme irréprochable de la société. Par l'antinomie de leur développement, le travail et le capital étaient sans cesse ramenés à l'égalité en même temps qu'à la subordination, à la solidarité aussi bien qu'à la dépendance : l'un était l'agent, l'autre le provocateur et le gardien de la richesse commune. Cette indication avait été confusément aperçue par les théoriciens du système féodal; le christianisme s'était rencontré à point pour cimenter le pacte; et c'est encore le sentiment de cette organisation méconnue et faussée, mais de soi innocente et légitime, qui cause parmi nous les regrets et soutient t'espérance d'un parti. Comme ce système était dans les prévisions du destin, on ne peut dire qu'il Fût mauvais en soi, de même que l'on ne peut appeler mauvais l'état embryonnaire, parce que dans le développement physiologique il précède t'âge adulte.

J'insiste donc sur mon accusation :

Sous le régime aboli par Luther et la révolution française, l'homme, autant que le comportait le progrès de son industrie, pouvait être heureux : il ne l'a pas voulu; au contraire, il s'en est défendu.

Le travail a été réputé à déshonneur; le clerc et le noble se sont faits les dévorateurs du pauvre; pour contenter leurs passions animales, ils ont éteint dans leur cœur la charité; ils ont ruiné, opprimé, assassiné le travailleur. Et c'est encore ainsi que nous voyons le capital faire la chasse au prolétariat. Au lieu de tempérer par l'association et là mutualité la tendance subversive des principes économiques, le capitaliste l'exagère sans nécessité et à mauvaise intention; il abuse des sens et de la conscience de l'ouvrier; il en fait le valet de ses intrigues, le pourvoyeur de ses débauches, le complice de ses rapines; il le rend en tout pareil à lui-même, et c'est alors qu'il peut défier la justice des révolutions de l'atteindre. Chose monstrueuse! l'homme qui vit dans la misère, dont l'âme par conséquent semble plus voisine de la charité et de l'honneur, cet homme partage la corruption de son maître; comme lui, il donne tout à l'orgueil et à la luxure, et si parfois il se récrie contre l'inégalité dont il souffre, c'est moins encore par zèle de justice que par rivalité de concupiscence. Le plus grand obstacle que t'égalité ait à vaincre n'est point dans l'orgueil aristocratique du riche, il est dans l'égoïsme indisciplinable du pauvre. Et vous comptez sur sa bonté native pour réformer tout à la fois et la spontanéité et la préméditation de sa malice! [...]

Voyez pourtant, observent les socialistes, quels heureux fruits a déjà portés le perfectionnement de notre ordre social! Sans contredit la génération présente vaut mieux que celles qui l'ont précédée : avons-nous tort d'en conclure qu'une société parfaite produira des citoyens parfaits? -Dites plutôt, répliquent les conservateurs partisans du dogme de la chute, que, la religion ayant épuré les cœurs, il n'est pas étonnant que les institutions s'en soient ressenties. Laissez maintenant la religion achever son oeuvre, et soyez sans inquiétude sur la société.

Ils ne voient pas, d'un côté, que le progrès dans la morale est une conquête incessante de l'esprit sur l'animalité, de même que le progrès dans la richesse est le fruit de la guerre que le travail fait à la parcimonie de la nature ; par conséquent, que l'idée d'une bonté native perdue par la société est aussi absurde que l'idée d'une richesse native perdue par le travail, et qu'une transaction avec les passions doit être prise dans le même sens qu'une transaction avec le repos. D'autre part, ils ne veulent point entendre que s'il y a progrès dans l'humanité, soit par le fait de la religion, soit par toute autre cause, l'hypothèse d'une corruption constitutionnelle est un non-sens, une contradiction. [...]

Oui, il y a progrès de l'humanité dans la justice, mais ce progrès de notre liberté, dû tout entier au progrès de notre intelligence, ne prouve assurément rien pour la bonté de notre nature ; et loin qu'il nous autorise à glorifier nos passions, il en détruit authentiquement la prépondérance. Notre malice change, avec le temps, de mode et de style : les seigneurs du moyen âge détroussaient le voyageur sur la grande route, puis lui offraient l'hospitalité dans leur castel; la féodalité mercantile, moins brutale, exploite le prolétaire, et lui bâtit des hôpitaux : qui oserait dire lequel des deux a mérité la palme de la vertu ?

De toutes les contradictions économiques, la valeur est celle qui,

Pierre-Joseph Proudhon

dominant les autres et les résumant, tient en quelque sorte le sceptre de la société, j'ai presque dit du monde moral. Aussi longtemps que la valeur, oscillant entre ses deux pôles, valeur d'utilité et valeur en échange, n'est point arrivée à sa constitution, le tien et le mien demeurent arbitrairement fixés; les conditions de fortune sont l'effet du hasard ; la propriété repose sur un titre précaire, tout dans l'économie sociale est provisoire. Quelle conséquence devaient tirer de cette incertitude de la valeur des êtres sociables, intelligents et libres? c'était de faire des règlements amiables, protecteurs du travail, garants de l'échange et du bon marché. [...] Au lieu de cela, le commerce est devenu partout, d'un effort spontané et d'un consentement unanime, une opération aléatoire, un contrat à la grosse, une loterie, souvent une spéculation de surprise et de dol. [...] Comment donc cette passion du gain, livrée à elle-même, tourne-t-elle au préjudice de la société ? Comment une loi préventive, répressive et coercitive, a-t-elle dû sans cesse imposer une limite à la liberté ? Car c'est là le fait accusateur et qu'il est impossible de nier : partout la loi est sortie de l'abus ; partout le législateur s'est vu forcé de mettre l'homme dans l'impuissance de nuire, ce qui est synonyme de museler un lion, d'infibuler un verrat. Et le socialisme, toujours, en imitation du passé, ne prétend pas lui-même autre chose : qu'est-ce, en effet, que l'organisation qu'il réclame, sinon une garantie plus forte de la justice, une limitation plus complète de la liberté?

Le trait caractéristique du commerçant est de se faire de toute chose soit un objet, soit un instrument de trafic. Désassocié d'avec ses semblables, insolidaire envers tous, il est pour et contre tous les faits, toutes les opinions, tous les partis. Une découverte, une science, est à ses yeux une machine de guerre contre laquelle il se gare et qu'il voudrait anéantir, à moins qu'il ne puisse s'en servir lui-même pour tuer ses concurrents. Un artiste, un savant, c'est un artilleur qui sait manœuvrer la pièce, et qu'il s'efforce de corrompre, s'il ne peut l'acquérir. Le commerçant est convaincu que la logique est l'art de prouver à volonté le vrai et le faux; c'est lui qui a inventé la vénalité politique, le trafic des consciences, la prostitution des talents, la corruption de la presse. Il sait trouver des arguments et des avocats pour tous les mensonges, toutes les iniquités. Lui seul ne s'est jamais fait illusion sur la valeur des partis politiques : il les juge tous également exploitables, c'est-à-dire également absurdes. [...]

Chapitre VII : De la responsabilité de l'homme et de dieu

Quel art infini, que d'hypocrisie dans ses rapports avec le manouvrier! Depuis le simple ménager jusqu'au gros entrepreneur, comme ils s'entendent à exploiter sa brasse! comme ils savent faire disputer le travail, afin de l'obtenir à vil prix! D'abord, c'est une espérance pour laquelle le maître reçoit une course ; puis c'est une promesse qu'il escompte par une corvée; puis une mise à l'essai, un sacrifice, car il n'a besoin de personne, que le malheureux devra reconnaître en se contentant du plus vil salaire ; ce sont des exigences et des surcharges sans fin, récompensées par les règlements de compte les plus spoliateurs et les plus faux. Et il faut que l'ouvrier se taise et s'incline, qu'il serre le poing sous sa blouse : car le patron tient la besogne, et trop heureux qui peut obtenir la faveur de ses escroqueries. Et cette odieuse pressuration, si spontanée, si naïve, si dégagée de toute impulsion supérieure, parce que la société n'a pas encore trouvé moyen de l'empêcher, de la réprimer, de la punir, on l'attribue à la contrainte sociale! Quelle déraison!

Le commissionnaire est le type, l'expression la plus haute du monopole, le résumé du commerce, ce qui veut dire de la civilisation. Toute fonction dépend de la sienne, y participe ou y assimile : car, comme au point de vue de la distribution des richesses, les rapports des hommes entre eux se réduisent tous à des échanges, c'est-à-dire à des transports de valeurs, on peut dire que la civilisation s'est personnifiée dans le commissionnaire. [...]

La nature a fait l'homme sociable: le développement spontané de ses instincts tantôt fait de lui un ange de charité, tantôt lui ravit jusqu'au sentiment de la fraternité et à l'idée de dévouement. Vit-on jamais un capitaliste, fatigué de gain, conspirer pour le bien général, et faire de l'émancipation du prolétariat sa dernière spéculation? Il est force gens, favoris de la fortune, à qui rien ne manque plus que la couronne de bienfaisance : or, quel épicier, devenu riche se met à vendre à prix coûtant? Quel boulanger, quittant les affaires, abandonne sa clientèle et son établissement à ses garçons? Quel pharmacien, en guise de retraite, livre ses drogues pour ce qu'elles valent? Quand la charité a ses martyrs, comment n'a-t-elle pas ses amateurs? S'il se formait tout à coup un congrès de rentiers, de capitalistes et d'entrepreneurs à la réforme,

Pierre-Joseph Proudhon

mais propres encore au service, pour remplir gratuitement un certain nombre d'industries, la société en peu de temps se réformerait de fond en comble. Mais travailler pour rien !...

[...] Vous reconnaissez que la divergence de notre nature est le préliminaire de la société, disons mieux, le matériel de la civilisation. C'est justement le fait, mais, remarquez-le bien, le fait indestructible dont je cherche le sens. Certes, nous serions bien près de nous entendre si, au lieu de considérer la dissidence et l'harmonie des facultés humaines comme deux périodes distinctes, tranchées et consécutives dans l'histoire, vous consentiez à n'y voir avec moi que les deux faces de notre nature, toujours adverses, toujours en oeuvre de réconciliation, mais jamais entièrement réconciliées. En un mot, comme l'individualisme est le fait primordial de l'humanité, l'association en est le terme complémentaire; mais tous deux sont en manifestation incessante, et sur la terre la justice est éternellement la condition de l'amour.

Ainsi le dogme de la chute n'est pas seulement l'expression d'un état particulier et transitoire de la raison et de la moralité humaine; c'est la confession spontanée, en style symbolique, de ce fait aussi étonnant qu'indestructible, la culpabilité, l'inclination au mal, de notre espèce. [...]

L'esprit humain, dans ses fantaisies religieuses comme dans ses théories les plus positives, n'a toujours qu'une méthode; la même métaphysique a produit les mystères chrétiens et les contradictions de l'économie politique; la foi, sans qu'elle le sache, relève de la raison ; et nous, explorateurs des manifestations divines et humaines, nous avons droit, au nom de la raison, de vérifier les hypothèses de la théologie.

Qu'est-ce donc que la raison universelle, formulée en dogmes religieux, a vu dans la nature humaine, lorsque, par une construction métaphysique si régulière, elle a affirmé tour à tour l'ingénuité du délit, l'éternité de la peine, la nécessité de la grâce? Les voiles de la théologie commencent à devenir si transparents qu'elle ressemble tout à fait à une histoire naturelle.

Si nous concevons l'opération par laquelle l'être suprême est supposé avoir produit tous les êtres, non plus comme une émanation, une exertion de la force créatrice et de la substance infinie, mais comme une division ou différenciation de cette force substantielle, chaque être organisé ou non organisé nous apparaîtra comme le représentant spécial de l'une des virtualités innombrables de l'être infini, comme une scission de l'absolu, et la collection de toutes ces individualités (fluide, minéraux, plantes, insectes, poissons, oiseaux et quadrupèdes) sera la création, sera l'univers.

L'homme, abrégé de l'univers, résume et syncrète en sa personne toutes les virtualités de l'être, toutes les scissions de l'absolu ; il est le sommet où ces virtualités qui n'existent que par leur, divergence, se réunissent en faisceau, mais sans se pénétrer ni se confondre. L'homme est donc tout à la fois, par cette agrégation, esprit et matière, spontanéité et réflexion, mécanisme et vie, ange et brute. [...]

Il ne s'agit donc plus que de savoir s'il dépend de l'homme, nonobstant les contradictions que multiplie autour de lui, l'émission progressive de ses idées, de donner plus on moins d'essor aux virtualités placées sous son empire, ou, comme disent les moralistes, à ses passions ; en d'autres termes si, comme l'Hercule antique, il peut vaincre l'animalité qui l'obsède, la légion infernale qui semble toujours prête à le dévorer.

Or, le consentement universel des peuples atteste, et nous avons constaté, que l'homme, abstraction faite de toutes ses instigations animales, se résume en intelligence et liberté, c'est-à-dire d'abord en une faculté d'appréciation et de choix, plus en une puissance d'action indifféremment applicable au bien et au mal. Nous avons constaté en outre que ces deux facultés, qui exercent l'une sur l'autre une influence nécessaire, étaient susceptibles d'un développement, d'une perfectibilité indéfinie.

La destinée sociale, le mot de l'énigme humaine, se trouve donc dans ce mot : ÉDUCATION, PROGRÈS. [...]

C'est donc à nous désormais à enseigner les théologiens, car nous seuls continuons la tradition de l'Église, nous seuls possédons le sens des Écritures, des Conciles et des Pères. Notre interprétation repose

Pierre-Joseph Proudhon

sur ce qu'il y a de plus certain et de plus authentique, sur la plus grande autorité qui puisse être invoquée parmi les hommes, la construction métaphysique des idées et les faits. Oui, l'être humain est vicieux parce qu'il est illogique, parce que sa constitution n'est qu'un éclectisme qui retient sans cesse en lutte les virtualités de l'être, indépendamment des contradictions de la société. La vie de l'homme n'est qu'une transaction continuelle entre le travail et la peine, l'amour et la jouissance, la justice et l'égoïsme ; et le sacrifice volontaire que l'homme fait à l'ordre de ses attractions inférieures est le baptême qui prépare sa réconciliation avec Dieu, qui le rend digne de l'union béatifique et de la félicité éternelle.

Le but de l'économie sociale, en procurant incessamment l'ordre dans le travail et favorisant l'éducation de l'espèce, est donc de rendre autant que possible, par l'égalité, la charité superflue, cette charité qui ne sait commander à ses esclaves ; ou pour mieux dire, de faire sortir, comme une fleur de sa tige, la charité de la justice.

En résumé, toutes les idées modernes sur l'éducation de l'humanité ne sont qu'une interprétation, une philosophie de la doctrine catholique de la grâce, doctrine qui ne parut obscure à ses auteurs que par suite de leurs idées sur le libre arbitre, qu'ils croyaient menacé dès qu'on parlait de la grâce ou de la source de ses déterminations. Nous affirmons au contraire que la liberté, indifférente par elle-même à toute modalité, mais destinée à agir et à se façonner selon un ordre préétabli, reçoit sa première impulsion du Créateur qui lui inspire l'amour, l'intelligence, le courage, la résolution et tous les dons du Saint-Esprit, puis la livre au travail de l'expérience. Il suit de là que la grâce est nécessairement *prémouvante*, que sans elle l'homme n'est capable d'aucune espèce de bien, et que néanmoins le libre arbitre accomplit spontanément, avec réflexion et choix, sa propre destinée. Il n'existe dans tout cela ni contradiction ni mystère. L'homme, en tant qu'homme, est bon; mais, ainsi que le tyran dépeint par Platon, qui fut, lui aussi, un docteur de la grâce, l'homme porte en son sein mille monstres, que le culte de la justice et de la science, la musique et la gymnastique, toutes les grâces d'occasion et d'état, doivent lui faire vaincre. Corrigez une définition dans saint Augustin, et toute cette doctrine de la grâce, fameuse par les disputes qu'elle suscita et qui déroutèrent la Réforme, vous apparaîtra brillante de clarté et d'harmonie.

Chapitre VII : De la responsabilité de l'homme et de dieu

Rétrogradation de Dieu.

Si l'ordre du monde ne peut rien apprendre sur l'existence de Dieu, il révèle une chose non moins précieuse peut-être, et qui nous servira de jalon dans nos recherches : c'est que tous les êtres, toutes les essences, tous les phénomènes sont enchaînés les uns aux autres par un ensemble de lois résultant de leurs propriétés, ensemble que j'ai nommé *fatalité* ou *nécessité*. Qu'il existe donc une intelligence infinie, qui embrasse tout le système de ces lois, tout le champ de la fatalité ; qu'à cette intelligence infinie s'unisse dans une pénétration intime une volonté suprême, éternellement déterminée par l'ensemble des lois cosmiques, et par conséquent infiniment puissante et libre ; qu'enfin ces trois choses, fatalité, intelligence, volonté, soient contemporaines dans l'univers, adéquates l'une à l'autre et identiques : il est clair que jusqu'ici nous ne trouvons rien qui répugne; mais c'est là précisément l'hypothèse, c'est cet anthropomorphisme qui reste à démontrer. [...]

Lorsque les théistes, pour établir leur dogme de la Providence, allèguent en preuve l'ordre de la nature, bien que cet argument ne soit qu'une pétition de principe, du moins on ne peut dire qu'il implique contradiction, et que le fait allégué dépose contre l'hypothèse. Rien, par exemple, dans le système du monde, ne découvre la plus petite anomalie, la plus légère imprévoyance, d'où l'on puisse tirer un préjugé quelconque contre l'idée d'un moteur suprême, intelligent, personnel. En un mot, si l'ordre de la nature ne prouve point la réalité d'une Providence, il ne la contredit pas.

C'est tout autre chose dans le gouvernement de l'humanité. Id, l'ordre n'apparaît pas en même temps que la matière ; il n'a point été, comme dans le système du monde, créé une fois et pour l'éternité. Il se développe graduellement, selon une série fatale de principes et de conséquences que l'être humain lui-même, l'être qu'il s'agissait d'ordonner, doit dégager spontanément, par sa propre énergie, et à la sollicitation de l'expérience. Nulle révélation à cet égard ne lui est donnée. L'homme est soumis, dès son origine, à une nécessité, à un ordre absolu et irrésistible. Mais cet ordre, il faut, pour qu'il se réalise, que l'homme le découvre; cette nécessité, il faut, pour qu'elle existe, qu'il la devine. Ce travail d'invention pourrait être abrégé : personne, ni

Pierre-Joseph Proudhon

dans le ciel, ni sur la terre, ne viendra au secours de l'homme ; personne ne l'instruira. L'humanité, pendant des centaines de siècles, dévorera ses générations ; elle s'épuisera dans le sang et la fange, sans que le Dieu qu'elle adore vienne une seule fois illuminer sa raison et abréger son émeuve. Où est ici l'action divine? où est la Providence? [...]

Et moi je dis : Le premier devoir de l'homme intelligent et libre est de chasser incessamment l'idée de Dieu de son esprit et de sa conscience. Car Dieu, s'il existe, est essentiellement hostile à notre nature, et nous ne relevons aucunement de son autorité. Nous arrivons à la science malgré lui, au bien-être malgré lui, à la société malgré lui : chacun de nos progrès est une victoire dans laquelle nous écrasons la Divinité.

Qu'on ne dise plus : les voies de Dieu sont impénétrables ! Nous les avons pénétrées, ces voies, et nous y avons lu en caractères de sang les preuves de l'impuissance, si ce n'est du mauvais vouloir de Dieu. Ma raison, longtemps humiliée, s'élève peu à peu au niveau de l'infini; avec le temps elle découvrira tout ce que son inexpérience lui dérobe; avec le temps je serai de moins en moins artisan de malheur, et par les lumières que j'aurai acquises, par le perfectionnement de ma liberté, je me purifierai, j'idéaliserai mon être, et je deviendrai le chef de la création, l'égal de Dieu. Un seul instant de désordre, que le Tout-Puissant aurait pu empêcher et qu'il n'a pas empêché, accuse sa Providence et met en défaut sa sagesse : le moindre progrès que l'homme, ignorant, délaissé et trahi accomplit vers le bien, l'honore sans mesure. De quel droit Dieu me dirait-il encore : *Sois saint, parce que je suis saint* ? Esprit menteur, lui répondrai-je, Dieu imbécile, ton règne est fini; cherche parmi les bêtes d'autres victimes. je sais que je ne suis ni ne puis jamais devenir saint; et comment le serais-tu, toi, si je te ressemble? Père éternel, Jupiter ou Jéhovah, nous avons appris à te connaître : tu es, tu fus, tu seras à jamais le jaloux d'Adam, le tyran de Prométhée.

[Néanmoins], de même qu'après avoir constaté la culpabilité de l'homme sous l'influence des contradictions économiques, nous avons dû rendre raison de cette culpabilité, sous peine de laisser l'homme mutilé, et de n'avoir fait de lui qu'une méprisable satire ; de même, après avoir reconnu la chimère d'une Providence en Dieu, nous devons chercher comment ce défaut de Providence se concilie avec l'idée d'une intelligence et d'une liberté souveraines, sous peine de manquer à l'hypothèse proposée, et que rien encore ne prouve être fausse.

J'affirme donc que Dieu, s'il est un Dieu, ne ressemble point aux effigies que les philosophes et les prêtres en ont faites ; qu'il ne pense ni n'agit, selon la loi d'analyse, de prévoyance et de progrès, qui est le trait distinctif de l'homme, qu'au contraire, il semble plutôt suivre une marche inverse et rétrograde ; que l'intelligence, la liberté, la personnalité en Dieu sont constituées autrement qu'en nous; et que cette originalité de nature,- parfaitement motivée, fait de Dieu un être essentiellement anti-civilisateur, anti-libéral, anti-humain. [...]

Ainsi, par la création de l'homme et le développement de la société, une raison finie et providentielle, la nôtre, a été posée contradictoirement à la raison intuitive et infinie, Dieu; en sorte que Dieu, sans rien perdre de son infinité en tout sens, semble, par le seul fait de l'existence de l'humanité, amoindri. La raison progressive résultant de la projection des idées éternelles sur le plan mobile et incliné du temps, l'homme peut entendre la langue de Dieu, parce qu'il vient de Dieu, et que sa raison est au début semblable à celle de Dieu; mais Dieu ne peut nous entendre, ni venir jusqu'à nous, parce qu'il est infini, et qu'il ne peut revêtir les attributs du fini, sans cesser d'être Dieu, sans se détruire. Le dogme de la providence en Dieu est démontré faux, en fait et en droit.

Il est facile à présent de voir comment la même argumentation se retourne contre le système de la déification de l'homme.

L'homme posant fatalement Dieu comme absolu et infini dans ses attributs, tandis qu'il se développe lui-même en sens inverse de cet idéal, il y a désaccord entre le progrès de l'homme et ce que l'homme conçoit comme Dieu. D'un côté, il appert que l'homme, par le syncrétisme de sa constitution et par la perfectibilité de sa nature, n'est point Dieu, ni ne saurait devenir Dieu; de l'autre, il est sensible que Dieu, l'Être suprême, est l'antipode de l'humanité, le sommet ontologique dont elle s'écarte indéfiniment. Dieu et l'homme, s'étant pour ainsi dire distribué les facultés antagonistes de l'être, semblent jouer une partie dont le commandement de l'univers est le prix : à l'un la spontanéité, l'immédiateté, l'infaillibilité, l'éternité ; à l'autre la prévoyance, la déduction, la mobilité, le temps. Dieu et l'homme se tiennent en échec perpétuel et se fuient sans cesse l'un l'autre ; tandis que celui-ci marche sans se reposer jamais dans la réflexion et la théorie, le premier, par son incapacité providentielle, semble reculer dans la spontanéité de sa nature. Il y a donc contradiction entre l'humanité et son idéal, opposition entre l'homme et Dieu, opposition que la théologie chrétienne avait allégorisée et personnifiée sous le nom de Diable ou Satan, c'est-à-dire contradicteur, ennemi de Dieu et de l'homme.

(Selon certains, Dieu serait comme l'image idéale et transposée que l'humanité aurait d'elle-même; le Premier nom donné à la société lorsqu'elle n'était pas encore comprise comme société, lorsqu'elle n'existait Pas.)

Rhétorique pure : la société existe du jour où les individus, communiquant par le travail et la parole, ont consenti des obligations réciproques et donné naissance à des lois et à des coutumes. Sans doute la société se perfectionne à mesure des progrès de la science et de l'économie : mais à aucune époque de la civilisation le progrès n'implique une métamorphose comme celles qu'ont rêvées les faiseurs d'utopie; et si excellente que doive être la condition future de l'humanité, elle n'en sera pas moins la continuation naturelle, la conséquence nécessaire de ses positions antérieures.

Du reste, aucun système d'association n'excluant par lui-même, ainsi que je l'ai fait voir, la fraternité et la justice, l'idéal politique n'a jamais pu être confondu avec Dieu, et l'on voit en effet que chez tous les peuples, la société s'est distinguée de la religion. La première était prise pour but, la seconde regardée seulement comme moyen ; le prince fut le ministre de la volonté collective, pendant que Dieu régnait sur les consciences, attendant au delà du tombeau les coupables échappés à la justice des hommes. L'idée même de progrès et de réforme n'a fait défaut nulle part ; rien enfin de ce qui constitue la vie sociale n'a été chez aucune nation religieuse, entièrement ignoré ou méconnu. Pourquoi donc encore une fois cette tautologie de Société-Divinité, s'il est vrai, comme, on le prétend, que l'hypothèse théologique ne contienne pas autre chose que l'idéal de la société humaine, le type préconçu de l'humanité transfigurée par l'égalité, la solidarité, le travail et l'amour ?

Chapitre VII : De la responsabilité de l'homme et de dieu

Certes, s'il est un préjugé, un mysticisme dont la déception me semble aujourd'hui redoutable, ce n'est plus le catholicisme, qui s'en va, ce serait bien plutôt cette philosophie humanitaire, faisant de l'homme, sur la foi d'une spéculation trop savante pour n'être pas mêlée d'arbitraire, un être saint et sacré ; le proclamant Dieu, c'est-à-dire essentiellement bon et ordonné dans toutes ses puissances, malgré les témoignages désespérants qu'il ne cesse de donner de sa moralité douteuse ; attribuant ses vices à la contrainte où il a vécu et se promettant de lui, par une liberté complète, les actes du plus pur dévouement, parce que dans les mythes où l'humanité, suivant cette philosophie, s'est peinte elle-même, se trouvent décrits et opposés l'un à l'autre, sous les noms d'enfer et de paradis, un temps de contrainte et de peine, et une ère de bonheur et d'indépendance ! Avec une pareille doctrine, il suffira, chose d'ailleurs inévitable, que l'homme reconnaisse qu'il n'est ni Dieu, ni bon, ni saint, ni sage, pour qu'il se rejette aussitôt dans les bras de la religion : bien qu'en dernière analyse, tout ce que le monde aura gagné à la négation de Dieu sera la résurrection de Dieu.

Tel n'est pas, selon moi, le sens des fables religieuses. L'humanité, en reconnaissant Dieu comme son auteur, son maître, son alter ego, n'a fait que déterminer par une antithèse sa propre essence : essence éclectique et pleine de contrastes, émanée de l'infini et contradictoire à l'infini, développée dans le temps et aspirant à l'éternité, par toutes ces raisons faillible, bien que guidée par le sentiment du beau et de l'ordre. L'humanité est fille de Dieu, comme toute opposition est fille d'une position antérieure : c'est pour cela que l'humanité a découvert Dieu semblable à elle, qu'elle lui a prêté ses propres attributs, mais toujours en leur donnant un caractère spécifique, c'est-à-dire en définissant Dieu contradictoirement à elle-même. L'humanité est un spectre pour Dieu, de même qu'il est un spectre pour elle; chacun des deux est pour l'autre, cause, raison et fin d'existence.

Ce n'était donc point assez d'avoir démontré, par la critique des idées religieuses, que la conception du moi divin se ramène à la perception du moi homme ; il fallait encore contrôler cette déduction par une critique de l'humanité même, et voir si cette humanité satisfaisait aux conditions que supposait son apparente déité. Or, tel est le travail que nous avons solennellement inauguré, lorsque, partant à la fois de la réalité humaine et de l'hypothèse divine, nous avons commencé de dérouler l'histoire de la société dans ses établissements économiques et dans ses pensées spéculatives.

Nous avons constate, d'une part, que l'homme, bien que provoqué par l'antagonisme de ses idées, bien que jusqu'à certain point excusable, accomplit le mal gratuitement et par l'essor bestial de ses passions, ce qui répugne au caractère d'un être libre, intelligent et saint. Nous avons fait voir, d'un autre côté, que la nature de l'homme n'est point harmoniquement et synthétiquement constituée, mais formée par agglomération des virtualités spécialisées en chaque créature, circonstance qui, en vous révélant le principe des désordres commis par la liberté humaine, a achevé de nous démontrer la non-divinité de notre espèce. Enfin, après avoir prouvé qu'en Dieu la providence non seulement n'existe pas, mais qu'elle est impossible; après avoir, en d'autres termes, séparé dans l'Être infini les attributs divins des attributs anthropomorphiques, nous avons conclu, contrairement aux affirmations de la vieille théodicée, que relativement à la destinée de l'homme, destinée essentiellement progressive, l'intelligence et la liberté en Dieu souffraient un contraste, une sorte de limitation et d'amoindrissement, résultant de son caractère d'éternité, d'immutabilité et d'infinité ; de telle sorte que l'homme, au lieu d'adorer en Dieu son souverain et son guide, ne pouvait et ne devait voir en lui que son antagoniste. Et cette dernière considération suffira pour nous faire rejeter aussi l'humanisme, comme tendant invinciblement, par la déification de l'humanité, à une restauration religieuse. Le vrai remède au fanatisme, selon nous, n'est pas d'identifier l'humanité avec Dieu, ce t à affirmer, en économie sociale la communauté, en philosophie le mysticisme et le statu quo ; c'est de prouver à l'humanité que Dieu, au cas qu'il y ait un Dieu, est son ennemi.

Quelle solution sortira plus tard de ces données? Dieu à la fin se trouvera-t-il être quelque chose?...

J'ignore si je le saurai jamais. S'il est vrai, d'un côté, que je n'aie aujourd'hui pas plus de raison d'affirmer la réalité de l'homme, être illogique et contradictoire, que la réalité de Dieu, être inconcevable et immanifesté, je sais du moins, par l'opposition radicale de ces deux

Chapitre VII : De la responsabilité de l'homme et de dieu

natures, que je n'ai rien à espérer ni à craindre de l'auteur mystérieux que ma conscience involontairement suppose; je sais que mes tendances les plus authentiques m'éloignent chaque jour de la contemplation de cette idée; que l'athéisme pratique doit être désormais la loi de mon cœur et de ma raison; que c'est de la fatalité observable que je dois incessamment apprendre la règle de ma conduite; que tout commandement mystique, tout droit divin qui me serait proposé, doit être par moi repoussé et combattu; que le retour à Dieu par la religion, la paresse, l'ignorance ou la soumission, est un attentat contre moi-même; et que si un jour je dois me réconcilier avec Dieu, cette réconciliation, impossible tant que je vis, et dans laquelle j'aurais tout à gagner, rien à perdre, ne se peut accomplir que par ma destruction.

Concluons donc, et inscrivons sur la colonne qui doit servir à nos recherches ultérieures de point de repère :

Le législateur se méfie de l'homme, abrégé de la nature et syncrétisme de tous les êtres. - Il ne compte pas sur la Providence, faculté inadmissible dans l'esprit infini.

Mais, attentif à la succession des phénomènes, docile aux leçons du destin, il cherche dans la fatalité la loi de l'humanité, la prophétie perpétuelle de son avenir.

Il se souvient aussi, parfois, que si le sentiment de la Divinité faiblit parmi les hommes; si l'inspiration d'en haut se retire progressivement pour faire place aux déductions de l'expérience; s'il y a scission de plus en plus flagrante entre l'homme et Dieu; si ce progrès, forme et condition de notre vie, échappe aux perceptions d'une intelligence infinie et par conséquent an-historique; si, pour tout dire, le rappel à la Providence de la part d'un gouvernement est tout à la fois une lâche hypocrisie et une menace à la liberté; cependant le consentement universel des peuples, manifesté par l'établissement de tant de cultes divers, et la contradiction à jamais insoluble qui atteint l'humanité dans ses idées, ses manifestations et ses tendances, indiquent un rapport secret de notre âme, et par elle de la nature entière, avec l'infini, rapport dont la détermination exprimerait du même coup le sens de l'univers, et la raison de notre existence.

Pierre-Joseph Proudhon

Chapitre VII : La propriété

La propriété est inexplicable hors de la série économique.

Le problème de la propriété est, après celui de la destinée humaine, le plus grand que puisse se proposer la raison, le dernier qu'elle parviendra à résoudre. En effet, le problème théologique, l'énigme de la religion, est expliqué; le problème philosophique, qui a pour objet la valeur et la légitimité de la connaissance, est résolu : reste le problème social, qui ne fait qu'un avec ces deux-là, et dont la solution, de l'aveu de tout le monde, tient essentiellement à la propriété. [...]

Pour bien entendre la théorie de la propriété en soi, il est nécessaire de prendre les choses de plus haut, et de présenter sous un nouvel aspect l'identité essentielle de la philosophie et de l'économie politique.

De même que la civilisation, au point de vue de l'industrie, a pour but de constituer la valeur des produits et d'organiser le travail, et que la société n'est autre chose que cette constitution et cette organisation; de même l'objet de la philosophie est de fonder le jugement en déterminant la valeur de la connaissance et organisant le sens commun; et ce qu'on appelle logique n'est autre chose que cette détermination et cette organisation.

La logique, la société, c'est-à-dire toujours la raison : telle est donc la destinée ici-bas de notre espèce, considérée dans ses facultés génératrices, l'activité et l'intelligence. Ainsi l'humanité, par ses manifestations successives, est une logique vivante : c'est ce qui nous a fait dire, au commencement de cet ouvrage, que chaque fait économique est l'expression d'une loi de l'esprit, et que comme il n'y a rien dans l'entendement qui n'ait été auparavant dans l'expérience, il n'y a rien non plus dans la pratique sociale qui ne provienne d'une abstraction de la raison.

La société, comme la logique, a donc pour loi primordiale l'accord de la raison et de l'expérience. Accorder la raison et l'expérience, marcher à l'unisson de la théorie et de la pratique, voilà ce que proposent également l'économiste et le philosophe; voilà le premier et le dernier commandement imposé à tout homme qui agit et qui pense. Condition facile, sans doute, si on ne l'envisage que dans cette formule, en apparence si simple; effort prodigieux, sublime, si l'on considère tout ce qu'a fait l'homme dès le commencement, autant pour s'y soustraire que pour s'y conformer.

Mais qu'entendons-nous par cet accord de la rais-on et de l'expérience, ou, comme nous l'avons nommée, par cette organisation du sens commun, qui n'est elle-même que la logique ?

J'appelle d'abord sens commun le jugement en tant qu'il s'applique à des choses d'une évidence intuitive et immédiate, dont la perception n'exige ni déduction ni recherche.

[...] Le système entier de nos connaissances repose sur le sens commun; mais il s'élève indéfiniment au-dessus du sens commun qui, borné au particulier et à l'immédiat, ne peut embrasser le général de son simple regard, et a besoin, pour y atteindre, de le diviser : comme un homme qui, ne franchissant d'un seul pas que la largeur d'un sillon, en répétant le même mouvement un certain nombre de fois, fait le tour du globe.

Accord de la raison et de l'expérience, organisation du sens commun, découverte des procédés généraux par lesquels le jugement, toujours identique, s'élève aux contemplations les plus sublimes : telle est l'œuvre capitale de l'humanité, celle qui a fait naître la péripétie la plus vaste, la plus compliquée et la plus dramatique qui se soit accomplie sur la terre. Il n'est science, religion, société, qui ait à beaucoup près mis un si long temps et déployé tant de puissance pour s'établir : à peine si ce grand travail, commencé depuis trente siècles, est parvenu à se définir. [...]

Progression, série, association des idées par groupes naturels, tel est le dernier pas de la philosophie dans l'organisation du sens commun. Tous les autres instruments dialectiques se ramènent à celui-là : le syllogisme et l'induction ne sont que des fragments détachés de séries supérieures, et considérés en sens divers; l'antinomie est comme la théorie des deux pôles d'un petit monde, abstraction faite des points milieux et des mouvements intérieurs. La série embrasse toutes les formes possibles

Pierre-Joseph Proudhon

de classification des idées, elle est unité et variété, vraie expression de la nature, par conséquent forme suprême de la raison. Rien ne devient intelligible à l'esprit que ce qui peut être rapporté à une série, ou distribué en série; et toute créature, tout phénomène, tout principe qui nous apparaît comme isolé, reste pour nous inintelligible. Malgré le témoignage des sens, malgré la certitude du fait, la raison le repousse et le nie, jusqu'à ce qu'elle en ait retrouvé les antécédents, les conséquents et les corollaires, c'est-à-dire la série, la famille.

Pour rendre tout ceci plus sensible, faisons-en l'application à la question même qui fait l'objet de ce chapitre, la PROPRIÉTÉ.

La propriété est inintelligible hors de la série économique, avons-nous dit dans le sommaire de ce paragraphe. Cela signifie que la propriété ne se comprend et ne s'explique, d'une manière suffisante ni par des a priori quelconques, moraux, métaphysiques ou psychologiques (formule du syllogisme); ni par des a posteriori législatifs ou historiques (formule de l'induction); ni même par l'exposé de sa nature contradictoire, ainsi que je l'ai fait dans mon Mémoire sur la propriété (formule de l'antinomie). Il faut reconnaître dans quel ordre de manifestations, analogues, similaires ou adéquates, se range la propriété; il faut, en un mot, en retrouver la série. Car tout ce qui s'isole, tout ce qui ne s'affirme qu'en soi, par soi et pour soi, ne jouit pas d'une existence suffisante, ne réunit pas toutes les conditions d'intelligibilité et de durée : il faut encore l'existence dans le tout, par le tout et pour le tout; il faut, en un mot, aux rapports internes unir des rapports externes.

Qu'est-ce que la propriété? d'où vient la propriété ? que veut la propriété? Voilà le problème qui intéresse au plus haut degré la philosophie; le problème logique par excellence, le problème de la solution duquel dépendent l'homme, la société, le monde. Car le problème de la propriété, c'est sous une autre forme le problème de la certitude : la propriété, c'est l'homme ; la propriété, c'est Dieu; la propriété, c'est tout.

Or, à cette question formidable, que les légistes répondent, en balbutiant leurs a priori : la propriété est le droit d'user, et d'abuser, droit qui résulte d'un acte de la volonté manifesté par l'occupation et l'appropriation; il est clair qu'ils ne nous apprennent absolument rien. Car, admettant que l'appropriation soit nécessaire à l'accomplissement de la destinée de l'homme et, à l'exercice de son industrie, tout ce que l'on en peut conclure est que, l'appropriation étant nécessaire à tous les hommes, la possession doit être égale, partant toujours changeante et mobile, susceptible d'augmentation et de diminution, nonobstant le consentement des possesseurs, ce qui est la négation même de la propriété. [...]

Que les économistes, appuyés sur leurs inductions utilitaires, viennent à leur tour et nous disent: L'origine de la propriété, c'est le travail. La propriété, c'est le droit de vivre en travaillant, de disposer librement et souverainement de ses épargnes, de son capital, du fruit de son intelligence et de son industrie ; leur système n'est pas plus solide. Si le travail, l'occupation effective et féconde, est le principe de la propriété, comment expliquer la propriété chez celui qui ne travaille pas?, comment justifier le fermage? comment déduire de cette formation de la propriété par le travail, le droit de posséder sans travail? comment concevoir que d'un travail soutenu pendant trente ans résulte une propriété éternelle ? [...]

La religion vient à son tour consacrer la propriété. À ce signe, on peut juger du peu de solidité de ce principe. Mais la société, autrement dite la Providence, n'a pu consentir à la propriété qu'en vue du bien général; est-il permis, sans manquer au respect dû à la Providence, de demander d'où viennent alors les exclusions ?... Que si le bien général n'exige pas absolument l'égalité des propriétés, du moins il implique une certaine responsabilité de la part du propriétaire; et quand le pauvre demande l'aumône, c'est le souverain qui réclame sa dîme. D'où vient donc que le propriétaire est maître de ne rendre jamais compte, de n'admettre qui que ce soit, et pour si peu que ce soit, en partage?

Sous tous les points de vue, inintelligible; et ceux qui l'ont attaquée pouvaient être certains d'avance qu'on ne leur répondrait pas, comme ils pouvaient compter aussi que leurs critiques n'auraient pas le moindre effet. [...]

Enfin un critique est venu, qui, procédant à l'aide d'une argumentation

Pierre-Joseph Proudhon

nouvelle, a dit :

La propriété, en fait et en droit, est essentiellement contradictoire, et c'est par cette raison même qu'elle est quelque chose. En effet,

La propriété est le droit d'occupation; et en même temps le droit d'exclusion.
La propriété est le prix du travail; et la négation du travail.
La propriété est le produit spontané de la société; et la dissolution de la société.
La propriété est une institution de justice; et la propriété, C'EST LE VOL.

De tout cela il résulte qu'un jour la propriété transformée sera une idée positive, complète, sociale et vraie ; une propriété qui abolira l'ancienne propriété, et deviendra pour tous également effective et bienfaisante, Et ce qui le prouve, c'est encore une fois que la propriété est une contradiction.

De ce moment la propriété commença d'être connue : sa nature intime fut dévoilée, son avenir prévu. Et toutefois l'on put dire que le critique n'avait rempli que la moitié de sa tâche, puisque, pour constituer définitivement la propriété, pour lui ôter son caractère d'exclusion et lui donner sa force synthétique, il ne suffisait pas de l'avoir analysée en elle-même, il fallait encore retrouver l'ordre d'idées dont elle n'était qu'un moment particulier, la série qui l'enveloppait, et hors de laquelle il était impossible ni de comprendre, ni d'entamer la propriété. Sans cette condition, la propriété, gardant le statu quo, restait inattaquable comme fait, inintelligible comme idée; et toute réforme entreprise contre ce statu quo ne pouvait être, à l'égard de la société, qu'une reculade, sinon peut-être un parricide.

Il faut une autre construction logique, il faut trouver la progression dont la propriété n'est qu'un des termes, construite la série hors de laquelle la propriété, n'apparaissant que comme un fait isolé, une idée solitaire, reste toujours inconcevable et stérile; mais dans laquelle aussi la propriété reprenant sa place, et par conséquent sa véritable forme, deviendra partie essentielle d'un tout harmonique et vrai, et, perdant ses qualités négatives, revêtira les attributs positifs de l'égalité, de la mutualité, de la responsabilité et de l'ordre. [...]

Causes de l'établissement de la propriété.

[...] La propriété commence, ou pour mieux dire elle se manifeste par une occupation souveraine, effective, qui exclut toute idée de participation et de communauté; cette occupation, dans sa forme légitime et authentique, n'est autre que le travail: sans cela, comment la société eût elle consenti à concéder et à faire respecter la propriété? Enfin, la société a voulu la propriété, et toutes les législations du monde n'ont été faites que pour elle.

La propriété s'est établie par l'occupation, c'est-à-dire par le travail : il faut le rappeler souvent, non pas pour la conservation de la propriété, mais pour l'instruction des travailleurs. Le travail contenait en puissance, il devait produire, par l'évolution de ses lois, la propriété; de même qu'il avait engendré la séparation des industries, puis la hiérarchie des travailleurs, puis la concurrence, le monopole, la police, etc. Toutes ces antinomies sont au même titre des positions successives du travail, des jalons plantés par lui sur sa route éternelle, et destinés à formuler, par leur réunion synthétique, le véritable droit des gens. Mais le fait n'est pas le droit : la propriété, produit naturel de l'occupation et du travail, était un principe d'anticipation et d'envahissement; elle avait donc besoin d'être reconnue et légitimée par la société : ces deux éléments, l'occupation par le travail et la sanction législative, que les légistes ont mal à propos séparés dans leurs commentaires, se sont réunis pour constituer la propriété.

[...] D'après Kant, le droit de propriété, c'est-à-dire la légitimité de l'occupation, procède du consentement de l'État, lequel implique originellement possession commune. Il ne peut pas, dit Kant, en être autrement. Toutes les fois donc que le propriétaire ose opposer son droit à l'État, celui-ci, rappelant le propriétaire à la convention, peut toujours terminer le litige par cet ultimatum : Ou reconnaissez ma souveraineté, et soumettez-vous à ce que l'intérêt publie réclame; ou je déclare que votre propriété a cessé d'être placée sous la sauvegarde des lois, et je lui retire ma protection.

Pierre-Joseph Proudhon

Il suit de là que dans l'esprit du législateur l'institution de la propriété, comme celle du crédit, du commerce et du monopole, a été faite dans un but d'équilibre, ce qui range d'abord la propriété parmi les éléments de l'organisation, et la signale comme l'un des moyens généraux de constitution des valeurs. « Le droit à une chose, dit Kant, est le droit de l'usage privé d'une chose, au sujet de laquelle je suis en communauté de possession avec tous les autres hommes. » En vertu de ce principe, tout homme privé de propriété peut donc et doit en appeler à la communauté, gardienne des droit de tous; d'ou il résulte ainsi qu'on l'a dit, que dans les vues de la Providence, les conditions doivent être égales.

C'est ce que Kant, aussi bien que Reid, a nettement compris et exprimé dans le passage suivant : « On demande maintenant jusqu'où s'étend 'la faculté de prendre possession d'un fonds? - Aussi loin que la faculté de l'avoir en puissance, c'est-à-dire aussi loin que peut le défendre celui qui veut se l'approprier. Comme si le fonds disait: Si vous ne pouvez pas me défendre, vous ne pouvez pas non plus me commander. » [...]

jusqu'à présent, si l'on fait abstraction du but ultérieur de l'évolution économique, et à la considérer seulement en elle-même, tout ce que fait la société, elle le fait alternativement pour le monopole et contre le monopole. Le monopole a été le pivot autour duquel s'agitent et circulent les divers éléments économiques. Cependant, malgré la nécessité de son existence, malgré les efforts sans nombre qu'il a faits pour son développement, malgré l'autorité du consentement universel qui l'avoue, le monopole n'est encore qu'un provisoire; il est censé, comme dit Kant, ne durer qu'autant que le titulaire sait l'exploiter et le défendre. C'est pour cela que tantôt il cesse de plein droit par la mort, comme dans les fonctions inamovibles, mais non vénales; tantôt il est réduit à un temps limité, comme dans les brevets; tantôt il se perd par le non-exercice, ce qui a donné lieu aux théories de la prescription, ainsi qu'à la possession annuelle, encore en usage chez les Arabes. D'autres fois, le monopole est révocable à la volonté du souverain, comme dans la permission de bâtir sur un terrain militaire, etc. Ainsi le monopole n'est qu'une forme sans réalité; le monopole tient à l'homme, il n'emporte pas la matière ; c'est bien le privilège exclusif de produire et de vendre, ce n'est pas encore l'aliénation des instruments de travail, l'aliénation de la terre. [...]

Après le développement des institutions de crédit, la condition du monopole est encore pire.

Les producteurs, qu'il s'agissait d'associer, sont devenus totalement incapables d'association; ils ont perdu le goût et l'esprit du travail : ce sont des joueurs. Au fanatisme de la concurrence, ils joignirent les fureurs de la roulette. La bancocratie a changé leur caractère et leurs idées. jadis ils vivaient entre eux comme maîtres et salariés, vassaux et suzerains : maintenant ils ne se connaissent plus que comme emprunteurs et usuriers, gagnants et perdants. Le travail a disparu au souffle du crédit; la valeur réelle s'évanouit devant la valeur fictive, la production devant l'agiotage. La terre, les capitaux, le talent, le travail même, si quelque part encore il se rencontre du travail, servent d'enjeux. De privilèges, de monopoles, de fonctions publiques, d'industrie, on ne se soucie plus; la richesse, on ne la demande pas au travail, on l'attend d'un coup de dé. [...]

Le crédit, en un mot, à force de dégager le capital, a fini par dégager l'homme lui-même de la société et de la nature. Dans cet idéalisme universel, l'homme ne tient plus au sol; il est suspendu en l'air par une puissance invisible. La terre est couverte d'habitants, les uns nageant dans l'opulence, les autres hideux de misère, et elle n'est possédée de personne. Elle n'a plus que des maîtres qui la dédaignent, et des serfs qui la haïssent : car ils ne la cultivent pas pour eux, mais pour un porteur de coupons que nul ne connaît, qu'ils ne verront jamais, qui peut-être passera sur cette terre sans la regarder, sans se douter qu'elle est à lui. Le détenteur de la terre, c'est-à-dire le possesseur d'inscriptions de rente, ressemble au marchand de bric-à-brac : il a dans son portefeuille des métairies, des pâturages, de riches moissons, d'excellents vignobles; que lui importe ! Il est prêt à tout céder moyennant dix centimes de hausse : le soir il se défera de ses biens, comme le matin il les avait reçus, sans amour et sans regret.

Ainsi, par la fiction de la productivité du capital, le crédit est arrivé à la fiction de la richesse; la terre n'est plus l'atelier du genre humain,

Pierre-Joseph Proudhon

c'est une banque; et s'il était possible que cette banque ne fît pas sans cesse de nouvelles victimes, forcées de redemander au travail le revenu qu'elles ont perdu au jeu, et par là de soutenir la réalité des capitaux; s'il était possible que la banqueroute ne vint pas interrompre de temps en temps cette infernale orgie, la valeur du gage baissant toujours pendant que la fiction multiplierait son papier, la richesse réelle deviendrait nulle, et la richesse inscrite croîtrait à l'infini.

Mais la société ne, peut rétrograder , il faut donc sauver le monopole sous peine de périr, sauver l'individualité humaine prête à s'abîmer dans une jouissance idéale; il faut, en un mot, consolider, asseoir le monopole. Le monopole était, pour ainsi dire, célibataire : je veux, dit la société, qu'il se marie. Il était le courtisan de la terre, l'exploiteur du capital : je veux qu'il en devienne le seigneur et l'époux. Le monopole s'arrêtait à l'individu, désormais il s'étendra sur la race. Par lui le genre humain n'avait que des héros et des barons; à l'avenir, il aura des dynasties. Le monopole familisé, l'homme s'attachera à sa terre, à son industrie, comme à sa femme et à ses enfants, et l'homme et la nature seront unis d'une affection éternelle.

La condition que le crédit avait faite à la société, était en effet la plus détestable qu'on pût imaginer, celle où l'homme pouvait à la fois abuser le plus et posséder le moins. Or, dans les vues de la Providence, dans les destinées de l'humanité et du globe, il convenait que l'homme fût animé d'un esprit de conservation et d'amour pour l'instrument de ses oeuvres, instrument représenté en général par la terre. Car ce n'est pas seulement d'exploiter la terre qu'il s'agît pour l'homme, c'est de la cultiver, de l'embellir, de l'aimer : or, comment remplir ce but autrement qu'en changeant le monopole en propriété, le concubinage en manage, *propriamque dicabo*, opposant à la fiction qui épuise et qui souille, la réalité qui fortifie et qui ennoblit ?

La révolution qui se prépare dans le monopole a donc surtout en vue le monopole de la terre : car c'est à l'exemple de celui-ci, c'est sur le modèle de la propriété terrienne que sont constituées toutes les propriétés. De conditionnelle, temporaire et viagère, l'appropriation deviendra donc perpétuelle, transmissible et absolue. Et pour mieux défendre l'inviolabilité de la propriété, les biens seront à l'avenir distingués en meubles et immeubles, et des lois seront faites pour régler la transmission, l'aliénation et l'expropriation des uns et des autres.

En résumé : la constitution de l'hypothèque par le domaine, c'est-à-dire par l'union la plus intime de l'homme à la terre; *la constitution de la famille* par la perpétuité et la transmissibilité du monopole; enfin la constitution de la rente, comme principe d'égalité entre les fortunes: tels sont les motifs qui, dans la raison collective, ont déterminé l'établissement de la propriété. [...]

De graves conséquences devaient résulter de ce nouvel arrangement, tant pour la société que pour l'individu.

D'abord, en changeant un titre précaire en un droit perpétuel, la société a dû compter, et elle a compté en effet, de la part du propriétaire, sur un attachement plus sérieux et plus moral à son industrie, sur un amour plus profond et mieux raisonné du bien-être, par suite, sur une âpreté moins grande au gain, sur des sentiments d'humanité plus profonds, sur une poésie du lieu natal, un culte du patrimoine, qui, s'étendant aux moindres travailleurs, rallieraient toutes les générations et constitueraient la PATRIE.

[...] En assurant à perpétuité le monopole au propriétaire, la société travaillait du même coup à la sécurité du prolétaire : en faisant du capital la substance même du possesseur, elle se promettait que tous ceux qui travailleraient avec lui et pour lui, il les regarderait, non plus comme ses compagnons, mais comme ses enfants. [...]

Du côté de l'individu, l'amélioration n'était pas moins sensible.

Par la propriété, l'homme prend définitivement possession de son domaine, et se déclare maître de la terre. Comme on l'a vu dans la théorie de la certitude, des profondeurs de la conscience, le moi s'élance et embrasse le monde; et dans cette communion de l'homme et. de la nature, dans cette espèce d'aliénation de lui-même, sa personnalité, loin de faiblir, double d'énergie.

Nul n'est plus fort de caractère, plus prévoyant, plus persévérant que le propriétaire. Comme l'amour, qu'on peut définir une émission de l'âme, qui s'accroît par la possession, et qui, plus il s'épanche, plus il abonde : ainsi, la propriété ajoute à l'être humain, l'élève en force et en dignité. Riche, noble, baron, propriétaire, seigneur ou sire, tous ces noms sont synonymes. Dans la propriété, comme dans l'amour, posséder et être possédé, l'actif et le passif, n'expriment toujours que la même chose; l'un n'est possible que par l'autre, et c'est seulement par cette réciprocité que l'homme, jusqu'alors tenu par une obligation unilatérale, maintenant enchaîné par le contrat synallagmatique qu'il vient de passer avec la nature, sent tout ce qu'il est et ce qu'il vaut, et jouit de la plénitude de l'existence. [...] Nous disions, en parlant du crédit, que la Révolution française n'avait été qu'une émeute pour la loi agraire : or, qu'est-ce au fond qu'une loi agraire, sinon une collaboration de propriété? En rendant le peuple propriétaire, au lieu et place de deux castes devenues. indignes et impuissantes, la nation s'est donné des ressources immenses, qui lui ont permis tour à tour de subvenir aux dépenses de ses victoires et de payer les frais de ses revers. C'est encore la propriété qui aujourd'hui soutient le moral de notre société, et met une barrière à la dissolution incessante de l'agiotage. Le commerçant, l'industriel, le capitaliste même, ont toujours en vue la propriété : c'est dans la propriété que tous aspirent à se reposer des fatigues de la concurrence et du monopole.

Mais c'est surtout dans la famille que se découvre le sens profond de la propriété. La famille et la propriété marchent de front, appuyées l'une sur l'autre, n'ayant l'une et l'autre de signification et de valeur que par le rapport qui les unit.

Avec la propriété, commence le rôle de la femme. Le ménage, cette chose tout idéale et que l'on s'efforce en vain de rendre ridicule, le ménage est le royaume de la femme, le monument de la famille. Ôtez le ménage, ôtez cette pierre du foyer, centre d'attraction des époux, il reste des couples, il n'y a plus de familles. Voyez, dans les grandes villes, les classes ouvrières tomber peu à peu, par l'instabilité du domicile, l'inanité du ménage et le manque de propriété, dans le concubinage et la crapule ! Des êtres qui ne possèdent rien, qui ne tiennent à rien et vivent au jour le jour, ne se pouvant rien garantir, n'ont que faire de s'épouser encore : mieux vaut ne pas s'engager que de s'engager sur le néant.

Chapitre VII : La propriété

La classe ouvrière est donc vouée à l'infamie : c'est ce qu'exprimait au moyen âge le droit du seigneur, et chez les romains l'interdiction du mariage aux prolétaires.

Or, qu'est-ce que le ménage par rapport à la société ambiante, sinon tout à la fois le rudiment et la forteresse de la propriété? Le ménage est la première chose que rêve la jeune fille : ceux qui parlent tant d'attraction et qui veulent abolir le ménage, devraient bien expliquer cette dépravation de l'instinct du sexe. Pour moi, Plus j'y pense, et moins je puis me rendre compte, hors de la famille et du ménage, de la destinée de la femme. Courtisane ou ménagère (ménagère, dis-je, et non pas servante), je n'y vois pas de milieu : qu'a donc cette alternative de si humiliant? En quoi le rôle de la femme, chargée de la conduite du ménage, de tout ce qui se rapporte à la consommation et à l'épargne, est-il inférieur à celui de l'homme, dont la fonction propre est le commandement de l'atelier, c'est-à-dire le gouvernement de la production et de l'échange?

L'homme et la femme sont nécessaires l'un à l'autre comme les (:jeux principes constitutifs du travail : le mariage, dans sa dualité indissoluble, est l'incarnation du dualisme économique, qui s'exprime, comme l'on sait, par les termes généraux de consommation et production. C'est dans cette vue qu'ont été réglées les aptitudes des sexes le travail pour l'un, la dépense pour l'autre; et malheur à toute union dans laquelle une des parties manque à son devoir! Le bonheur que s'étaient promis les époux se changera en douleur et en amertume : qu'ils s'en accusent eux-mêmes!

S'il n'existait que des femmes, elles vivraient ensemble comme une compagnie de tourterelles; s'il n'y avait que des hommes, ils n'auraient aucune raison de s'élever au-dessus du monopole et de renoncer à l'agiotage : on les verrait tous, maîtres ou valets, attablés au jeu ou courbés SOUS le joug. Mais l'homme a été créé mâle et femelle : de là la nécessité du ménage et de la propriété. Que les deux sexes s'unissent : aussitôt de cette union mystique, de toutes les institutions humaines la plus étonnante, naît, par un inconcevable prodige, la propriété, la division du patrimoine commun en souverainetés individuelles.

Pierre-Joseph Proudhon

Le ménage, voilà donc pour toute femme, dans l'ordre économique, le plus désirable des biens; la propriété, l'atelier, le travail à son compte, voilà, avec la femme, ce que tout homme souhaite le plus.

* * *

L'hérédité est l'espoir du ménage, le contrefort de la famille, la raison dernière de la propriété. Sans l'hérédité, la propriété n'est qu'un mot; le rôle de la femme devient une énigme. A quoi bon, dans l'atelier commun, des ouvriers mâles et des ouvriers femelles ? Pourquoi cette distinction de sexes, que Platon, corrigeant la nature, tâchait de faire disparaître de sa république? Comment rendre raison de cette duplicité de l'être humain, image de la dualité économique, véritable superfétation hors du ménage et de la famille?... Sans l'hérédité, non seulement il n'y plus d'époux ni d'épouses, il n'y a plus ni ancêtres ni descendants. Que dis-je ? il n'y a pas même de collatéraux, puisque, malgré la sublime métaphore de la fraternité citoyenne, il est clair que si tout le monde est mon frère, je n'ai plus de frère. C'est alors que l'homme, isolé au milieu de ses compagnons, sentirait le poids de sa triste individualité, et que la société, privée de ligaments et de viscères par la dissolution des familles et la confusion des ateliers, pareille à une momie desséchée, tomberait en poussière...

Mais le socialisme a bon courage, il ne s'étonne pas pour si peu. M. Louis Blanc, semi-socialiste, qui veut la famille sans l'hérédité, comme le socialisme pur veut l'humanité sans la patrie et sans la famille, s'écrie dans son Organisation du travail,:

« La famille est comme Dieu, sainte et immortelle ; l'hérédité est destinée à suivre la même pente que les sociétés qui se transforment, et que les hommes qui meurent. » [...]

L'idée est juste à rebours du sens commun. C'est parce que les hommes meurent et que les sociétés se transforment, que l'hérédité est nécessaire ; c'est parce que la famille ne doit jamais périr, qu'au mouvement qui emporte incessamment les générations, il faut opposer un principe d'immortalité qui les soutienne. Que deviendrait la famille, si elle était sans cesse divisée par la mort, si chaque matin elle devait se reconstituer, parce que rien ne rattacherait le père aux enfants ? Ce qui vous choque dans l'hérédité, je le vois : l'hérédité selon vous, n'est bonne qu'à entretenir l'inégalité. Mais l'inégalité ne vient pas, de l'hérédité,elle résulte des conflits économiques. L'hérédité prend les choses comme elle les trouve : créez l'égalité, et l'hérédité vous rendra l'égalité. [...]

Si l'amour paternel cesse de pourvoir à [l'avenir des enfants,] qui y pourvoira pour lui? C'est, disent les démocrates, cet être, invisible, impalpable, immortel, tout-puissant, tout bon, tout sage, qui voit tout, qui fait tout, qui répond de tout; c'est l'ÉTAT !

« Changez le milieu où nous vivons; faites que tout individu qui se présente à la société pour la, servir soit certain d'y trouver le libre emploi de ses facultés et le moyen d'entrer en participation du travail collectif ; la prévoyance paternelle est, dans ce cas, remplacée par la prévoyance sociale. Et c'est ce qui doit être : pour l'enfant, la protection de la famille ; la protection de la société pour l'homme. »

Oui, changez..., faites que..., remplacez par la prévoyance sociale la prévoyance paternelle ! Si je ne vous avais lu, je vous attendais à l'œuvre. Quel malheur aussi que vous ne puissiez remplacer encore le travail des individus par le travail de l'État ! Quelle calamité que l'État ne puisse, à la place des particuliers, se marier, faire des enfants, les nourrir et les pourvoir 1 Mais que dis-je ? le travail libre et la production des enfants par des couples ne sont-ils pas choses naturelles, et l'hérédité chose de convention ! [...]

L'abolition de l'hérédité procède, comme toutes les rêveries républicaines, de cette idéologie absurde qui consiste à remplacer partout l'action libre de l'homme par la force d'initiative du pouvoir, l'être réel par un être de raison, la vie et la liberté par une chimère dont la triste influence a été la. cause de presque toutes les calamités sociales.

[...] L'hérédité existe dans la famille du pauvre comme dans celle du riche : ce droit sacré et inaliénable, le prolétaire l'a définitivement conquis dans notre grande révolution, et l'a opposé comme une barrière infranchissable aux déprédations de la noblesse. Tel autrefois

Pierre-Joseph Proudhon

le plébéien de Rome s'affranchit de la théorie du patricien en obtenant le *jus connubii*, le droit de famille, réservé pendant longtemps aux seuls nobles. Ce qui manque au pauvre, ce n'est plus l'hérédité, c'est l'héritage. Au lieu d'abolir l'hérédité, songez plutôt à faire cesser la déshérence. Car, c'est vous-même qui le dites : La famille ne saurait être un privilège.

Et c'est pour cela que le droit de famille est universel, non commun ; que l'hérédité lui est nécessaire, et conséquemment l'héritage. Proscrire l'hérédité parce qu'elle n'est pas encore effective pour tout le monde, c'est raisonner dans un sens matérialiste et contre-révolutionnaire ; c'est comme si on condamnait la France à ne manger que des pommes de terre et boire de l'eau, par compassion pour la malheureuse Irlande. [...]

Mais vous avez si peu l'intelligence des contradictions économiques que l'idée ne vous viendra pas de leur faire produire, en les combattant l'une par l'autre, des résultats, opposés à ceux qu'elles donnent aujourd'hui : loin de là, toute votre idéologie ne tend qu'à les effacer. Effacer de la science sociale les principes de la société, retrancher de la civilisation les organes civilisateurs, telle est donc votre philosophie ! Aussi bien les démocrates n'y regarderont pas de si près ; les socialistes seront ravis des concessions que vous leur aurez faites ; la presse patriotique célébrera votre éloquence, et tout ira au mieux dans la plus sage des démocraties possibles.

Les socialistes mitigés attaquent le droit de succession parce qu'ils ne savent pas en faire un moyen conservateur de l'égalité; les fouriéristes et saint-simoniens attaquent la famille, parce que leurs systèmes sont incompatibles avec l'industrie privée, la vie intérieure et le libre échange; les communistes attaquent la propriété, parce qu'ils ignorent comment la propriété cessera d'être abusive par la mutualité des services. Confession d'ignorance ! c'est l'argument de toutes ces sectes prétendues réformatrices, argument qui porte en soi sa réfutation, et suffit seul à nous dégoûter des prédications humanitaires.

La rente a la plus grande affinité avec l'intérêt. Toutefois elle en diffère essentiellement, en ce que l'intérêt n'affecte que les capitaux nés du travail et accumulés par l'épargne, tandis que la rente porte sur la terre, matière universelle du travail, substratum primordial de toute valeur.

* * *

La rente est l'intérêt payé pour un capital qui ne périt jamais, savoir, la terre. Et comme ce capital n'est susceptible d'aucune augmentation quant à la matière, mais seulement d'une amélioration indéfinie quant à l'usage, il arrive que, tandis que l'intérêt ou le bénéfice du prêt tend à diminuer sans cesse par l'abondance des capitaux, la rente tend à augmenter toujours par le perfectionnement de l'industrie, duquel résulte l'amélioration dans l'usage de la terre. D'où il suit, en dernière analyse, que l'intérêt se mesure à l'importance du capital, tandis que, relativement à la terre, la propriété s'apprécie par la rente.

[...] Je me borne à rappeler qu'à la septième époque de l'évolution économique, la fiction ayant fait évanouir la réalité, l'activité humaine menaçant de se perdre dans le vide, il était devenu nécessaire de rattacher plus fortement l'homme à la nature : or, la rente a été le prix de ce nouveau contrat. Sans elle la propriété ne serait qu'un titre nominal, une distinction purement honorifique : or, la raison souveraine qui mène la civilisation ne fait point usage de ce ressort de l'amour propre; elle paye, acquitte ses promesses, non avec des mots, mais avec des réalités. Dans les prévisions du destin, le propriétaire remplit la plus importante fonction de l'organisme social : c'est un foyer d'action autour duquel gravitent, se groupent et s'abritent ceux qu'il appelle à faire valoir sa propriété, et qui, de salariés insolents et jaloux, doivent devenir ses enfants.

Du reste, il faut le dire, dussions-nous déplaire, on se fait généralement de grandes illusions sur la félicité et la sécurité des rentiers, comparativement au bien-être dont jouissent les classes travailleuses. L'ouvrier à 30 sous par jour, qui voit passer la voiture du propriétaire riche à 100 000 livres de rentes, ne peut s'empêcher de croire qu'un tel homme est cent fois plus heureux que lui. On n'aperçoit dans la rente qu'un moyen de vivre sans travail et de se procurer toutes les jouissances, et l'on applaudit à la morale des grands qui se font une espèce de devoir social de dépenser tous leurs revenus. De là, chez l'homme du peuple, un principe de jalousie et de haine aussi injuste

Pierre-Joseph Proudhon

qu'immoral, et une cause active de dépravation et de découragement.

Cependant, pour qui envisage les choses de haut et dans leur vérité inflexible, le rentier, dans une société en voie d'organisation, n'est pas autre chose que le gardien des économies sociales, le curateur des capitaux formés par la rente. D'après la théorie que tout travail doit laisser après lui un excédent, destiné, partie à augmenter le bien-être du producteur, partie à améliorer le fonds productif, le capital peut se définir : une extension, par le travail, du domaine que nous a donné la nature. La terre exploitable est renfermée dans d'étroites limites; le globe entier ne nous paraît déjà que comme une cage où nous sommes détenus, sans savoir pourquoi; une certaine quantité de provisions et de matériaux nous sont donnés, au moyen desquels nous pouvons embellir, étendre, chauffer et assainir notre étroite habitation. Toute formation de capital équivaut donc pour nous à la conquête d'un terrain ; or, le propriétaire, comme chef d'expédition, est le premier qui profite de l'aventure. En résultat, et malgré les immenses déperditions de capitaux qui arrivent par l'imprévoyance, la lâcheté ou la débauche des détenteurs, c'est ainsi que les choses se passent dans la société : la grande majorité des rentes est employée à de nouvelles exploitations. La France va dépenser deux milliards en canaux et chemins de fer : c'est comme si elle ajoutait à son territoire la moitié d'un département. D'où vient cette extension merveilleuse ? de l'épargne collective, de la. rente.

Il ne sert à rien de citer quelques exemples de fortunes colossales dont les revenus sont consommés improductivement par les titulaires, et qui s'effacent d'ailleurs devant la masse des fortunes moyennes : ces exemples, dont le scandale révolte le travail et fait murmurer l'indigence, mais dont la punition se fait rarement attendre, confirment la théorie. Le propriétaire qui, méconnaissant sa mission, vit seulement pour détruire sans prendre aucune part à la gestion de ses biens, ne tarde pas à se repentir de son indolence ; comme il ne met rien à l'épargne, bientôt il emprunte, il s'endette, il perd la propriété, et tombe à son tour dans la misère. La Providence outragée se venge à la fin d'une manière cruelle.

[...] Ainsi, dès le premier moment de son évolution, la théorie de la rente acquiert une certitude mathématique inéluctable : la loi est

Chapitre VII : La propriété

impérieuse, malheur à qui ne sait la reconnaître ! La rente comme l'hérédité est fondée en raison et en droit : ce n'est point un privilège qu'il faut songer à détruire, c'est une fonction qu'il s'agit de rendre universelle. Les abus de consommation qu'on, lui reproche, et dont elle n'est que le moyen, ne peuvent lui être attribués : ils viennent du libre arbitre de l'homme, et tombent sous le blâme du moraliste ; l'économie sociale n'a point à s'en occuper. Le désordre ici accuse l'homme : l'institution est irréprochable.

Nous touchons à la, seconde face de la question.

Si la rente est l'honoraire de la propriété, elle est une exaction sur la culture ; car en conférant une rétribution sans travail, elle déroge à tous les principes de l'économie sociale sur la production et l'échange. L'origine de la rente, comme de la propriété, est, pour ainsi dire, extra-économique : elle réside dans des considérations de psychologie et de morale, qui ne tiennent que de fort loin à la production de la richesse, qui même renversent la théorie de la richesse ; c'est un pont jeté sur un autre monde en faveur du propriétaire, et sur lequel il est défendu au colon de le suivre. Le propriétaire est un demi-dieu ; le colon n'est toujours qu'un homme.

C'est là, c'est dans cette opposition logique, ainsi que nous le démontrerons plus tard, qu'est le véritable abus, la contradiction inhérente à la propriété. Mais, comme nous l'avons appris, cette contradiction est l'annonce d'une conciliation prochaine. [...]

Au début de la société, lorsque l'homme, nouveau sur la terre, n'avait devant lui que l'immensité des forêts, que la terre était vaste, et que l'industrie commençait à naître, la rente dut être nulle.

La terre, non encore façonnée par le travail, était un objet d'utilité; ce n'était pas une valeur d'échange. Elle était commune, non sociale. Peu à peu la multiplication des familles et le progrès de l'agriculture firent sentir le prix de la terre. Le travail vint donner au sol sa valeur : de là naquit la rente. Plus, avec la même quantité de services, un champ put rendre de fruits, plus il fut estimé : - aussi la tendance des propriétaires fut-elle toujours de s'attribuer la totalité des produits du sol, moins le

Pierre-Joseph Proudhon

salaire du fermier, c'est-à-dire, moins les frais de production.

Ainsi la propriété vient à la suite du travail pour lui enlever tout ce qui, dans le produit, dépasse les frais réels. Le propriétaire remplissant un devoir mystique et représentant vis-à-vis du colon la communauté, le fermier n'est plus, dans les prévisions de la Providence, qu'un travailleur responsable, qui doit rendre compte à la société de tout ce qu'il recueille en sus de son salaire légitime; et les systèmes de fermage et métayage, baux à cheptel, baux emphytéotiques, etc., sont les formes oscillatoires du contrat qui se passe alors, au nom de la société, entre le propriétaire et le fermier. La rente, comme toutes les valeurs, est assujettie à l'offre et à la demande; mais, comme toutes les valeurs aussi, la rente a sa mesure exacte, laquelle s'exprime au bénéfice du propriétaire et au préjudice du laboureur, par la totalité du produit, déduction faite des frais de production.

Par essence et destination, la rente est donc un instrument de justice distributive, l'un des mille moyens que le génie économique met en oeuvre pour arriver à l'égalité. C'est un immense cadastre exécuté contradictoirement par les propriétaires et fermiers, sans collusion possible, dans un intérêt supérieur, et dont le résultat définitif doit être d'égaler la possession de la terre entre les exploiteurs du sol et les industriels. La rente, en un mot, est cette loi agraire tant désirée, qui doit rendre tous les travailleurs, tous les hommes, possesseurs égaux de la terre et de ses fruits.

Il ne fallait pas, moins que cette magie de la propriété pour arracher au colon l'excédent de produit qu'il ne se peut empêcher de regarder comme sien, et dont il se croit exclusivement l'auteur. La rente, ou pour mieux dire la propriété, a brisé l'égoïsme agricole et créé une solidarité que nulle puissance, nul partage de la terre n'aurait fait naître.

Par la propriété, l'égalité entre tous les hommes devient définitivement possible; la rente opérant entre les individus comme la douane entre les nations, toutes les causes, tous les prétextes d'inégalité disparaissent, et la société n'attend plus que le levier qui doit donner l'impulsion à ce mouvement. Comment au propriétaire mythologique succédera le propriétaire authentique ? Comment, en détruisant la propriété, les hommes deviendront-ils tous propriétaires ? Telle est désormais la question à résoudre, mais question insoluble sans la rente.

Car le génie social ne procède point à la façon des idéologues et par des abstractions stériles ; il ne s'inquiète ni d'intérêts dynastiques, ni de raison d'État, ni de droits électoraux, ni de théories représentatives, ni de sentiments humanitaires ou patriotiques. Il personnifie ou réalise toujours ses idées : son système se développe en une suite d'incarnations et de faits et pour constituer la société, il s'adresse toujours à l'individu. Après la grande époque du crédit, il fallait rattacher l'homme à la terre : le génie social institue la propriété. Il s'agissait ensuite d'exécuter le cadastre du globe : au lieu de publier à son de trompe une opération collective, il met aux prises les intérêts individuels, et de la guerre du colon et du rentier résulte pour la société le plus impartial arbitrage. A présent, l'effet moral de la propriété obtenu, reste à faire la distribution de la rente. Gardez-vous de convoquer des assemblées primaires, d'appeler vos orateurs et vos tribuns, de renforcer votre police, et, par cet appareil dictatorial, d'effaroucher le monde. Une simple mutualité d'échange, aidée de quelques combinaisons de banque, suffira... Aux grands, effets les plus simples moyens : c'est la loi suprême de la société et de la nature.

La propriété est le monopole élevé à sa deuxième puissance ; c'est, comme le monopole, un fait spontané, nécessaire, universel. Mais la propriété a la faveur de l'opinion, tandis que le monopole est regardé avec mépris : nous pouvons juger, par ce nouvel exemple, que comme la société s'établit par la lutte, de même la science ne marche que poussée par la controverse. C'est ainsi que la concurrence a été tour à tour exaltée et bafouée; que l'impôt, reconnu nécessaire par les économistes, déplaît pourtant aux économistes ; que le prêt à intérêt a été succes-sivement condamné et applaudi; que la balance du commerce, les machines, la division du travail, ont excité tour à tour l'approbation et la malédiction publiques. La propriété est sacrée, le monopole est flétri : quand verrons-nous la fin de nos préjugés et de nos inconséquences?

Pierre-Joseph Proudhon

Comment la propriété se déprave.

Par la propriété, la société a réalisé une pensée utile, louable, d'ailleurs fatale : je vais prouver qu'en obéissant à une nécessité invincible, elle s'est jetée dans une hypothèse impossible. [...]

Sans doute la raison collective, obéissant à l'ordre du destin qui lui prescrivait, par une série d'institutions providentielles, de consolider le monopole, a fait son devoir : sa conduite est irréprochable, et je ne l'accuse pas. C'est le triomphe de l'humanité de savoir reconnaître ce qu'il y a en elle de fatal, comme le plus grand effort de sa vertu est de savoir s'y soumettre. Si donc la raison collective, en instituant la propriété, a suivi sa consigne, elle ne mérite point de blâme: sa responsabilité est à couvert.

Mais cette propriété, que la société, forcée et contrainte, si j'ose ainsi dire, a mise au jour, qui nous garantit qu'elle durera ? Ce n'est point la société, qui l'a conçue d'en haut, et n'a pu y ajouter, retrancher ou modifier quoi que ce soit. En la conférant à l'homme, elle a laissé à la propriété ses qualités et ses défauts ; elle n'a pris aucune précaution ni contre ses vices constitutifs, ni contre les forces supérieures qui peuvent la détruire. Si la propriété en elle-même est corruptible, la société n'en sait rien, elle n'y peut rien. Si cette propriété est exposée aux attaques d'un principe plus puissant, la société n'y peut pas davantage. Comment, en effet, la société remédierait-elle au 'vice propre de la propriété, puisque la propriété est fille du destin ? et comment la protégerait-elle contre une idée plus haute, alors qu'elle-même ne subsiste que par la propriété, ne conçoit rien au-dessus de la propriété ? [...]

La propriété est le droit d'user et d'abuser, en un mot le DESPOTISME. Non pas que le despote soit présumé avoir jamais l'intention de détruire la chose. Par abus, le législateur a voulu dire que le propriétaire a le droit de se tromper dans l'usage de ses biens, sans qu'il puisse jamais être recherché pour ce mauvais usage, sans qu'il soit responsable devant personne de son erreur. Le propriétaire est toujours censé agir dans son plus grand intérêt; et c'est afin de lui laisser plus de liberté dans la poursuite de cet intérêt, que la société lui a conféré le droit d'user et d'abuser de son monopole. jusque-là donc le domaine de propriété est irrépréhensible.

Mais rappelons-nous que ce domaine n'a pas été concédé seulement au respect de l'individu : il existe, dans l'exposé des motifs de la concession, des considérations toutes sociales; le contrat est synallagmatique entre la société et l'homme. Cela est tellement vrai, tellement avoué même des propriétaires, que toutes les fois qu'on vient attaquer leur privilège, c'est au nom, et seulement au nom de la société qu'ils le défendent.

Or, le despotisme propriétaire donne-t-il satisfaction à la société? Car s'il en était autrement, la réciprocité étant illusoire, le pacte serait nul, et tôt ou tard ou la propriété on la société périrait. [...]. Voilà la question.

Et c'est à quoi je réponds sans crainte de démenti :

Il est indubitable, au point de vue de la liberté individuelle, que la concession de la propriété est radicalement nulle, parce qu'elle implique de la part du concessionnaire certaines obligations qu'il lui est facultatif de remplir ou de ne remplir pas. Or, en vertu du principe que toute convention fondée sur l'accomplissement d'une condition non obligatoire n'oblige pas, le contrat tacite de propriété, passé entre le privilégié et l'État, aux fins que nous avons précédemment établies, est manifestement illusoire ; il s'annule par la non-réciprocité, par la lésion d'une des parties. Et comme, en fait de propriété, l'accomplissement de l'obligation ne peut être exigible sans que la concession elle-même soit par cela seul révoquée, il s'ensuit qu'il y a contradiction dans la définition et incohérence dans le pacte. Que les contractants, après cela, s'obstinent à maintenir leur traité, la force des choses se charge de leur prouver qu'ils font oeuvre inutile : malgré qu'ils en aient, la fatalité de leur antagonisme ramène entre eux la discorde.

Tous les économistes signalent les inconvénients pour la production agricole du morcellement du territoire. D'accord en cela avec les socialistes, ils verraient avec joie une exploitation d'ensemble qui, opérant sur une large échelle, appliquant les procédés puissants de l'art et faisant d'importantes économies sur le matériel, doublerait, quadruplerait peut-être le produit. Mais le propriétaire, Veto, dit-il, je ne veux pas. Et comme il est dans son droit, comme personne au monde ne sait le moyen de changer ce droit autrement que par l'expropriation, et que l'expropriation c'est le néant, le législateur, l'économiste, le prolétaire, reculent avec effroi devant l'inconnu, et se contentent de saluer de loin les moissons promises. [...]

Donc il s'en faut de six millions de propriétaires, onze millions de cotes foncières, et cent vingt-trois millions de parcelles, que l'ordre ne règne dans l'agriculture, et qu'au lieu de 56 centimes et demi par tête et par jour, nous ayons 2 fr. 25, ce qui nous rendrait tous riches.

Et pourquoi ces cent quarante millions d'oppositions à la richesse publique? Parce que le concert dans le travail détruirait le charme de la propriété ; parce que hors de la propriété notre œil n'a rien vu, notre oreille rien entendu, notre cœur rien compris.; parce qu'enfin nous sommes propriétaires.

La propriété fait donc obstacle au travail et à la richesse, obstacle à l'économie sociale : il n'y a plus guère que les économistes et les gens de loi que cela étonne. je cherche comment je pourrais le leur faire entrer dans l'esprit, d'un seul coup, sans phrases...

Supposons que le propriétaire, par une libéralité chevaleresque, cède à l'invitation de la science, permette au travail d'améliorer et de multiplier ses produits. Un bien immense en résultera pour les journaliers et campagnards, dont les fatigues, réduites de moitié; se trouveront encore, par l'abaissement du prix des denrées, payées doubles.

Mais le propriétaire : je serais bien sot, dit-il, d'abandonner un bénéfice si net! Au lieu de cent journées de travail, je n'en payerai plus que cinquante : ce n'est pas le prolétaire qui profitera, c'est moi. - Mais alors, observez-vous, le prolétaire sera encore plus malheureux qu'auparavant, puisqu'il chômera une fois plus. - Cela ne me regarde pas, réplique le propriétaire. J'use de mon droit. Que les autres achètent du bien, s'ils peuvent, ou qu'ils aillent autre part chercher fortune, fussent-ils des milliers et des millions !

Tout propriétaire nourrit, au fond de son cœur, cette pensée homicide. Et comme par la concurrence, le monopole et le crédit, l'invasion s'étend toujours, les travailleurs se trouvent incessamment éliminés du sol : la propriété est la dépopulation de la terre.

Ainsi donc. la rente du propriétaire, combinée avec les progrès de l'industrie, change en abîme la fosse creusée sous les pieds du travailleur par, le monopole ; le mal s'aggrave avec le privilège. La rente du propriétaire n'est plus le patrimoine des pauvres, je veux dire cette portion du produit agricole qui reste après que les frais de culture ont été acquittés, et qui devait servir toujours comme d'une nouvelle matière d'exploitation au travail, d'après cette belle théorie qui nous montre le capital accumulé comme une terre sans cesse offerte à la production, et qui, plus on la travaille, plus elle semble s'étendre. La rente est devenue pour le propriétaire le gage de sa lubricité, l'instrument de ses solitaires jouissances. Et notez que le propriétaire qui abuse, coupable devant la charité et la morale, demeure sans reproche devant la loi, inattaquable en économie politique. Manger son revenu! quoi de plus beau, de plus noble, de plus légitime? Dans l'opinion du peuple comme dans celle des grands, la consommation improductive est la vertu par excellence du propriétaire. Tous les embarras de la société proviennent de cet égoïsme indélébile. [...]

La propriété est insociale, non seulement dans la possession, mais aussi dans la production. Maîtresse absolue des instruments de travail, elle ne rend que des produits imparfaits, frauduleux, détestables. Le consommateur n'est plus servi, il est volé pour son argent. - N'auriez-vous su, dit-on au propriétaire rural, attendre quelques jours de cueillir ces fruits, émonder ce blé, sécher ce foin, ne point mettre d'eau dans ce lait rincer vos futailles, soigner davantage vos récoltes, embrasser moins et faire mieux ? Vous êtes surchargé : remettez une partie de vos héritages. - Quelque sot! répond d'un air narquois le propriétaire. Vingt arpents mal façonnés rendent toujours plus que dix qui prendraient autant de temps, et doubleraient les frais. Avec votre système, la terre nourrirait une fois plus d'hommes : mais que me fait qu'il y ait plus d'hommes? il s'agit de mon revenu. Quant à la qualité de mes produits, ils seront toujours assez bons pour ceux qui les mangent. Vous vous croyez habile, mon cher conseiller, et vous n'êtes qu'un enfant. A quoi servirait d'être propriétaire, si l'on ne vendait que ce qui mérite d'être porté à la vente, et à juste prix encore ?... je ne veux pas.[...]

Pierre-Joseph Proudhon

Ainsi la propriété sépare l'homme de l'homme cent fois plus que ne faisait le monopole. Le législateur, dans une vue éminemment sociale, avait cru devoir donner à la possession de plus fortes garanties : et il se trouve qu'il a enlevé au travailleur jusqu'à l'espérance, en garantissant au monopoleur, à perpétuité, le fruit quotidien de ses rapines. Quel grand propriétaire n'abuse de sa force pour contraindre le petit ? Quel savant, constitué en dignité, ne retire un lucre de son influence et de son patronage ? Quel philosophe, accrédité dans les conseils, ne trouve moyen, sous prétexte de traduction, révision ou commentaire, de lever l'impôt sur la philosophie ? Quel inspecteur d'écoles n'est marchand d'abécédaires ? L'économie politique est-elle pure de tout commerce d'actions, et la religion de toute simonie ? J'ai eu l'honneur d'être chef d'imprimerie, et je vendais la douzaine de catéchismes, cinq feuilles in-12, trente sous. Depuis, l'évêque du lieu s'est attribué le monopole des livres de religion, et le prix du catéchisme est monté de quinze centimes à quarante : monseigneur réalise chaque année, sur ce seul article, un bénéfice net de 50 000 fr. Telle question n'a été mise au concours par l'académie que pour donner l'occasion d'un triomphe à monsieur tel; telle composition. n'a obtenu le prix que parce qu'elle venait de monsieur tel, professant les bonnes doctrines, c'est-à-dire exerçant l'art de la flagornerie auprès de messieurs tels, tels, tels. La science titrée barre le chemin à la science roturière le chêne oblige le roseau à lui faire la révérence la religion et la morale s'exploitent par privilège, comme le plâtre et la houille; le privilège atteint jusqu'aux prix de vertu, et les couronnes décernées au théâtre Mazarin, pour l'encouragement de la, jeunesse et le progrès de la science, ne sont plus que l'insigne de la féodalité académique. [...]

Ainsi la propriété devient plus insociale à mesure qu'elle se distribue sur un plus grand nombre de têtes. Ce qui semble devoir adoucir, humaniser la propriété, le privilège collectif, est précisément ce qui montre la propriété dans sa hideur : la propriété divisée, la propriété impersonnelle, est la pire des propriétés. Qui ne s'en aperçoit aujourd'hui que la France se couvre de grandes compagnies, plus redoutables, plus avides de butin, que les bandes fameuses dont le brave Duguesclin délivra la France !...

Gardons-nous de prendre pour association la communauté de

propriété. Le propriétaire-individu peut encore se montrer accessible à la pitié, à la justice, à la honte ; le propriétaire-corporation est sans entrailles, sans remords. C'est un être fantastique, inflexible, dégagé de toute passion et de tout amour, qui agit dans le cercle de son idée comme la meule dans sa révolution écrase le grain. Ce n'est point en devenant commune que la propriété peut devenir sociale : on ne remédie point à la rage, en faisant mordre tout le monde. La propriété finira par la transformation de son principe, non par une coparticipation indéfinie. Et c'est pourquoi la démocratie, ou système de la propriété universelle, que quelques hommes, aussi intraitables qu'aveugles, s'obstinent à prêcher au peuple, est impuissante à créer la société. [...]

Travaillez, répètent, sans cesse au peuple les économistes ; travaillez, épargnez, capitalisez, devenez à votre tour propriétaires. Comme s'ils disaient : Ouvriers, vous êtes les recrues de la propriété. Chacun de vous porte dans son sac la verge qui sert à le corriger, et qui peut lui servir un jour à corriger les autres. Élevez-vous par le travail jusqu'à la propriété; et quand vous aurez goûté de la chair humaine, vous ne voudrez plus d'autre viande, et vous réparerez vos longues abstinences.

Tomber du prolétariat dans la propriété! de l'esclavage dans la tyrannie, c'est-à-dire, suivant Platon, toujours dans l'esclavage! quelle perspective! Et pourtant il le faut, la condition de l'esclave n'est plus tenable. Il faut marcher, s'affranchir du salariat, devenir capitaliste, devenir tyran! Il le faut, entendez-vous, prolétaires? La propriété n'est point chose d'élection dans l'humanité, c'est l'ordre absolu du destin. Vous ne serez libres qu'après vous être rachetés, par l'asservissement de vos maîtres, de la servitude qu'ils font peser sur vous.

La propriété, qui devait nous rendre libres, la propriété nous fait donc prisonniers. Que dis-je ? elle nous dégrade, en nous rendant valets et tyrans les uns des autres.[...]

Ainsi la propriété, qui devait consommer l'union sainte de l'homme et de la nature, n'aboutit qu'à une infâme prostitution. Le sultan use et abuse de son esclave : la terre est pour lui un instrument de luxure... je trouve ici plus qu'une métaphore, je découvre une profonde analogie.

Pierre-Joseph Proudhon

Qu'est-ce qui, dans les rapports des sexes, distingue le mariage du concubinage? Tout le monde sent la différence de ces deux choses ; peu de gens seraient en état d'en rendre compte, tant la question est devenue obscure par la licence des mœurs et l'effronterie des romans. [...]

Or de même que par l'intervention mystique de la société, l'amour impur devient amour chaste, et que la fornication désordonnée se transforme en un mariage paisible et saint ; de même, dans l'ordre économique et dans les prévisions de là société, la propriété, la prostitution du capital, n'est que le premier moment d'une possession sociale et légitime. jusque-là le propriétaire abuse plutôt qu'il ne jouit ; sa félicité est un songe lubrique : il étreint, il ne possède pas. La propriété est toujours cet abominable droit du seigneur qui souleva jadis le serf outragé, et que la Révolution française n'a pu abolir. Sous l'empire de ce droit, tous les produits du travail sont immondes : la concurrence est une excitation mutuelle à la débauche; les privilèges accordés au talent, le salaire de la prostitution. En vain, par sa police, l'État voudrait obliger les pères à reconnaître leurs enfants, et à signer les fruits honteux de leurs œuvres. La tache est indélébile : le bâtard conçu dans l'iniquité, annonce la turpitude de son auteur. Le commerce n'est plus qu'un trafic d'esclaves destinées, celles-ci au plaisir des riches, celles-là au culte de la Vénus populaire; et la société un vaste système de proxénétisme où chacun, découragé de l'amour, l'honnête homme parce que son amour est trahi, l'homme à bonnes fortunes parce que la variété des intrigues lui est un supplément de l'amour, se précipite et se roule dans l'orgie.

Abus! s'écrient les légistes, perversité de l'homme. Ce n'est pas la propriété qui nous rend envieux et cupides, qui fait bondir nos passions, et arme de ses sophismes notre mauvaise foi. Ce sont nos passions, ce sont nos vices, au contraire, qui souillent et corrompent la propriété.

J'aimerais autant qu'on me dît que ce n'est pas le concubinage qui souille l'homme, mais que c'est l'homme qui, par ses passions et ses vices, souille et corrompt le concubinage. Mais, docteurs, les faits que je dénonce sont-ils, ou non, de l'essence de la propriété? Ne sont-ils pas, au point de vue légal, irrépréhensibles, placés à l'abri de toute action judiciaire? Puis-je déférer au juge, faire assigner devant les tribunaux

Chapitre VII : La propriété

ce journaliste ,qui prostitue sa plume pour de l'argent? cet avocat, ce prêtre, qui vendent à l'iniquité, l'un sa parole, l'autre ses prières? ce médecin qui laisse périr le pauvre, si le pauvre ne dépose à l'avance l'honoraire exigé? ce vieux satyre qui frustre ses enfants pour une courtisane? Puis-je empêcher une licitation qui abolira la mémoire de mes pères, et rendra leur postérité sans aïeux, comme si elle était de souche incestueuse ou adultérine? Puis-je contraindre le propriétaire, sans le dédommager au delà de ce qu'il possède, c'est-à-dire sans ruiner la société, de se prêter aux besoins de la société?

[...] La propriété, précisément parce qu'elle est abusive, n'est-elle pas pour le législateur tout ce qu'il y a de plus sacré ? Conçoit-on une propriété dont la police déterminerait l'usage, réprimerait l'abus? Et n'est-il pas évident, enfin, que si l'on voulait introduire la justice dans la propriété, on détruirait la propriété ; comme la loi, en introduisant l'honnêteté dans le concubinage, a détruit le concubinage ?

La propriété, par principe et par essence, est donc immorale : cette proposition est désormais acquise à la critique. Conséquemment le Code, qui, en déterminant les droits du propriétaire, n'a pas réservé ceux de la morale, est un code d'immoralité; la jurisprudence, comme prétendue science du droit, qui n'est autre que la collection des rubriques propriétaires, est immorale. Et la justice, instituée pour protéger le libre et paisible abus de la propriété; la justice, qui ordonne de prêter main-forte contre ceux qui voudraient s'opposer à cet abus; *qui afflige et marque d'infamie* quiconque est assez osé que de prétendre réparer les outrages de la propriété, la justice est infâme. [...] La sanction pénale est infâme, la police infâme, le bourreau et le gibet infâmes. Et la propriété, qui embrasse toute cette série, la propriété, de qui est sortie cette odieuse lignée, la propriété est infâme.

Démonstration de l'hypothèse de Dieu par la propriété.

Si Dieu n'existait pas, il n'y aurait point de propriétaires : c'est la conclusion de l'économie politique.

Et la conclusion de la science sociale est celle-ci : La propriété est le crime de l'Être suprême. Il n'y a pour l'homme qu'un seul devoir,

Pierre-Joseph Proudhon

qu'une seule religion, c'est de renier Dieu. *Hoc est primum et maximum mandatum.*

Il est prouvé que l'établissement de la propriété parmi les hommes n'a point été chose d'élection et de philosophie : son origine, comme celle de la royauté, comme celle des langues et des cultes, est toute spontanée, mystique, en un mot, divine. La propriété appartient à la grande famille des croyances instinctives, qui, sous le manteau de la religion et de l'autorité, règnent partout encore sur notre orgueilleuse espèce. La propriété, en un mot, est elle-même une religion. Interrogée sur elle-même, elle répond par le fait de son existence ; elle s'explique par des légendes, et donne des allégories pour des preuves. Enfin la propriété, comme toute religion encore, est soumise à. la loi de développement. Ainsi on la voit tour à tour simple droit d'usage et d'habitation, comme chez les Germains et les Arabes; possession patrimoniale, inaliénable à perpétuité, comme chez les juifs féodale et emphytéotique comme au moyen âge absolue et circulable à la volonté du propriétaire, telle à peu près que la connurent les Romains, et que nous l'avons aujourd'hui. Mais déjà la propriété, parvenue à son apogée, tourne vers son déclin : attaquée par la commandite, par les nouvelles lois d'hypothèque, par l'expropriation pour cause d'utilité publique, par les innovations du crédit agricole, par les nouvelles théories sur le louage, etc., le moment approche où elle ne 'sera bientôt plus que l'ombre d'elle-même.

A ces traits généraux, on ne peut méconnaître le caractère religieux de la propriété.

Ce caractère mystique et progressif se montre surtout dans l'illusion singulière que la propriété cause à ses propres théoriciens, et qui consiste en ce que plus on développe, réforme et améliore la propriété, plus on en avance la ruine, et qu'on s'imagine toujours y croire davantage alors qu'en réalité l'on y croit moins : illusion qui, du reste, est commune à toutes les religions. [...]

Ainsi la propriété, une fois qu'on a cessé de la défendre dans sa brutalité originelle, et qu'on parle de la discipliner, de la soumettre à la morale, de la subordonner à l'État, en un mot de la socialiser, la propriété périclite, elle périt. Elle périt, dis-je, parce qu'elle est, progressive ; parce que son idée est incomplète et que sa nature n'a rien de définitif ; parce qu'elle est le moment principal d'une série dont l'ensemble. seul peut donner une idée vraie, en un mot parce qu'elle est une religion. Ce qu'on a l'air de conserver, et qu'en réalité l'on poursuit sous le nom de propriété, n'est plus la propriété ; c'est une forme nouvelle de possession, sans exemple dans le passé, et que l'on s'efforce de déduire des principes ou motifs présumés de la propriété, en suite de cette illusion de logique qui nous fait toujours supposer à l'origine ou à la fin d'une chose ce qu'il faut chercher dans la chose même, savoir, sa signification et sa portée.

Mais si la propriété est une religion, et si, comme toute religion, elle est progressive, elle a, comme toute religion aussi, son objet propre et spécifique. Le christianisme et le bouddhisme sont les religions de la pénitence, ou de l'éducation de l'humanité ; le mahométisme est la religion de la fatalité ; la monarchie et la démocratie sont une seule et même religion, la religion de l'autorité ; la philosophie elle-même est la religion de la raison. Quelle est donc cette religion particulière, la plus tenace des religions, qui doit entraîner toutes les autres dans sa chute et toutefois ne périra que la dernière, à laquelle déjà ses sectateurs ne croient plus, la propriété ?

Puisque la propriété se manifeste par l'occupation et l'exploitation, qu'elle a pour but de fortifier et d'agrandir le monopole par le domaine et l'hérédité, qu'au moyen de la rente elle recueille sans travail, et par l'hypothèque compromet sans caution, qu'elle est réfractaire à la société, que sa règle est le bon plaisir, et qu'elle doit périr par la justice, la propriété est la religion de la FORCE.

Les fables religieuses en portent témoignage. Caïn, le propriétaire, selon la Genèse, conquiert la terre par sa lance, l'entoure de pieux, s'en fait une propriété, et tue *Habel*, le pauvre, le prolétaire, fils comme lui d'Adam, l'homme, mais de caste inférieure, de condition servile. Ces étymologies sont instructives; elles en disent plus parleur naïveté que tous les commentaires. Les hommes ont toujours parlé la même langue; le problème de l'unité du langage est démontré par l'identité des idées qu'il exprime : il est ridicule de disputer sur des variantes de sons et de caractères.

Pierre-Joseph Proudhon

Ainsi d'après la grammaire, comme d'après la fable et d'après l'analyse, la propriété, religion de la force, est en même temps religion de la servitude. Suivant qu'elle s'empare à main année, ou qu'elle procède par exclusion et monopole, elle engendre deux sortes de servages : l'un, le prolétariat antique, résultat du fait primitif de la conquête ou de la division violente d'Adam, l'humanité, en *Caïn* et *Habel*, patriciens et plébéiens; l'autre, le prolétariat moderne, la classe ouvrière des économistes, amené par le développement des phases économiques, qui toutes se résument, comme on a vu, dans le fait principal de la consécration du monopole par le domaine, l'hérédité et la rente.

Or, la propriété, c'est-à-dire dans son expression la plus simple le droit de la force, ne pouvait longtemps garder sa grossièreté originelle; dès le premier jour, elle commença de composer sa physionomie, de se contrefaire, de se dissimuler sous une multitude de déguisements. Ce fut au point que le nom de propriétaire, synonyme dans le principe, de brigand et de voleur, est devenu à la longue, par la transformation insensible de la propriété, et par une de ces anticipations de l'avenir si fréquentes dans le style religieux, précisément le contraire de voleur et de brigand.[...]

On vole par usure.

Cette espèce, si odieuse autrefois dans l'Église et punie si sévèrement encore de notre temps, ne se distingue point du prêt à intérêt, l'un des ressorts les plus énergiques de la production, et forme la transition entre les vols défendus et les vols autorisés. Aussi donne-t-elle lieu, par sa nature équivoque, à une foule de contradictions dans les lois et dans la morale, contradictions fort habilement exploitées par les gens de palais, de finance et de commerce.

Ainsi l'usurier qui prête à 10 pour 100 sur hypothèque encourt une amende énorme, s'il est surpris; le, banquier qui perçoit le même intérêt, non, il est vrai, à titre de prêt, mais à titre de commission, est protégé par privilège royal. Il serait trop long d'énumérer toutes ces sortes de vols qui se commettent par la finance : qu'il suffise de dire que chez tous les peuples anciens la profession de changeur, banquier, publicain ou traitant était réputée peu honorable. Aujourd'hui les capitalistes qui placent leurs fonds soit sur l'État, soit dans le commerce, à intérêt perpétuel de 3, 4, 5 p. 100, c'est-à-dire qui perçoivent en sus du prix légitime du prêt un intérêt moins fort que les banquiers et usuriers, sont la fleur de la société. C'est toujours le même système : la modération dans le vol fait notre vertu.

On vole par constitution de rente, fermage, loyer, amodiation.

La rente considérée dans son principe et sa destination, est la loi agraire par laquelle tous les hommes doivent devenir propriétaires garantis et inamovibles du sol; quant à son importance, elle représente la portion de fruits qui excède le salaire du producteur, et qui appartient à la communauté. Durant là période d'organisation, cette rente est payée, au nom de la société qui se manifeste toujours par l'individualisation comme elle s'explique par des faits, au propriétaire. Mais le propriétaire fait plus que toucher la rente, il en jouit seul; il ne rend rien à la communauté, il ne partage point avec ses comparçonniers, il dévore, sans y mettre du. sien, le produit du travail collectif. Il y a donc vol, vol légal, si l'on veut, mais vol réel.

Il y a vol, dans le commerce et l'industrie, toutes les fois que l'entrepreneur retient à l'ouvrier quelque chose sur le salaire, on perçoit une bonification en sus de ce qui lui revient.

J'ai prouvé, en traitant de la valeur, que tout travail doit laisser un excédent; de sorte qu'en supposant la consommation du travailleur toujours la même, son travail devrait créer, en sus de sa subsistance, un capital toujours plus grand. Sous le régime de propriété, l'excédent du travail, essentiellement collectif, passe tout entier, comme la rente, au propriétaire : or, entre cette appropriation déguisée et l'usurpation frauduleuse d'un bien communal, où est la différence?

La conséquence de cette usurpation est que le travailleur, dont la part dans le produit collectif est sans cesse confisquée par l'entrepreneur, est toujours en débine, tandis que le capitaliste est toujours en bénéfice; que le commerce, l'échange de valeurs essentiellement égales, n'est plus que, l'art d'acheter 3 francs ce qui en vaut 6, et de vendre 6 francs ce qui en vaut 3 ; et que l'économie politique, qui soutient et prône

Pierre-Joseph Proudhon

ce régime, est la théorie du vol, comme la propriété, dont le respect entretient un pareil état de choses, est la religion et la force, Il est juste, disait récemment M. Blanqui à l'Académie des Sciences morales dans un discours sur les coalitions, que le travail participe aux richesses qu'il produit. Si donc il n'y participe pas, c'est injuste; et si c'est injuste, c'est volerie, et les propriétaires, sont des voleurs. Parlez donc clair, économistes ! ...

Ainsi la propriété, le droit *conventionnel,* aussi différent de la justice que l'éclectisme diffère de la vérité, et la valeur de la mercuriale, se constitue par une suite d'oscillations entre les deux extrêmes de l'injustice, la force brutale et la ruse perfide, entre lesquelles les contendants s'arrêtent toujours à une convention. Mais la justice vient à la suite du compromis; la convention exprimera tôt ou tard la réalité; le droit vrai se dégage incessamment du droit sophistique et arbitraire; la réforme s'opère par la lutte de l'intelligence et de la force; et c'est à ce vaste mouvement, dont le point de départ est dans les ténèbres de la sauvagerie, et qui expire le jour où la société s'élève à l'idée synthétique de la possession et de la valeur; c'est cet ensemble de transformations et de révolutions instinctivement accomplies et qui cherche sa solution scientifique et définitive, que j'appelle la religion de la propriété.

Mais si la propriété, spontanée et progressive, est une religion, elle est, comme la monarchie et le sacerdoce, de droit divin. Pareillement l'inégalité des conditions et des fortunes, la misère, est de droit divin; le parjure et le vol sont d'institution divine; l'exploitation de l'homme par l'homme est affirmation, que dis-je ? manifestation de Dieu.

Les vrais théistes sont les propriétaires; les défenseurs de la propriété sont tous les hommes craignant Dieu; les condamnations à la mort et à la gêne, qu'ils exécutent les uns sur les autres par suite de leurs malentendus sur la propriété, sont des sacrifices humains offerts au dieu de la force. Ceux-là, au contraire, qui annoncent la fin prochaine de la propriété, qui provoquent avec Jésus-Christ et saint Paul l'abolition de la propriété; qui raisonnent sur la production, la consommation et la distribution des richesses, sont les anarchistes et les athées; et la société, qui marche visiblement à l'égalité et à la science, la société est la négation incessante de Dieu.

Démonstration de l'hypothèse de Dieu par la propriété, et nécessité de l'athéisme pour le perfectionnement physique, moral et intellectuel de l'homme, tel est l'étrange problème qui nous reste à résoudre. Peu de mots suffiront : les faits sont connus, notre preuve est faite.

L'idée dominante, du siècle, l'idée aujourd'hui la plus vulgaire et la plus authentique est l'idée de PROGRÈS. Depuis Lessing, le progrès, devenu la base des croyances sociales, joue dans les esprits le même rôle qu'autrefois la révélation, qu'on dirait qu'il nie, tandis qu'il ne fait en réalité que la traduire. [...]

En face de cette idée sublime, féconde et hautement rationnelle du progrès, persiste et semble se raviver encore une autre idée, gigantesque, énigmatique, impénétrable à nos instruments dialectiques comme sont au télescope les profondeurs du firmament : c'est l'idée de Dieu.

Dieu est, hypothétiquement, l'éternel, le tout-puissant, l'infaillible, l'immuable, le spontané, en un mot, l'infini en toutes facultés, propriétés et manifestations. Dieu est l'être en qui l'intelligence et l'activité, élevées à une puissance infinie, deviennent adéquates et identiques à la fatalité même. Dieu donc est par essence antiprogressif et antiprovidentiel. [...] Mais Dieu, par sa qualité d'infini en tout sens, acquiert une spécification propre, par conséquent une possibilité d'existence résultant de son opposition à l'être fini, progressif et providentiel, qui le conçoit comme son antagoniste. Dieu, en un mot, n'ayant dans son concept rien de contradictoire, est possible, et il y a lieu de vérifier cette hypothèse involontaire de notre raison. [...]

Ce problème, insoluble au premier coup d'œil, contradictoire dans les termes, se réduit, si l'on prend la peine d'y réfléchir, au théorème suivant, dans lequel toute contradiction disparaît : Faire équation entre la fatalité et le progrès, de telle manière que l'existence infinie et l'existence progressive, adéquates l'une à l'autre, mais non pas identiques, et tout au contraire inverses, se pénétrant, mais ne se confondant pas, se servant mutuellement d'expression et de loi, nous apparaissent à leur tour, ainsi que l'esprit et la matière qui les constituent, mais sur une autre dimension, comme les deux faces inséparables et irréductibles de

Pierre-Joseph Proudhon

l'être.

On a vu, et nous avons eu soin d'en faire plus d'une fois la remarque, que dans la science sociale les idées sont toutes également éternelles et évolutives, simples et complexes, aphoristiques et subordonnées. Pour une intelligence transcendante, il n'y a dans le système économique ni principe, ni conséquence, ni démonstration, ni déduction, la vérité est une et identique, sans condition d'enchaînement, parce qu'elle est vérité partout, sous une infinité d'aspects, et dans une infinité de théories et de systèmes.

C'est seulement par l'exposition didactique que la série des propositions se manifeste. La société est comme un savant qui, ayant la science logée dans son cerveau, l'embrasse dans son ensemble, la conçoit sans commencement ni fin, la saisit simultanément et distinctement dans toutes ses parties, et leur trouve à chacune évidence et priorité égales. Mais ce même homme veut-il produire la science ? il est forcé de la dérouler en paroles, propositions et discours successifs, c'est-à-dire de présenter comme une progression ce qui lui apparaît comme un tout indivisible.

Ainsi, les idées de liberté, d'égalité, de tien et de mien, de mérite et démérite, de crédit et débit, de serviteur et maître, de proportion, de valeur, de concurrence, de monopole, d'impôt, d'échange, de division du travail, de machines, de douanes, de rente, d'hérédité, etc., etc., toutes les catégories, toutes les oppositions, toutes les synthèses nommées dès l'origine du monde dans. le vocabulaire économique, sont contemporaines dans la raison. Et cependant, pour constituer une science qui nous soit accessible, ces idées ont besoin d'être échelonnées selon une théorie qui nous les montre s'engendrant l'une l'autre, et qui ait son commencement, son milieu et sa fin. Pour entrer dans la pratique humaine et se réaliser d'une manière efficace, ces mêmes idées doivent se poser en une série d'institutions oscillantes, accompagnées de mille accidents imprévus et de longs tâtonnements. En un mot, comme dans la science, il y a la vérité absolue et transcendantale et la vérité théorique, de même dans la société il y a tout à la fois fatalité et providence, spontanéité et réflexion, la seconde de ces deux puissances travaillant constamment à supplanter la première, mais ne faisant toujours en réalité que la même besogne.

La fatalité est donc une forme de l'être et de l'idée ; la déduction, le progrès, une autre forme.

Mais fatalité, progrès, ce sont des abstractions de langage que ne connaît point la nature, en qui tout est réalisé ou n'est pas. Il y a donc, dans l'humanité, l'être fatal et l'être Progressif, inséparables, mais distincts; opposés, antagonistes, mais à jamais irréductibles.

En tant que créatures douées d'une spontanéité irréfléchie et involontaire, soumises aux lois d'un, organisme physique et social, ordonné de toute éternité, immuable dans ses termes, irrésistible dans son ensemble, et qui s'accomplit et se réalise par développement et croissance ; en tant que nous vivons, grandissons et mourons, que nous travaillons, échangeons, aimons, etc., nous sommes l'être fatal. Nous sommes sa substance, son âme, son corps sa figure, au même titre et ni moins ni plus que les animaux, les plantes et les pierres.

Mais en tant que nous observons, réfléchissons, apprenons et agissons en conséquence; que nous nous soumettons la nature et devenons maîtres de nous-mêmes, nous sommes l'être progressif, nous sommes hommes. Dieu, est la base, la substance éternelle de la société ; et la société est l'être fatal en perpétuelle émission de lui-même. La physiologie représente, quoique imparfaitement, cette dualité, dans sa distinction si connue de la vie *organique* et de la vie de *relation*. Dieu n'existe pas seulement dans la société, il est dans toute la nature : mais c'est seulement dans la société que Dieu est aperçu, par son opposition avec l'être progressif ; c'est la société, c'est l'homme qui par son évolution fait cesser le panthéisme originel, et c'est pourquoi le naturaliste qui se plonge et s'absorbe dans la physiologie et la matière, sans étudier jamais ni la société ni l'homme, perd peu à peu le sentiment de la divinité. Tout est Dieu pour lui, c'est-à-dire, il n'y a point de Dieu.

Dieu et l'homme, divers de nature, se distinguent donc par leurs idées et leurs actes, en un mot, par leur langage.

Le monde est la conscience de Dieu. Les idées ou faits de conscience en Dieu sont l'attraction, le mouvement, la vie, le nombre, la mesure, l'unité, l'opposition, la progression, la série, l'équilibre : toutes ces idées conçues et produites éternellement, par conséquent sans succession, prévoyance ni erreur. Le langage de Dieu, les signes de ses idées, sont tous les êtres et leurs phénomènes.

Les idées ou faits de conscience chez l'homme sont l'attention, la comparaison, la mémoire, le jugement, le raisonnement, l'imagination, le temps, l'espace, la causalité, le beau et le sublime, l'amour et la haine, la douleur et la volupté. Ces idées, l'homme les produit au dehors par des signes spécifiques : langues, industrie, agriculture, sciences et arts, religions, philosophies, lois, gouvernements, guerres, conquêtes, cérémonies joyeuses et funèbres révolutions, progrès.

Les idées de Dieu sont communes à l'homme, qui vient de Dieu comme la nature; qui n'est même que la conscience de la nature ; qui prend les idées de Dieu pour principes et matériaux de toutes les siennes, et convertit en son être et s'assimile incessamment la substance divine. Mais les idées de l'homme sont étrangères à Dieu, qui ne comprend pas notre progrès, et pour qui tous les produits de notre imagination sont des monstres, des néants. C'est pourquoi l'homme parle la langue de Dieu comme la sienne propre, tandis que Dieu est impuissant à parler la langue de l'homme ; et nulle conversation, nul pacte entre eux n'est possible. C'est pourquoi tout ce qui dans l'humanité vient de Dieu, s'arrête à Dieu ou retourne à Dieu, est hostile à l'homme, nuisible à son développement et à sa perfection.

Dieu crée le monde, chasse, pour ainsi dire, l'homme de son sein, parce qu'il est puissance infinie, et que son essence est d'engendrer éternellement le progrès. Dieu et l'homme sont donc nécessaires l'un à l'autre, et l'un des deux ne peut être nié sans que l'autre disparaisse en même temps. Que serait le progrès sans une loi absolue et immuable ? Que serait la fatalité, si elle ne se déroulait au dehors ? Supposons, par impossible, que l'activité en Dieu cesse tout à coup : la création rentre dans l'existence chaotique; elle revient à l'état de matière sans formes, d'esprit sans idées, de fatalité inintelligible. Dieu cesse d'agir, Dieu n'est plus.

Chapitre VII : La propriété

Mais Dieu et l'homme, malgré la nécessité qui les enchaîne, sont irréductibles ; ce que les moralistes ont appelé, par une pieuse calomnie, la guerre 'de l'homme avec lui-même, et qui n'est au fond que la guerre de l'homme contre Dieu, la guerre de la réflexion contre l'instinct, la guerre de la raison qui prépare; choisit et temporise, contre la passion impétueuse et fatale, en est la preuve irrécusable. L'existence de Dieu et de l'homme est prouvée par leur antagonisme éternel : voilà ce qui explique la contradiction des cultes, qui tantôt supplient Dieu d'épargner l'homme, de ne le point livrer à la tentation, comme Phèdre conjurant Vénus d'arracher de son cœur l'amour d'Hippolyte ; tantôt demandent à Dieu la sagesse et l'intelligence, comme le fils de David en montant sur le trône, comme nous le faisons encore dans nos messes du Saint-Esprit. Voilà ce qui explique, enfin, la plupart des guerres civiles et de religion, la persécution faite aux idées, le fanatisme des coutumes, la haine de la science, l'horreur du progrès, causes premières de tous les maux qui affligent notre espèce.

L'homme, en tant qu'homme, ne peut jamais se trouver en contradiction avec lui-même; il ne sent de trouble et de déchirement que par la résistance de Dieu qui est en lui. En l'homme se réunissent toutes les spontanéités de la nature, toutes les instigations de l'Être fatal, tous les dieux et les démons de l'univers. Pour soumettre ces puissances, pour discipliner cette anarchie, l'homme n'a que sa raison, sa pensée progressive : et voilà ce qui constitue le drame sublime dont les péripéties forment, par leur ensemble, la raison dernière de toutes les existences. La destinée de la nature et de l'homme est la métamorphose de Dieu : mais Dieu est inépuisable, et notre lutte éternelle,

Ne soyons donc pas surpris si tout ce qui fait profession de mysticité et de religion, tout ce qui relève on se réclame de Dieu, tout ce qui s'efforce de rétrograder vers l'ignorance primitive, tout ce qui préconise la satisfaction de la chair et le culte des passions, se montre partisan de la propriété, ennemi de l'égalité et de la justice. Nous sommes à la veille d'une bataille où tous les ennemis de l'homme seront conjurés contre lui, les sens, le cœur, l'imagination, l'orgueil, la paresse, le doute. La cause de la propriété est la cause des dynasties et des sacerdoces, de la démagogie et du sophisme, des improductifs et des parasites. Nulle hypocrisie, nulle séduction ne sera épargnée pour la défendre.

Pierre-Joseph Proudhon

Pour entraîner le peuple, on commencera par s'apitoyer sur sa misère; on excitera en lui l'amour et la tendresse, tout ce qui peut relâcher le courage et fléchir la volonté ; on élèvera au-dessus de la réflexion philosophique et de la science son heureux instinct. Puis on lui prêchera les gloires nationales ; on échauffera son patriotisme; on lui parlera de ses grands hommes, et peu à peu, au culte de la Raison, toujours proscrite, on substituera le culte des exploiteurs, l'idolâtrie des aristocrates.

Car le peuple, comme la nature, aime à réaliser ses idées : aux questions théoriques, il préfère les questions de personnes. [...] Il lui faut un Lafayette, un Mirabeau, un Napoléon, un demi-dieu. Il n'acceptera pas son salut des mains d'un commis, à moins qu'il ne l'habille en général. Aussi voyez comme le culte des idoles prospère! Voyez les fanatiques de Fourier et du bon Icar, grands hommes qui veulent organiser la société, et n'ont jamais pu établir une cuisine; voyez les démocrates, faisant consister la grandeur et la vertu dans un succès de tribune, toujours prêts à courir sur le Rhin, comme les Athéniens à Chéronée, à la voix de quelque Démosthène qui la veille aura reçu l'or de Philippe, et jettera son bouclier dans la bataille.

Des idées, des principes, de l'intelligence des faits accomplis, personne ne s'occupe : il semble que nous ayons déjà trop de la sagesse antique. La démocratie en est à Rousseau; les dynastiques et les légitimistes rêvent de Louis XIV; les bourgeois remontent jusqu'à Louis le Gros; les prêtres ne s'arrêtent qu'à Grégoire VII, et les socialistes à Jésus : c'est à qui reculera le plus loin. Dans cet affaissement universel, l'étude n'est plus, comme le travail parcellaire, qu'une manière de s'abrutir; la critique se réduit à d'insipides pantalonnades; toute philosophie expire. [...]

Chapitre IX : La communauté

La communauté procède de l'économie politique.

La première chose qui m'ait tenu en garde contre l'utopie communiste, mais dont les partisans plus ou moins accusés de cette utopie ne se doutent pas, c'est que la communauté est une des catégories de l'économie politique, de cette prétendue science que le socialisme a pour mission de combattre, et que j'ai définie la description des routines propriétaires. Comme la propriété est le monopole élevé à sa deuxième puissance, ainsi la communauté n'est autre chose que l'exaltation de l'État, la glorification de la police. Et de même que l'État s'est posé, à la cinquième époque, en réaction au monopole; tout de même, à la phase où nous sommes parvenus, le communisme apparaît pour faire échec à la propriété.

Le communisme reproduit donc, mais sur un plan inverse, toutes les contradictions de l'économie politique. Son secret consiste à substituer l'homme collectif à l'individu dans chacune des fonctions sociales, production, échange, consommation, éducation, famille. Et comme cette nouvelle évolution ne concilie et ne résout toujours rien, elle aboutit fatalement, aussi bien que les précédentes, à l'iniquité et à la misère.

Ainsi la destinée du socialisme est toute négative : l'utopie communiste, sortie de la donnée économique de l'État, est la contre-épreuve de la routine égoïste et propriétaire ! A ce point de vue, elle ne manque pas, il est vrai, d'une certaine utilité : elle sert à la science sociale, comme sert à la philologie l'opposition de RIEN à QUELQUE CHOSE. Le socialisme est une logomachie : je suis surpris que les économistes ne s'en soient pas aperçus. La communauté, comme la concurrence, l'impôt, la douane, la banque, est du ressort de l'économie politique; la communauté est au fond des théories de la division du travail, de la force collective, des frais généraux, des sociétés anonyme et en commandite, des caisses d'épargne et d'assurances, des banques de circulation et de crédit, etc., etc., etc. : la communauté, en un mot, est partout, comme l'espace, et n'est rien.

Pierre-Joseph Proudhon

Toutes les utopies sociales, depuis *l'Atlantide* de Platon jusqu'à l'Icarie de Cabet, pressées dans leur signification, se réduisent à cette substitution d'une antinomie à une autre antinomie. Le mérite, chez toutes, quant à l'invention, est zéro ; la broderie n'y est qu'un insignifiant accessoire ; et pour ce qui regarde la décadence de la faculté utopique signalée par vous chez les auteurs, elle vient uniquement des corrections que l'expérience leur impose, et qui sont autant d'apostasies de leur part. Du reste ces écrivains, dont je n'ai garde de méconnaître les intentions, sont tous d'insipides plagiaires des économistes, des propriétaires travestis qui, tandis que l'humanité gravit péniblement la montagne où elle doit se transfigurer, se donnent l'originalité de la redescendre.

Et c'est pour cela que je me ferais communiste! Mais ce serait me jeter dans le chimérique pour échapper à l'impossible, et par peur de Loyola, embrasser Cagliostro.

Définition de ce qui est PROPRE et de ce qui est COMMUN.

[...] Le soleil, l'air et la nier sont *communs : la* jouissance de ces objets présente le plus haut degré de communisme possible. Personne ne peut y planter de bornes, les diviser et délimiter. On a, remarque, non sans raison, que l'immensité de la distance, la profondeur impénétrable, l'instabilité perpétuelle, avaient pu seules les soustraire à l'appropriation. Telle et si grande est la force de cet instinct qui nous pousse à la division et à la guerre! Il résulte donc de cette première observation, chose précieuse pour la science, que la propriété est tout ce qui se définit, la communauté tout ce qui ne se définit pas !... Quel peut être, après cela, le point de départ du communisme ?

Les grands travaux de l'humanité participent à ce caractère économique des puissances de la nature. L'usage des routes, des places publiques, des églises, musées, bibliothèques, etc., est commun. Les frais de leur construction sont faits en commun, bien que la répartition de ces frais soit loin d'être égale, chacun y contribuant en raison précisément inverse de *sa* fortune. Par où l'on voit, chose précieuse à noter, qu'égalité et communauté ne sont pas même chose!... Certains économistes prétendent même que les travaux d'utilité publique devraient être exécutes par l'industrie privée, plus active, selon eux, plus diligente et moins chère : toutefois on n'est pas d'accord sur ce point. Quant à l'usage des objets, il reste invariablement commun : l'idée n'est jamais venue à personne que ces sortes de choses dussent être appropriées.

Les soldats mangent la soupe en commun; ils sont rationnés pour le pain et la viande, et reçoivent à part le fourniment, dont chacun est, pour ce qui le regarde, responsable. La salle de police et la chambrée, l'exercice et les manœuvres, leur sont aussi communs. Si quelqu'un parmi eux reçoit une gratification de sa famille, une avance du maquignon qui l'a vendu, il n'est point obligé d'en faire part à ses camarades. La vie militaire, d'un communisme assez prononcé, est mêlée çà et là de certains traits d'appropriation. [...] D'où je déduis cet autre principe, que la communauté qui ne tient qu'à la matière n'est pas une communauté. Pour triompher du communisme, il suffit que je me sépare mentalement de ce qui m'environne : fait grave, et qui donne de sérieuses inquiétudes pour l'avenir de l'utopie!

La vie conventuelle était d'un communisme plus profond. Là, le dortoir, le réfectoire, la prière, le travail, tous les biens, acquêts et conquêts, étaient communs. D'après un passage souvent cité des *Actes des apôtres* et l'esprit général des institutions cénobitiques, le comble de la perfection était l'entier détachement, la désappropriation absolue. On peut lire dans les *Vies des pères du désert* les exercices auxquels ils se livraient pour arriver à cet idéal. Mais, par une contradiction digne de remarque, certains instituteurs de communauté, tels que saint Pacôme et saint Antoine, en étaient venus, à force de raffiner sur le détachement, à *isoler* les frères, c'est à-dire à faire renaître de la renonciation communiste l'individualité. C'est ce qui fit donner aux frères ainsi disciplinés le nom de *moines, ou soli*taires. Nouvelle observation plus inquiétante encore : la communauté touche à l'égoïsme! [...]

Dans les établissements d'éducation pour les deux sexes, les repas, les heures de travail et de récréation sont communs. Mais ceci est plus grave que tout ce que nous avons eu déjà l'occasion d'observer, le travail est individuel ; car s'il n'était pas individuel, l'éducation serait nulle.

Tout le monde sait ce qu'était la lecture, c'est-à-dire l'enseignement

Pierre-Joseph Proudhon

dans les maisons religieuses. Pour accomplir ce devoir, un seul livre suffisait, un seul lecteur. Dans le système de la révélation, la foi venant par l'ouïe, *fides ex auditu,* l'intelligence reste passive ; l'instruction est commune au plus haut degré. Le communisme s'exprime alors par le silence. Le supérieur, organe de la pensée d'en-haut, parle ; le néophyte écoute et obéit. La perfection de l'institut religieux est d'inculquer au sujet une doctrine uniforme, de la présenter toujours dans les mêmes termes et avec les mêmes formules, de diriger son esprit, si par hasard il s'y manifestait quelque trouble, de manière à le faire arriver invariablement à la conclusion prévue. C'est cet esprit de discipline communiste que l'on a si niaisement reproché aux Jésuites, en cela disciples fidèles de la tradition catholique, et scrupuleux observateurs de la règle essentielle à toute communauté, à toute religion.

Quelle différence dans nos écoles! Depuis l'école primaire jusqu'à la normale, on ne cesse d'exercer les élèves à travailler SEULS. Si parfois on donne à tous la même composition, on exige que chacun la traite à *part,* et en *concurrence* ; *on* s'attache à faire penser le jeune homme par lui-même; tout en lui enseignant le fond commun de la science, on exige qu'il se *l'approprie* ; on excite sa faculté inventive ; on le provoque, pour ainsi dire, à l'égoïsme du génie, à la propriété des opinions. Et plus son érudition imberbe acquiert de formes *originales,* personnelles, factieuses, plus on applaudit à ses succès, plus on se félicite d'avoir produit un homme. Les parents et les maîtres se réjouissent de n'avoir pas perdu leurs avances ; et l'on dit à cet élève, dont les idées téméraires bouleverseront peut-être un jour la communauté, qu'il a payé les dépenses de sa jeunesse. Or, que l'éducation, de littéraire et scientifique, devienne encore professionnelle, il est clair qu'avec cette manie de faire des jeunes gens autant d'hommes originaux, capables d'initiative et de découverte, on s'éloigne de plus en plus du principe communiste, et qu'au lien de travailleurs fraternellement unis, nous n'aurons à la fin que des sujets ambitieux et d'indomptables caractères. J'appelle sur cette effrayante question les méditations des penseurs communistes.

A mesure que nous avançons dans cette enquête rapide, nous voyons que les hommes ont mélangé en proportions très diverses, dans leurs établissements politiques, religieux, industriels, militaires 'et pédagogiques, les principes de propriété et de communauté. Et tout cela s'est fait spontanément, tantôt par nécessité, tantôt par égoïsme, on dirait même quelquefois par accident, du moins sans intention appréciable. [...]

Au résumé, la communauté nous saisit à l'origine et s'impose fatalement à nous à l'égard des grandes puissances de la nature. Quant à son essence, la communauté répugne à la définition ; elle n'est pas la même chose que l'égalité; elle ne tient nullement à la matière, et dépend tout entière du libre arbitre ; elle se distingue de l'association, et touche à l'égoïsme. À peine l'industrie commence à naître, et le travail produit ses premières ébauches, la personnalité entre en lutte avec la communauté, qui nous apparaît dès lors, sur le seuil domestique et jusqu'au lit conjugal, déjà imparfaite et décroissante. Plus tard nous la trouvons incompatible avec une éducation libérale et vigoureuse; enfin, elle décline rapidement dans les fonctions salariées, et disparaît tout à fait dans le travail libre. Tout cela résulte de la nécessité des choses, autant que de la spontanéité de notre nature : les économistes l'avaient reconnu depuis longtemps. [...]

Quant aux avantages spéciaux de la vie en commun, voici quelle parait être, sur ce point, l'opinion générale :

À égalité de bien-être, si le travail, l'échange et la consommation s'effectuent dans une complète indépendance, la condition est jugée la meilleure possible.

Si le travail est exécuté en commun, et que la consommation reste privée, la condition parait déjà moins bonne, mais encore supportable : c'est celle de la plupart des ouvriers et fonctionnaires subalternes.

Si tout est rendu commun, travail, ménage, recette et dépense, la vie devient insipide, fatigante et odieuse.

Tel est le préjugé anticommuniste, préjugé qu'aucune éducation n'ébranle, qui se fortifie même par l'éducation, sans qu'on puisse découvrir comment cette éducation pourrait changer de principe; préjugé, enfin, dont les communistes paraissent tout aussi imbus que les propriétaires. Comment expliquer, sans cela, leurs hésitations ? Qui

Pierre-Joseph Proudhon

donc les empêche de réaliser entre eux, leur idée, et qu'est-ce qu'ils attendent ? Pour soumettre ma raison au principe communiste, je ne demande qu'une épreuve : qu'on me montre deux familles, maris, femmes, enfants, vivant ensemble confondus dans un parfaite communauté.

Mais le communisme ne s'entend pas lui-même le communisme est encore à comprendre quel doit être son rôle dans le monde. L'humanité, comme un homme ivre, hésite et chancelle entre deux abîmes, d'un côté la propriété, de l'autre la communauté : la question est de savoir comment elle franchira ce défilé, où la tête est saisie de vertiges et les pieds se dérobent. [...]

La communauté prend sa fin pour son commencement

Quelques disciples de M. Cabet, ayant entendu parler de l'existence ou de la possibilité d'une science sociale, écrivirent un jour à leur maître pour le prier d'exposer le dogme *communautaire* scientifiquement. Ils trouvaient que le roman d'Icarie, non plus que la Cité *du Soleil* ou le Phal*anstère*, *n'avaient* rien de scientifique. M. Cabet leur répondit par le Populaire de novembre 1844

« Mon principe, c'est la fraternité.
« Ma théorie, c'est la fraternité.
« Mon système, c'est la fraternité.
« Ma science, c'est la fraternité. »

M. Cabet commentait ensuite cette litanie 1 c'était touchant, c'était sublime. [...]

La fraternité, tel est donc le fait primordial, le grand fait naturel et cosmique, physiologique et pathologique, politique et économique, auquel se rattache, comme l'effet à sa cause, la communauté. L'analogie des mots, telle est la méthode, la théorie, la dialectique du socialisme. [...] On pourrait trouver peut-être, à cette série de mots vides, un plus grand nombre de moyens termes : ce qui est certain, c'est qu'elle aboutit toujours à la fraternité, laquelle nous est clairement manifestée par la différence des races humaines, principe et fondement de l'unité du genre. La *fraternité ou* la mort ! voilà ce que Robespierre aurait explique à la France, si les propriétaires de la Convention l'eussent laissé faire ; voilà ce que M. Cabet, héritier de ce grand homme, a lu en caractères flamboyants dans le livre des destinées. Nul, quoi que vous disiez, parmi les utopistes anciens et modernes, n'a pénétré plus avant les secrets de la science.

Comment donc, avec cette intelligence merveilleuse des causes premières, secondes et finales; comment, avec cette habileté sans égale à enfiler des phrases, le socialisme n'a-t-il jamais abouti qu'à inquiéter le monde, sans pouvoir rendre les hommes ni meilleurs, ni plus heureux ? Car enfin, si l'économie politique a pu être jugée par ses oeuvres, le socialisme court grand risque aujourd'hui d'être apprécié par son impuissance : il importe donc de nous rendre compte de la stérilité de l'utopie, comme nous avons fait des anomalies de la routine.

Pour quiconque a réfléchi sur le progrès de la sociabilité humaine, la fraternité effective, cette fraternité du cœur et de la raison, qui seule mérite les soins du législateur et l'attention du moraliste, et dont la fraternité de race n'est que l'expression charnelle; cette fraternité, dis-je, n'est point, comme le croient les socialistes, le principe des perfectionnements de la société, la règle de ses évolutions: elle en est le but et le fruit. La question n'est pas de savoir comment, étant frères d'esprit et de cœur, nous vivrons sans nous faire la guerre et nous entre-dévorer : cette question n'en serait pas une; mais comment, étant frères par la nature, nous le deviendrons encore par les sentiments ; comment nos intérêts, au lieu de nous diviser, nous réuniront. Voilà ce que le simple bon sens révèle à tout homme que l'utopie n'a pas rendu myope. Car ainsi que nous l'avons démontré par le tableau des contradictions économiques, le développement des institutions civilisatrices ayant pour résultat inévitable de jeter le trouble dans les passions, d'enflammer chez les hommes l'appétit concupiscible et l'appétit irascible, et de faire de ces anges de Dieu autant de bêtes. féroces, il arrive que de pauvres créatures, destinées au plaisir, à l'amour, se livrent de furieux combats, se ont d'horribles blessures ; et ce n'est pas chose facile que de poser entre elles les bases d'un traité de paix. Comment donc sera distribué le travail ? Quelle est la loi d'échange ? quelle est la sanction de la justice ? où commence la possession exclusive ? où finit-elle ? jusqu'où s'étend la communauté ? dans quelle proportion cet

Pierre-Joseph Proudhon

élément fait-il partie de l'organisme collectif, sous quelle forme et selon quelle loi ? comment, en un mot, deviendrons-nous frères ? Telle est à la fois la question préalable et le but final de la communauté. Ainsi la fraternité, la solidarité, l'amour, l'égalité, etc., ne peuvent résulter que d'une conciliation des intérêts, c'est-à-dire d'une organisation du travail et d'une théorie de l'échange. La fraternité est le but, non le principe de la communauté, comme de toutes les formes d'association et de gouvernement ; et Platon, Cabet, et ceux qui à la suite de ces deux sommités du socialisme, au lieu de nous enseigner les lois de la production et de l'échange, nous demandent du pouvoir et de l'argent, débutant dans l'utopie par la fraternité, la solidarité et l'amour, tous ces gens-là, dis-je, prennent l'effet pour la cause, la conclusion pour le principe ; ils commencent, comme dit le proverbe, leur maison par, les lucarnes. Car, encore une fois, qui empêche les socialistes de s'associer entre eux, si la fraternité suffit ? est-il besoin pour cela d'une permission du ministre, d'une loi des chambres ? Un si touchant spectacle édifierait le monde et ne compromettrait que l'utopie : ce dévouement serait-il au-dessus des courages communistes ?

Voilà, sans qu'ils fussent en état de s'en rendre compte, ce que sentaient au fond du cœur les citoyens qui se hasardèrent à interpeller M. Cabet. Mais ce fut aussi avec une grande supériorité de tactique que le maître leur répondit : Mon Principe, c'est la *fraternité; parce* que, sans ce renversement, il n'y avait plus de communisme. M. Cabet était sûr qu'après ce coup décisif on ne lui demanderait point quel était le principe de la fraternité, puisque c'eût été se jeter dans une suite de question à l'infini, et qu'il fallait en finir. [...]

La communauté est *impossible sans une loi de* répartition, et elle périt par la répartition.

Avec la communauté périt la famille ; et avec la famille disparaissent les noms d'époux et d'épouse, de pères et de mères, de fils et de filles, de frères et de sœurs : les idées de parenté et d'alliance, de société et de domesticité, de vie publique et de vie privée, s'effacent; tout un ordre de relations et de faits s'évanouit. Le socialisme, de quelque façon qu'il s'exprime, aboutit fatalement à cette simplicité ! Étrange théorie, qui, au lieu d'expliquer les idées, de déterminer les rapports, de formuler les droits, principes des obligations, les abroge ! Le communisme, ce n'est pas la science, c'est l'annihilation !

Le savant auteur d'Icarie accorde, pour certains cas, la permission de manger chez soi, en famille, le dîner servi par les fourgons et sommeliers de la république.

Pourquoi, demanderai-je encore, ne pas permettre à chaque ménage de cuire ses aliments, au lieu de les lui envoyer tout préparés de l'officine commune ? La communauté tient-elle à la chair cuite ou à la chair crue ? au pâté chaud ou au pâté froid ? Ou bien serait-ce quelque motif d'économie ? En ce cas dirai-je au législateur : Faites mon décompte, et donnez-moi, en nature et à mon choix, valeur égale à celle de mon repas. Qu'y aurait-il à redire ?

Nous voici donc revenus aux comptes courants, à la nécessité d'une règle de répartition et d'évaluation des produits, ce qui veut dire à la dissolution de la communauté. Car tout compte courant se balance par *doit* et *avoir*, en autres termes par *tien* et *mien*; toute répartition est synonyme d'individualisme. Say avait raison de dire que les richesses naturelles qui restaient communes n'étaient pas *distribuées,* dans le sens économique du mot, et que, s'il en était de même de tous les produits de la nature et du travail, la valeur vénale serait nulle, les conséquences qui en découlent disparaîtraient avec elle : il n'y aurait plus d'économie politique. Aussi les communistes ne repartissent point; leur science ne va pas jusque-là : *ils rationnent.* C'est une nouvelle catégorie de la science sociale qu'ils abolissent : VALEUR, échange, égalité, justice, achats et ventes, commerce, circulation, crédit, etc. Le communisme, pour subsister, supprime tant de mots, tant d'idées, tant de faits, que les sujets formés par ses soins n'auront plus besoin de parler, de penser ni d'agir : ce seront des huîtres attachées côte à côte, sans activité ni sentiment, sur le rocher... de la fraternité. Quelle philosophie intelligente et progressive que le communisme !

Pourtant, dans une communauté bien ordonnée, on devra connaître avec exactitude, et pour toute espèce de produit, les besoins de la consommation et les limites de la production. La proportionnalité des valeurs est la condition suprême de la richesse, autant pour les sociétés communistes, que pour les sociétés fondées sur la propriété ; et si l'homme refuse de tenir ses comptes, la fatalité comptera pour lui et ne laissera passer aucune erreur. Chaque corporation industrielle devra donc fournir un contingent proportionné à son personnel et à ses moyens, et déduction faite des sinistres et avaries : réciproquement, chaque manufacture et corps d'état recevra des autres foyers de production ses fournitures de tout genre, calculées au prorata de ses besoins. Telle est la condition *sine qua non* du travail et de l'équilibre : c'est, aurait dit Kant, l'impératif catégorique, le commandement absolu de la valeur.

Ainsi nous aurons à établir, au moins pour les ateliers, corporations, villes et provinces, une comptabilité. Pourquoi cette comptabilité, expression pure de la justice, ne s'appliquerait-elle pas aux individus aussi bien qu'aux masses ? Pourquoi la répartition, commencée aux grands corps de l'État, ne descendrait-elle pas aux personnes ? Est-ce que les travailleurs ont entre eux moins besoin de justice que la société ? Pourquoi s'arrêter dans la détermination du droit, alors que, pour rendre cette détermination complète, il ne reste plus à faire qu'une sous-division ? La raison de cet arbitraire, s'il vous plait ? C'est, je répondrai pour vous, car vous n'oseriez pas l'avouer, c'est qu'avec une pareille comptabilité, tout le monde étant libre, il n'y aurait plus de communauté. Qu'est-ce, en effet, qu'une communauté où le travail individuel s'apprécie, et la consommation par tête se compte ?

Ainsi la communauté, comme toute société de commerce, ne peut se dispenser d'avoir des livres; mais elle n'ouvre de comptes qu'aux corporations, elle n'en a pas pour les personnes. Un peu de justice lui est nécessaire, beaucoup de justice lui est funeste. La république fera ses inventaires : ce sera un crime contre la sûreté de l'État de dresser le bilan d'un citoyen! La nation et les provinces feront leurs échanges selon les lois absolues de la valeur; mais quiconque essayerait d'appliquer à lui-même et aux autres le même principe, serait considéré comme faux monnayeur et puni de mort. En personnifiant en lui la justice sociale, il aurait aboli la communauté!

Mais que dis-je ? le socialisme ne compte pas, il se refuse à compter. Ni plus ni moins que l'économie politique il affirme l'incommensurabilité de la valeur. Sans cela il comprendrait que ce qu'il poursuit à travers ses utopies est donné par la loi d'échange ; il chercherait la formule de cette loi; et comme la théologie après qu'elle a découvert le sens de ses mythes, comme la philosophie après qu'elle a construit sa logique, le socialisme, ayant trouvé la loi de la valeur, se connaîtrait lui-même et cesserait d'exister. Le problème de la répartition n'a été jusqu'à présent abordé de front par aucun écrivain socialiste : la preuve, c'est que tous ont conclu, comme les économistes, contre la possibilité d'une règle de répartition. Les uns ont adopté pour devise : A *chacun selon sa capacité, à chaque capacité selon ses œuvres,* mais se sont bien gardés de dire ni quelle était, selon eux, la mesure de la capacité, ni quelle était la mesure du travail. Les autres ont ajouté au travail et à la capacité un nouvel élément d'évaluation, le *capital,* autrement dit le MONOPOLE ; et ils ont prouvé une fois de plus qu'ils n'étaient que de vils plagiaires de la civilisation, bien qu'ils se fissent le plus remarquer par leurs prétentions à l'imprévu. Enfin, il s'est formé une troisième opinion qui, pour échapper à ces transactions arbitraires, substitue à la répartition la ration, et prend pour épigraphe : À *chacun selon ses besoins, dans la mesure des ressources sociales.* Par là, le travail, le capital et le talent se trouvent éliminés de la science; du même coup, la hiérarchie industrielle et la concurrence sont supprimées ; puis la distinction des travailleurs entre productifs *et improductifs,* tout le monde étant fonctionnaire publie, s'évanouit; la monnaie est définitivement proscrite, et avec elle tout signe représentatif de la valeur; le crédit, la circulation, la balance du commerce, ne sont plus que des mots dépourvus de sens sous ce règne de la fraternité universelle! *Et* je connais des gens, d'un véritable mérite, qui se sont laissé prendre à cette simplicité du néant!...

[...] La communauté est le terme fatal du socialisme ! Et c'est pour cela que le socialisme n'est rien, n'a jamais rien été, ne sera jamais rien;. car la communauté, c'est la négation dans la nature et dans l'esprit, la négation au passé, au présent et au futur.

La communauté est impossible, sans une loi d'organisation, et elle péri par l'organisation.

Rien de plus aisé à faire qu'un plan de communisme.

Pierre-Joseph Proudhon

La république est maîtresse de tout : elle distribue ses hommes, défriche, laboure, construit des magasins, des caves et des laboratoires; bâtit des palais, des ateliers, des écoles; fabrique toutes les choses nécessaires au vêtement, à la nourriture, au logement ; donne l'instruction et le spectacle, le tout *gratis*, à ce que l'on croit, et dans la mesure de ses ressources. Chacun est ouvrier national, et travaille au compte de l'État qui ne paye personne, mais qui prend soin de tout le monde, comme un père de famille fait de ses enfants. [...] Simple et péremptoire, on ne peut nier que ce mécanisme n'ait au moins l'avantage d'être à la portée de tout le monde. Aussi l'on s'aperçoit, en lisant les auteurs, qu'ils n'attendent de controverse que sur les heures de travail, le choix des costumes et autres détails de fantaisie, qui *ne font*, ajoutent-ils, *rien au système.*

Mais ce système, si simple au dire des utopistes, devient tout à coup d'une inextricable complication, si l'on réfléchit que l'homme est un être libre, réfractaire à la police et à la communauté, et que toute organisation qui fait violence à la liberté individuelle périra par la liberté individuelle. Aussi voit-on, dans les utopies socialistes, l'appropriation revenir toujours, et, sans respect pour la fraternité, troubler l'ordre communautaire.

On a vu M. Cabet permettre, le soir, la collation en famille. A cette concession, M. Cabet en ajoute une autre : le dimanche tout le monde est LIBRE ! Chacun dîne où il veut, chez soi, au restaurant ou à la campagne, *ad libitum*. Comme une bonne et indulgente mère, le législateur d'Icarie a senti la nécessité de se relâcher de temps à autre de la rigueur communiste : il a voulu rappeler aux citoyens qu'ils n'étaient pas seulement des *frères*, qu'ils étaient aussi des *personnes*. Le dimanche, il leur donne la liberté!

M. Cabet fait plus : à l'égard de l'agriculture, il réhabilite la petite exploitation, j'ai presque dit la petite propriété. En Icarie, l'agriculteur, fermier de la République, habite seul avec sa femme et ses enfants dans sa maisonnette et son coin de terre. je sais que bon nombre de communistes réprouvent ce système, sur lequel les économistes ne sont pas non plus d'accord. Mais je soutiens que si M. Cabet est hérétique, tous ses détracteurs le sont aussi, car vous n'admettrez pas qu'il y ait

Chapitre IX : La communauté

entre eux différence de principe, si je prouve qu'il existe seulement différence de forme. Prouvons donc, pour couper court, que toute organisation, communiste ou autre, implique nécessairement liberté et individualité du travail, de même que toute répartition implique proportionnalité et individualité du salaire, ce qui aboutit toujours à l'impossibilité de la communauté.

Le premier et le plus puissant ressort de l'organisation industrielle est la séparation des industries, autrement dite division du travail. [...] La division du travail n'agit pas simplement comme organe de production; elle exerce une influence essentielle sur l'esprit et le corps ; elle est la forme de notre éducation autant que de notre travail. Sous tous ces rapports on peut dire qu'elle est créatrice de l'homme aussi bien que de la richesse, qu'elle est nécessaire à l'individu autant qu'à la société, et qu'à l'égard du premier, comme de la seconde, la division du travail doit être appliquée avec toute la puissance et l'intensité dont elle est susceptible.

Mais, appliquer la loi de division, c'est fomenter l'individualisme, c'est provoquer la dissolution, de la communauté : il est impossible d'échapper à cette conséquence. Qu'aurait-on à répondre au citoyen qui viendrait faire cette proposition au gouvernement :

« La somme des services à fournir par le groupe dont je fais partie est 1 000;

« Le nombre des jours de travail pour l'année, 300 ;

« Nous sommes cinquante compagnons :

« [...] Je m'engage, sous caution de la part qui me revient dans la consommation générale, à fournir jour par jour, mois par mois, année par année, à la convenance du gouvernement, la fraction, augmentée d'un dixième, du travail collectif qui peut m'être assigné, et je demande en retour à devenir libre, à mes risques et périls, et à travailler seul. »

Ce citoyen, venant demander l'émancipation du travail et s'obligeant à payer la dîme de la liberté, serait-il déclaré suspect ? La liberté individuelle devrait-elle être proscrite au nom de la liberté générale,

Pierre-Joseph Proudhon

laquelle se compose de la somme des libertés individuelles ? Quel serait le motif de cette proscription ? Liberté, charme de mon existence, sans qui le travail est torture, et la vie une longue mort! c'est pour toi, que l'humanité combat dès l'origine, c'est pour ton règne que nous sommes en travail de cette nouvelle et grande révolution. Ne serais-tu donc que la mort de la conscience sous le, despotisme de la société; et, par peur de te perdre, faudra-t-il chaque jour que je t'immole ?

Dira-t-on que la liberté du travail ne se peut accorder, parce qu'elle implique l'appropriation, et avec l'appropriation, le monopole, l'usure, la propriété, l'exploitation de l'homme par l'homme ? - Je réplique aussitôt que si la liberté engendre ces abus, c'est faute d'une loi d'échange, faute d'une constitution de la valeur et d'une théorie de répartition qui, maintienne entre les consommateurs l'égalité, entre les fonctions l'équilibre. Or, qui est-ce qui s'oppose ici à la répartition ? qui est-ce qui repousse de toutes ses forces la théorie de la valeur et la loi de l'échange ? le communisme. En sorte que le communisme repousse la liberté du travail, parce qu'il lui faudrait une loi de répartition, et rejette ensuite la répartition, afin de conserver la communauté du travail : quel galimatias!

Organisation du travail, division ou liberté du travail, séparation des industries; tous ces termes sont synonymes. Or la communauté périt par la séparation des industries; donc la communauté est essentiellement organique, elle ne peut exister, elle ne renaîtra sur la terre que par la désorganisation. Car comment concevoir une séparation des industries qui ne sépare pas les industrieux, une division du travail qui ne divise pas les intérêts ? Comment sans responsabilité, et par conséquent sans liberté individuelle, assurer l'efficacité du travail et là fidélité du rendement ? Le travail, dites-vous, sera divisé; le produit seul sera commun. Cercle vicieux, pétition de principe, logomachie, absurdité. J'ai prouvé tout à l'heure que le travail ne pouvait être divisé sans que la consommation le fût, en autres termes, que la loi de division impliquait une loi de répartition, et que cette répartition, procédant par doit et avoir, synonyme de *tien* et de *mien*, était destructive de la communauté. Ainsi l'individualisme existe fatalement au sein de la communauté, dans la distribution des produits et dans la division du travail : quoi qu'elle fasse, la communauté est condamnée à périr, elle n'a que le choix d'abdiquer entre les mains de la justice 'en résolvant le problème de la valeur, ou de créer, sous le couvert de la fraternité, le despotisme du nombre à la place du despotisme de la force. [...]

La communauté éclectique, intelligente et inintelligible.

[...] Il n'y a rien dans l'utopie socialiste qui ne se retrouve dans la routine propriétaire, conformément au principe de l'école, *Nihil est in intellectu, quod prius non fuerit in sensu.* Le socialisme ne possède rien qui lui soit propre : ce qui le distingue, le constitue, le fait être ce qu'il est, c'est l'arbitraire et l'absurdité de ses emprunts.

Ainsi, qu'est-ce que la communauté ? c'est l'idée économique de l'État, poussée jusqu'à l'absorption de la personnalité et de l'initiative individuelle. Or le communisme n'a pas même compris la nature et la destination de l'État. En s'emparant de cette catégorie, afin de se donner à lui-même corps et visage, il n'a saisi de l'idée que le côté réactionnaire; il s'est manifesté dans son impuissance, en prenant pour type de l'organisation industrielle l'organisation de la police. L'État, s'est-il dit, dispose souverainement du service de ses employés, qu'en revanche il nourrit, loge et pensionne; donc l'État peut aussi exercer l'agriculture et l'industrie, nourrir et pensionner tous les travailleurs. Le socialisme, plus ignorant mille fois que l'économie politique, n'a pas vu qu'en faisant rentrer dans l'État les autres catégories du travail, par cela seul il changeait les producteurs en improductifs; il n'a pas compris que les services publics, précisément parce qu'ils sont publics, ou exécutés par l'État, coûtent fort au delà de ce qu'ils valent; que la tendance de la société doit être d'en diminuer incessamment le nombre; et que bien loin de subordonner la liberté individuelle à l'État, c'est l'État, la communauté, qu'il faut soumettre à la liberté individuelle.

Le socialisme a procédé de même dans tous ses plagiats. La famille lui offrait le type d'une communauté fondée sur l'amour et le dévouement: aussitôt il s'est hâté de transporter la famille, comme l'industrie et l'agriculture, dans l'État ; et la distinction des familles a fait place à la communauté de famille, comme la distinction des monopoles avait fait place à la communauté du monopole.

Pierre-Joseph Proudhon

Qu'y avait-il dans, la famille, avant que le socialisme l'eût absorbée dans l'indivision ? Il y avait le mariage, l'union de l'homme avec lui-même par la séparation des sexes, la société dans la solitude, un dialogue dans un monologue. C'était la consommation de la personnalité humaine. Le socialisme n'a vu là-dedans qu'une dérogation à son principe s'autorisant de la lascivité des sauvages et de la fréquence des adultères dans une civilisation en crise, il a remédié à tout en supprimant le mariage, et remplaçant l'inviolabilité de l'amour par la licence des accouplements.

La personnalité de l'homme ainsi réprimée dans l'amour et dans. le travail, la route semblait facile à l'organisation du travail et à la répartition des produits.

Organiser, distribuer le travail, quoi de plus facile ? Sans doute la division du travail est anticommuniste, en ce qu'elle approprie, à un degré si faible qu'on voudra, les fonctions à des groupes, et, dans les groupes, à des individus. Sans doute encore la communauté serait plus parfaite, si elle pouvait, éviter une pareille distribution. Mais cet inconvénient de l'appropriation du travail disparaîtra dans la désapprobation des produits. Nul ne pouvant s'attribuer exclusivement la possession des instruments de travail, ni les produits du travail, ni leur circulation, ni leur distribution, la communauté reste intacte, et tous les soins du gouvernement consistent dès lors à produire le plus, et avec le moins de frais possible.

Mais, avait observé l'économie politique, le problème de la division du travail ne consiste pas seulement à réaliser la plus grande somme de produits; il consiste encore à réaliser cette quantité sans préjudice physique, moral, ou intellectuel pour le travailleur. Or, il est prouvé que l'intelligence du travailleur est d'autant plus inclinée vers l'idiotisme, que le travail est plus divisé; et réciproquement que plus l'homme embrasse de choses dans ses combinaisons, en reportant sur d'autres les dégoûts de l'exécution et le soin des détails, plus sa raison se fortifie, plus son génie s'élève et domine. Comment donc concilier la nécessité d'une division parcellaire avec le développement intégral des facultés, développement qui pour chaque citoyen est un droit et un devoir, et pour tous une condition d'égalité; mais développement qui, par l'exaltation de la personnalité, est la mort du communisme.

Sur ce point le socialisme s'est montré aussi pauvre logicien que méprisable charlatan. A la division parcellaire il a ajouté la coupure des séances, jetant parcelles sur parcelles, incisions sur incisions, le trouble sur l'ennui, le tumulte sur l'insipidité. Il ne veut pas que les travailleurs aspirent tous à devenir *généralisateurs et synthétiques ; il* réserve cette distinction pour les natures privilégiées, dont il a fait, tantôt des exploiteurs, à la manière des propriétaires, À *chacun selon sa capacité, à chaque capacité selon ses œuvres,* tantôt des esclaves, *Les premiers seront comme les derniers, et les derniers comme les premiers.* Le socialisme n'a pas vu, ou plutôt il a trop bien vu que la division du travail était l'instrument du progrès et de l'égalité des intelligences en même temps que du progrès et de l'égalité des fortunes ; il repousse de toutes ses forces cette égalité qui lui répugne, parce qu'elle substitue au sacrifice obligatoire le sacrifice libre; et c'est pour cela que tantôt il place la capacité au-dessus du travail parcellaire, tantôt il la rejette au-dessous. En Icarie, comme dans Platon, comme au phalanstère, partout enfin dans les livres socialistes, la science et l'art sont traités comme SPÉCIALITÉS et corps de métiers : nulle part on ne les voit apparaître comme des facultés que l'éducation doit développer chez tous les hommes. [...]

Le socialisme pourtant a fait une découverte, celle du travail *attrayant.*

L'économie politique, en se révélant au monde comme science d'observation et d'expérience, avait du premier mot proclamé la sainteté du travail. Contre, l'autorité des religions elle avait dit que le travail n'était point une malédiction de Dieu, mais une condition de vie aussi nécessaire pour nous que le manger et le boire, l'amour, le jeu et l'étude. Les ouvrages de Say, Destutt de Tracy, Droz, Adam Smith, etc., sont pleins de cette idée. L'économie politique est la protestation de la pensée philosophique en faveur du travail, contre l'inertie barbaresque et la mythologie judaïque. Il suivait de là, et les économistes l'ont fort bien aperçu, que le travail, nécessaire à la société et à l'homme, fortifiant l'esprit et le corps, gardien des mœurs et de la santé, producteur de la richesse, principe du progrès et manifestation de l'activité humaine, n'avait UN soi, *a parte subjecti,* rien d'affligeant, et que si quelquefois il se trouvait accompagné de fatigue et de dégoût, cela provenait

Pierre-Joseph Proudhon

,uniquement de la qualité des, choses, *a parte rei,* auxquelles s'applique le travail, on d'un défaut de mesure dans l'exécution. La division parcellaire et l'uniformité d'action qui en est la suite, si énergiquement signalées par les économistes, sont des exemples bien connus de travail devenu répugnant. Que s'agissait-il donc de faire ? Supprimer ou couvrir ce que la matière du travail pouvait offrir de disgracieux, et diriger les exercices d'une manière qui satisfît à la fois le corps et l'esprit. Au lieu de cela, le socialisme a inventé le travail attrayant.

D'abord le travail, rendu plus agréable et plus facile, à ce qu'il dit, par l'extrême division, se changera en une fête perpétuelle par la musique, le chant, les conversations galantes, la lecture, la courte durée des séances, les évolutions et les joutes. Tel %est le régime établi en Icarie par M. Cabet, d'accord en cela avec tous les grands maîtres, Platon, Campanella, Mably, Morelly, Fourier, etc. Le socialisme, qui connaît merveilleusement ses bêtes, leur ménage toutes sortes de récréations : il en use avec le travail comme les donneurs de sérénade avec l'amour, lorsqu'à minuit, sous les fenêtres de la nouvelle épousée, ils réveillent par le jeu de leurs instruments ses sens assoupis. A ces agréments divers, la *Fraternité, no* de janvier 1845, joint la considération attachée au travail, plus la surveillance mutuelle. Il est clair que le socialisme ne demanderait pas mieux que de se débarrasser tout à fait du travail, et que c'est dans l'impossibilité absolue où il se trouve d'arriver à cet idéal du labeur attrayant, qu'il l'abrège, l'amoindrit, le varie, l'édulcore, l'assaisonne, finalement le rend obligatoire, sous peine de censure et de prison! Quels formidables génies que les inventeurs du travail attrayant!

Mais, chers maîtres, puisque vous voilà si fort en veine d'imitation, prenez donc note de ce que je vais vous dire et qui est vieux comme le monde: c'est que le travail, de même que l'amour dont il est une forme, porte en soi son attrait; qu'il n'a besoin ni de variété, ni de courte séance, ni de musique, ni de confabulations, ni de processions, ni de doux propos, ni de rivalités, ni de sergents de ville, mais seulement de liberté et d'intelligence ; qu'il nous intéresse, nous plaît et nous passionne, par l'émission de vie et d'esprit qu'il exige ; et que son plus fort auxiliaire est le recueillement, comme son plus grand ennemi la distraction. Publiez partout, pour l'encouragement de la paresse et l'édification de l'oisiveté, que bien loin qu'elle doive diminuer jamais, la somme du travail pour chacun de nous augmente sans cesse. Annoncez, enfin, que par le travail, comme par le mariage, la personnalité de l'homme est incessamment portée à son maximum d'énergie et d'indépendance, ce qui élimine la dernière probabilité du communisme. Toutes ces vérités sont l'A B C de la science économique, la philosophie pure du travail, la partie la mieux démontrée de l'histoire naturelle de l'homme.

Combien le socialisme, avec ses utopies de dévouement, de fraternité, de communauté, de travail attrayant, est encore au-dessous de l'antagonisme propriétaire, qu'il se flatte de détruire, et que cependant il ne cesse de copier!

Le socialisme, à le bien prendre, est la communauté du mal, l'imputation faite à la société des fautes individuelles, la solidarité entre tous des délits de chacun. La propriété, au contraire, par sa tendance, est la distribution commutative du bien et l'insolidarité du mal, en tant que le mal provient de l'individu. A ce point de vue, la propriété se distingue par une tendance a la justice, qu'on est loin de rencontrer dans la communauté.

Pour rendre insolidaires l'activité et l'inertie, créer la responsabilité individuelle, sanction suprême de la loi sociale, fonder la modestie des mœurs, le zèle du bien public, la soumission au devoir, l'estime et la confiance réciproques, l'amour désintéressé du prochain, pour assurer toutes ces choses, le dirais-je ? l'argent, cet *infâme* argent, symbole de l'inégalité et de la conquête, est un instrument cent fois plus efficace, plus incorruptible et plus sûr que toutes les préparations et les drogues communistes.

Les déclamateurs ont parlé de la monnaie comme le fabuliste parlait de la langue : ils lui ont attribué en même temps tous les biens et tous les maux de la société. C'est l'argent, ont dit les uns, qui bâtit les villes, qui gagne les batailles, qui fait le commerce, qui encourage les talents, qui rémunère le travail, et qui règle les comptes de la société. C'est l'argent, la rage de l'argent, *auri sacra lames,* ont répliqué les autres, qui est le ferment de tous nos vices, le principe de toutes nos trahisons, le secret de toutes nos bassesses. Si cet éloge et ce blâme étaient vrais, l'invention de la monnaie, la plus étonnante selon M. de Sismondi,

Pierre-Joseph Proudhon

la plus heureuse, dans mon opinion, qu'ait faite le génie économique, présenterait à l'analyse une contradiction; elle devrait, en conséquence, être rejetée et remplacée par une conception supérieure, plus morale et plus vraie. Mais il n'en est rien : les métaux précieux, le numéraire et les papiers de banque ne sont par eux-mêmes cause ni de bien ni de mal, la véritable cause est dans l'incertitude de la valeur, dont la constitution nous apparaît symboliquement dans la monnaie comme la réalisation-de l'ordre et du bien-être, et dont l'oscillation irrégulière, dans les autres produits, est le principe de toute spoliation et de toute misère.

L'argent, la première valeur socialement déterminée, se montre donc, jusqu'au jour de la constitution générale des valeurs, de laquelle doit naître pour tout travailleur la garantie parfaite de travail et du salaire, comme l'organe le plus parfait de la solidarité du bien et de l'insolidarité du mal, en autres termes, de la responsabilité individuelle et de la justice.

Vous voulez que je prenne confiance dans le travail, la diligence, la délicatesse de mes frères. Pas n'est besoin d'organiser une police, de créer un espionnage mutuel, d'ailleurs injurieux, impossible. Faites que pour chacun de nous le bien-être résulte exclusivement du travail, de telle sorte que la mesure du travail devienne la mesure exacte du bien-être, et que le produit du travail soit comme une seconde et incorruptible conscience, dont le témoignage punisse ou rémunère, selon le mérite ou le démérite, chacune des actions de l'homme. [...]

Le règne de l'argent est la transition à cette démocratie des valeurs, fondement de la justice et de la fraternité. L'argent, et, les institutions de crédit qu'il engendre, élevant à la dignité de numéraire les valeurs industrielles, ont fait baisser le chiffre de la criminalité; l'argent et les institutions de crédit, ouvrant partout le débouché et facilitant la circulation, ont diminué les chances aléatoires, et augmenté, avec la sécurité, la bienveillance et le dévouement...

Pourquoi Dieu, au lieu de créer l'homme, un individu, a-t-il mis au monde l'humanité, une espèce ? Cette question intéresse le philosophe, à quelque opinion qu'il appartienne. Or, le communisme ne peut y répondre, parce qu'à son point de vue la création de l'humanité est absurde.

Chapitre IX : La communauté

L'auteur d'Icarie, qui, soit préjugé de catholicisme, soit respect pour la coutume de l'Europe, a conservé, à l'exemple de Fénelon, la monogamie dans sa république, s'est compensé de cette exception sur d'autres points. M. Cabet crée partout l'immobilité, chasse la spontanéité et la fantaisie. L'art de la modiste, celui du bijoutier, du décorateur, etc., sont *anticommunautaires*. M. Cabet prescrit, comme Mentor, l'invariabilité du costume, l'uniformité du mobilier, la simultanéité des exercices, la communauté des repas, etc., etc. D'après cela, on ne conçoit pas pourquoi, en Icarie, il existerait plus d'un homme, plus d'un couple, le bonhomme Icar, ou M. Cabet, et sa femme. A quoi bon tout ce peuple ? à quoi bon cette répétition interminable de marionnettes, taillées et habillées de la même manière ? La nature, qui ne tire pas ses exemplaires à la façon des imprimeurs, et qui, en se répétant, ne fait jamais deux fois la même chose, fait naître, pour produire l'être progressif et prévoyant, des millions. de milliards d'individus divers, et de cette infinie diversité résulte pour elle un sujet unique, l'homme. Le communisme impose des bornes à cette variété de la nature. [...] L'homme de la communauté, une fois créé, est créé pour toujours... N'est-ce point ainsi que le fouriérisme a prétendu immobiliser la science ? Ce que Cabet fait pour le costume, Fourier l'avait fait pour le progrès : lequel des deux mérite davantage la reconnaissance de l'humanité ?

Pour arriver à ces fins avec plus de certitude, l'Icarien réglemente l'esprit public, prend ses mesures contre les idées nouvelle [...] Le journal, imprimé aux frais de l'État, est distribué *gratis,* rend compte des délibérations, fait connaître le chiffre de la minorité, analyse ses raisons : après quoi tout est dit. Les livres de science et de littérature sont faits et publiés par délégation : la publicité n'est acquise à rien autre. En effet, tout appartenant à la communauté, personne n'ayant rien en propre, l'impression d'un livre non autorisé est impossible. D'ailleurs qu'aurait-on à dire ? Toute idée factieuse se trouve donc arrêtée dans sa source, et nous n'avons jamais de délits de presse : c'est l'idéal de la police préventive. Ainsi le communisme est conduit par la logique à l'intolérance des idées. Mais, miséricorde! l'intolérance des idées est comme l'intolérance des personnes : c'est l'exclusion, c'est la propriété!...

La communauté, c'est la propriété! Ceci ne se comprend plus et

Pierre-Joseph Proudhon

pourtant c'est indubitable: vous allez voir.

De tous leurs préjugés inintelligents et rétrogrades,. celui que les communistes caressent le plus est la dictature. Dictature de l'industrie, dictature du commerce, dictature de la pensée, dictature dans la vie sociale et la vie privée, dictature partout : tel est le dogme qui plane, comme la nuée sur le Sinaï, sur l'utopie icarienne. La révolution sociale, M. Cabet ne la conçoit pas comme effet possible du développement des institutions et du concours des intelligences : cette idée est trop métaphysique pour son grand cœur. D'accord avec Platon et tous les révélateurs ; d'accord avec Robespierre et Napoléon; d'accord avec Fourier, ce dictateur de la science sociale, qui n'a rien laissé à découvrir; d'accord enfin avec M. Blanc et la démocratie de juillet, qui veut procurer le bonheur du peuple MALGRÉ LUI, et donner au pouvoir la plus *grande force d'initiative* possible, M. Cabet fait venir la réforme par le conseil, la volonté, la haute mission d'un personnage, héros, messie et représentant des Icariens. M. Cabet se garde bien de faire naître la loi nouvelle des discussions d'une assemblée régulièrement issue de l'élection populaire : moyen trop lent, et qui compromettrait tout.

Il lui faut UN HOMME. Après avoir supprimé toutes les volontés individuelles, il les concentre dans une individualité suprême, qui exprime la pensée collective, et, comme le moteur immobile d'Aristote, donne l'essor à toutes les activités subalternes. Ainsi, par le simple développement de l'idée, l'on est invinciblement amené à conclure que l'idéal de la communauté est l'absolutisme. Et vainement on alléguérait pour excuse que cet absolutisme sera transitoire ; puisque, si une chose est nécessaire un seul instant, elle le devient à jamais, là transition est éternelle. [...]

La communauté est la religion de la misère.

[...] En philosophie, le communisme ne pense ni ne raisonne; il a horreur de la logique, de la dialectique et de la métaphysique; il n'apprend pas, il *CROIT*. En économie sociale, le communisme ne compte ni ne calcule ; il ne sait ni organiser, ni produire, ni répartir; le travail lui est suspect, la justice lui fait peur. Indigent par lui-même, incompatible avec toute spécification, toute réalisation, toute lof;

empruntant ses idées aux plus vieilles traditions, vague, mystique, indéfinissable; prêchant l'abstinence en haine du luxe, l'obéissance en crainte de la liberté, le quiétisme en horreur de la prévoyance : c'est la privation partout, la privation toujours. La communauté, lâche et énervante, pauvre d'invention, pauvre d'exécution, pauvre de style, la communauté est la religion de la misère.

Je viens de nommer le *luxe*. L'économie politique n'ayant rien donné de précis à cet égard, l'utopie n'avait rien à prendre, et M. Cabet s'est trouvé au dépourvu. M. Cabet donc, nouvel Alexandre tranchant le nœud gordien, a pris bravement son parti : il a proscrit le luxe. Point de luxe! à bas les modes et les parures! Les femmes porteront des plumes artificielles ; les diamants seront remplacés par des verroteries ; les riches tapis, les meubles précieux, comme les chevaux et les voitures, appartiendront à l'État : ce qui ne fera pas de jaloux. Le costume sera réglé une fois pour toutes par conseil souverain. Les habits, taillés sur une vingtaine de patrons, seront élastiques comme caoutchouc, afin de dessiner la taille et de conserver en tout temps la juste mesure. A quoi bon perdre le travail et la fortune publique à ces fantaisies indécentes, créées pour l'orgueil et la corruption ? [...]

Ce qui embarrasse les adversaires du luxe, et à quoi ses apologistes n'ont répondu qu'en désertant la fraternité et en affichant le plus intraitable égoïsme, c'est la manière dont se fera la distribution. Dans une société où toutes les personnes sont égales et ne peuvent avoir rien en propre, une parure de diamants, un bracelet de perles, serait un objet qui, ne pouvant se diviser, créerait pour le propriétaire un privilège nouveau, une sorte d'aristocratie. Or, ce que nous disons des pierres précieuses, on peut le dire de mille autres choses : le luxe, bien qu'il ait pour principe la rareté, est par la variété infini. Le moyen de tolérer dans une communauté un pareil abus ? Et maintenant, je vous le demande, à vous tous qui riez de l'ineptie *communautaire* : comment, si le ciel vous eût appelé à faire la constitution des Icariens, vous fussiez-vous tiré de cette position ? Songez à la coquetterie des femmes, à la galanterie des jeunes gens, au désir effréné de plaire, qui possède toutes les âmes, et qui, s'il n'est déjà la propriété, a besoin, pour se satisfaire, de propriété. Certes, si les diamants ne coûtaient pas plus que les grains de verre, le bon Icar n'en eût refusé à personne ; niais des bagatelles

Pierre-Joseph Proudhon

rares et difficiles, quel sujet inépuisable de prétentions, de jalousies, de discordes ! En abandonnez-vous la distribution à la loterie ? C'est fomenter la contrebande : les bijoutiers, les orfèvres, les modistes, artisans de luxe et de perdition, de toutes parts sollicités, formeront bientôt une corporation anticommuniste. Le seul moyen de salut est l'interdiction : les richesses de l'impure Babylone seront jetées aux flammes, ou confisquées pour servir aux parades de la république.

Il y avait pourtant un moyen, facile et simple, de sortir d'embarras : c'était, au lieu de la distribution *en nature,* d'adopter le système de répartition par *équivalences.* Que chaque travailleur, en livrant son produit, reçoive un *Bon de...,* valeur reçue de lui en marchandises, et devienne, par ce moyen, seul arbitre de sa consommation; il est évident qu'alors la dépense variant selon les goûts, la répartition des objets de luxe s'opère d'elle-même et sans nulle envie, parce que tout se paye, et qu'il n'y a de préférence pour personne. Si la vogue s'attache à un objet, la hausse s'ensuit aussitôt ; et, la société frappant cet objet d'un droit fiscal, le luxe devient un principe d'économie. Tel est au fond l'esprit des droits d'octroi, de régie, de circulation et de débit, relativement aux produits vinicoles et industriels. Partout, quand nous y regardons dé près, se montre dans la société la tendance à l'équilibre, tendance toujours contrariée et étouffée par l'inertie communiste et l'anarchie propriétaire.

Malheureusement ce système de répartition, que la monnaie, depuis un temps immémorial, a rendu si populaire, la communauté ne peut y avoir recours sans se déchirer, comme Caton, de ses propres mains. Toute mesure de la valeur est l'expression pure de l'individualité, la déclaration officielle de l'appropriation : la monnaie est l'extrait mortuaire du communisme...

La communauté est la religion de la misère.

Ce que la société cherche dans la réduction des frais, c'est l'économie du prix de revient, non par motif d'accumulation stérile, mais en vue d'une création nouvelle, c'est-à-dire d'une production et d'une consommation toujours plus grandes. La propriété, au contraire, n'y voit qu'un moyen d'étendre indéfiniment sa domination exclusive et jalouse, et de créer autour d'elle le désert et le vide. C'est ce qui a donné lieu à la distinction du produit net et du produit brut, le premier exprimant le bénéfice, c'est-à-dire l'exclusion propriétaire; le second indiquant le bien-être collectif. Ainsi les propriétaires de *l'agro romano,* dont Sismondi a fait une si lamentable peinture, et qui pourrait nourrir trois ou quatre cent mille habitants, ont trouvé qu'il y avait plus de profits pour eux à mettre la terre en pâture qu'à la faire labourer : comme les industriels, leur avantage consiste à se passer d'ouvriers. Ils ne se posent pas pour problème : *Faire produire et consommer le Plus possible, Par le plus grand nombre Possible d'hommes,* ce qui est vraiment le problème économique ; ils prennent pour règle cette maxime antisociale : Réaliser *le plus grand produit met possible,* c'est-à-dire, éliminer autour d'eux le travail et le salaire.

La communauté, s'emparant de cette routine propriétaire avec le fanatisme qui la distingue, raisonne exactement comme la propriété : elle ne voit dans la théorie de la réduction des frais qu'un moyen de *diminuer le travail pour tout le monde,* sans s'apercevoir qu'une pareille diminution n'aurait point de terme, et aboutirait nécessairement à l'inaction, à l'indigence absolue.

L'omnibus à coup sûr est un véhicule économique, tout à fait dans le goût communiste. Supposons la société assez riche pour donner à chaque famille cheval et cabriolet : quelle serait la raison d'existence, et que signifierait l'économie de *l'omnibus ?* N'est-il pas sensible que, malgré son utilité relative, *l'omnibus,* substitué à la voiture particulière, loin d'être un progrès de la richesse, signalerait, au contraire, une diminution de la richesse ? Or, voilà justement ce que fait le communisme. Prenant à la propriété ses sophismes, il vous dit : A quoi bon ces millions de ménages, ayant chacun pendule, montres en or, armoires, chaises, tables, tableaux, gravures, bibliothèque, poêles, lampes et flambeaux, vaisselle et batterie de cuisine, provision de linge pour six mois, habits et manteaux de rechange, des bijoux et des ustensiles de toute espèce ? A quoi bon cette profusion, cette débauche ? Tandis que, si nous vivions en communauté, nous aurions une horloge superbe, sonnant majestueusement dans le cénacle les heures en faux-bourdon, des lustres éblouissants comme à il Opéra, une table de cinq cents couverts, un pot-au-feu de trente hectolitres, et les séances de la Convention, avec

Pierre-Joseph Proudhon

les victoires de la République, peintes à l'huile sur les murailles! .....

Eh! bonnes gens dont on se moque sous couleur de vous émanciper, à quoi bon des bijoutiers, des horlogers, des fondeurs, des graveurs, des ébénistes, des lampistes, des poêliers, des verriers, des imprimeurs, des modistes... ; à quoi bon le travail, si vous proscrivez la richesse ? à quoi bon le genre humain ? Ou plutôt, à quoi bon la communauté ? n'êtes-vous pas, sans elle, assez dépourvus, assez misérables !

[...] Comme critique, ayant du procéder à la recherche des lois sociales par la négation de la propriété, J'appartiens à la protestation socialiste : sous ce rapport, je n'ai rien à désavouer de mes premières assertions, et je suis, grâce à Dieu, fidèle à mes antécédents. Comme homme de réalisation et de progrès, je répudie de toutes mes forces le socialisme, vide d'idées, impuissant, immoral, propre seulement à faire des dupes et des escrocs. N'est-ce pas ainsi qu'il se montre depuis vingt ans, annonçant la science et ne résolvant aucune difficulté ; promettant au monde le bonheur et la richesse, et lui-même ne subsistant que d'aumônes et dévorant, sans rien produire, d'énormes capitaux ? .....

Pour moi, je le déclare, en présence de cette propagande souterraine, qui au lieu de chercher le grand jour et de défier la critique, se cache dans l'obscurité des ruelles; en présence de ce sensualisme éhonté, de cette littérature fangeuse, de cette mendicité sans frein, de cette hébétude d'esprit et de cœur qui commence à gagner une partie des travailleurs, je suis pur des infamies socialistes, et voici, en deux mots, sur toutes les utopies d'organisation passées, présentes et futures, ma profession de foi et mon critérium :

Quiconque pour organiser le travail fait appel au pouvoir et au capital a menti.

Parce que l'organisation du travail doit être la déchéance du capital et du pouvoir.

Chapitre X : Conclusion

[...] Toutes les choses que nous pensons nous semblent exister, se succéder ou s'agencer dans trois CAPACITÉS transcendantes, hors desquelles nous n'imaginons et ne concevons absolument rien : ce sont *l'espace*, le *temps* et *l'intelligence*.

De même que tout objet matériel est conçu par nous nécessairement dans l'espace ; de même encore que les phénomènes, liés les uns aux autres par un rapport de causalité, nous paraissent se suivre dans le temps : ainsi nos représentations purement abstraites sont rapportées par nous à un réceptacle particulier, que nous nommons intellect ou intelligence.

L'intelligence est dans son espèce une capacité infinie, comme l'espace et l'éternité. Là s'agitent des mondes, d'innombrables organismes aux lois compliquées, aux effets variés et imprévus ; égaux, pour la magnificence et l'harmonie, aux mondes semés par le créateur à travers l'espace, aux organismes qui brillent et s'éteignent dans la durée. Politique et économie politique, jurisprudence, philosophie, théologie, poésie, langues, mœurs, littérature, beaux-arts : le champ d'observation du moi est plus vaste, plus fécond, plus riche à lui seul que le double champ d'observation de la nature, l'espace et le temps.

Le moi donc, ainsi que le temps et l'espace, est infini. L'homme, et ce qui est le produit de l'homme, constitue, avec les êtres qui sont jetés à travers l'espace et les phénomènes qui se succèdent dans le temps, la triple manifestation de Dieu. Ces trois infinis, expressions indéfinies de l'infini, se pénètrent et se soutiennent l'un l'autre, inséparables et irréductibles : l'espace ou l'étendue ne se concevant pas sans le mouvement, lequel implique l'idée de force, c'est-à-dire une spontanéité, un moi.

Les idées des choses qui se présentent à nous dans l'espace forment pour notre imagination des *tableaux;* les idées dont nous plaçons les objets dans le temps se déroulent en *histoires* ; enfin les idées ou rapports qui ne tombent pas sous la catégorie ni du temps ni de l'espace, et qui appartiennent à l'intellect, se coordonnent en *systèmes.*

Pierre-Joseph Proudhon

Tableau, histoire, système, sont donc trois expressions analogues, ou plutôt homologues, par lesquelles nous faisons entendre qu'un certain nombre d'idées se présente à notre esprit comme un tout symétrique et parfait. C'est pourquoi ces expressions peuvent, en certains cas, se prendre l'une pour l'autre, ainsi que nous l'avons pratiqué au commencement de cet ouvrage, lorsque nous l'avons présenté comme une histoire de l'économie politique, non plus selon la date des découvertes, mais selon l'ordre des théories.

Nous concevons donc, et nous ne pouvons pas ne pas concevoir une capacité pour les choses de pensée pure, ou, comme dit Kant, pour les *noumènes,* de la même manière que nous en concevons deux autres pour les choses sensibles, *ou phénomènes.*

Mais l'espace et le temps ne sont rien de réel ce sont deux formes imprimées au moi par l'aperception extérieure.

Pareillement l'intelligence n'est aussi rien de réel : c'est une forme que le moi s'impose à lui-même, par analogie, à l'occasion des idées que l'expérience lui suggère.

Quant à l'ordre d'acquisition des idées, intuitions ou images, il nous semble que nous commençons par celles dont les types ou réalités sont compris dans l'espace; que nous continuons en arrêtant, pour ainsi dire, au vol les idées que le temps emporte, et qu'enfin nous découvrons tout à coup, à l'aide des aperceptions sensibles, les idées ou concepts, sans modèle extérieur, qui nous apparaissent dans ce fantôme de capacité que nous nommons notre intelligence. Tel est le progrès de notre savoir : nous partons du sensible pour nous élever à l'abstrait ; l'échelle de notre raison a le pied sur la terre, traverse le ciel et se perd dans les profondeurs de l'esprit.,

Renversons maintenant cette série, et figurons-nous la création comme une chute des idées de la sphère supérieure de l'intelligence dans les sphères inférieures du temps et de l'espace, chute pendant laquelle les idées, originellement pures, auront pris un corps ou substratum qui les réalise et les exprime. A ce point de vue toutes les choses

Chapitre X : Conclusion

créées, les phénomènes de la nature et les manifestations de l'humanité, nous apparaîtront comme une projection de l'esprit, immatériel et immuable, sur un plan tantôt fixe et droit, l'espace, tantôt incliné et mobile, le temps.

Il suit de là que les idées, égales entre elles, contemporaines et coordonnées dans l'esprit, semblent jetées pêle-mêle, éparpillées, localisées, subordonnées et consécutives dans l'humanité et dans la nature, formant des tableaux et des histoires sans ressemblance avec le dessin primitif : et toute la science humaine consiste à retrouver dans cette conception le système abstrait de la pensée éternelle. C'est par une restauration de ce genre que les naturalistes ont retrouvé les systèmes des êtres organisés et inorganisés ; c'est par le même procédé que nous avons essayé de rétablir la série des phases de l'économie sociale, que la société nous fait voir isolées, incohérentes, anarchiques. Le sujet que nous avons entrepris est vraiment l'histoire naturelle du travail, d'après les fragments recueillis par les économistes; et le système qui est résulté de notre analyse est vrai au même titre que les systèmes des plantes découverts par Linné et de Jussieu, et le système des animaux par Cuvier.

Le moi humain manifesté par le travail, tel est donc le champ d'exploration de l'économie politique, forme concrète de la philosophie. L'identité de ces deux sciences, ou pour mieux dire de ces deux scepticismes, nous a été révélée dans tout le cours de ce livre. Ainsi la formation des idées nous est apparue dans la division du travail comme une division des catégories élémentaires ; puis, nous avons vu la liberté naître de l'action de l'homme sur la nature, et, à la suite de la liberté, se produire toutes les relations de l'homme avec la société et avec lui-même. En résultat, la science économique a été pour nous à la fois une ontologie, une logique, une psychologie, une théologie, une politique, une esthétique, une symbolique et une morale...

Le champ de la science reconnu, et sa délimitation opérée, nous avions à en reconnaître la *méthode*. Or, la méthode de la science économique est encore la même que celle de la philosophie : l'organisation du travail, selon nous, n'est autre chose que l'organisation du sens commun...

Pierre-Joseph Proudhon

Parmi les lois qui constituent cette organisation nous avons remarqué l'antinomie. [...]

L'antinomie est le principe de l'attraction et du mouvement, la raison de l'équilibre : c'est elle qui produit la passion, et qui décompose toute harmonie et tout accord...

Vient ensuite la loi de progression et de série, la mélodie des êtres, loi du beau et du sublime. Ôtez l'antinomie, le progrès des êtres est inexplicable : car où est la force qui engendrerait ce progrès ? Ôtez la série, le monde n'est plus qu'une mêlée d'oppositions stériles, une ébullition universelle, sans but et sans idée .....

Quand même ces spéculations, pour nous vérité pure, paraîtraient douteuses, l'application que nous en avons faite serait encore d'une utilité immense. Que l'on veuille bien y réfléchir : il n'est pas un seul moment de la vie où le même homme n'affirme et ne nie à la fois les mêmes principes et les mêmes théories, avec plus ou moins de bonne foi sans doute, mais aussi avec des raisons toujours plausibles, qui, sans apaiser tout à fait la conscience, suffisent pour faire triompher la passion et répandre le doute dans l'esprit. Laissons donc, si l'on veut, la logique : mais n'est-ce rien d'avoir éclairé la double face des choses, d'avoir appris à nous méfier du raisonnement, de savoir comment, plus un homme a de justesse dans les idées et de droiture dans le cœur, plus il court risque d'être dupe et absurde ? Tous nos malentendus politiques, religieux, économiques, etc., viennent de la contradiction inhérente aux choses; et telle est encore la source d'où découlent sur la société la corruption des principes, la vénalité des consciences, le charlatanisme des professions de foi, l'hypocrisie des opinions...

« Les maîtres, dit l'oracle, sont partout et de tout temps dans une ligue tacite, mais constante et uniforme, pour ne pas lever les salaires au-dessus du taux existant. Violer cette règle est un acte de faux-frère. Et par une législation abominable, cette ligue est tolérée, tandis que les coalitions des ouvriers sont punies sévèrement. »

Et pourquoi cette nouvelle iniquité, que l'inaltérable sérénité de Smith n'a pu s'empêcher de déclarer *abominable* ? Est-ce qu'une si criante

Chapitre X : Conclusion

injustice aurait été encore nécessaire et que, sans cette acception de personnes, la fatalité aurait été en erreur et la Providence en échec ? Trouverons-nous moyen de justifier, avec le monopole, cette police partiale du genre humain ?

Pourquoi non, si nous voulons nous élever au-dessus du sentimentalisme sociétaire, et considérer de haut les faits, la force des choses, la loi intime de la civilisation ?

Qu'est-ce que le travail ? Qu'est-ce que le privilège ?

Le travail, l'analogue de l'activité créatrice, sans conscience de lui-même, indéterminé, infécond, tant que l'idée, la loi ne le pénètre pas, le travail est le creuset où s'élabore la valeur, la grande matrice de la civilisation, principe passif on femelle de la société. - Le privilège, émané du libre arbitre, est l'étincelle électrique qui décide l'individualisation, la liberté qui réalise, l'autorité qui commande, le cerveau qui délibère, le moi qui gouverne.

Le rapport du travail et du privilège est donc un rapport de la femelle au mâle, de l'épouse à l'époux. Chez tous les peuples, l'adultère de la femme a toujours paru plus répréhensible que celui de l'homme; il a été soumis en conséquence à des peines plus rigoureuses. Ceux qui, s'arrêtant à l'atrocité des formes, oublient le principe et ne voient que la barbarie exercée envers le sexe, sont des politiqueurs de romans dignes de figurer dans les récits de l'auteur de Lélia. Toute indiscipline des ouvriers est assimilable à l'adultère commis par la femme. N'est-il pas évident alors que, si la même faveur de la part des tribunaux accueillait la plainte de l'ouvrier et celle du maître, le lien hiérarchique, hors duquel l'humanité ne peut vivre, serait rompu, et toute l'économie de la société ruinée ?

Jugez-en d'ailleurs, par les faits. Comparez la physionomie d'une grève d'ouvriers avec la marche d'une coalition d'entrepreneurs. Là, défiance du bon droit, agitation, turbulence, au dehors cris et frémissements, au dedans terreur, esprit de soumission et désir de la paix. Ici, au contraire, résolution calculée, sentiment de la force, certitude du succès, sang-froid dans l'exécution. Où donc se trouve, à votre avis, la puissance ?

Pierre-Joseph Proudhon

où le principe organique ? où la vie ? Sans doute la société doit à tous assistance et protection : je ne plaide point ici la cause des oppresseurs de l'humanité; que la vengeance du ciel les écrase ! Mais il faut que l'éducation du prolétaire s'accomplisse. Le prolétaire, c'est Hercule arrivant à l'immortalité par le travail et la vertu : mais que ferait Hercule sans la persécution d'Eurystée ?

Qui es-tu ? demandait le pape saint Léon à Attila, lorsque ce ravageur des nations vint planter son camp devant Rome.

- Je suis le fléau de Dieu, répondit le barbare. - Nous recevons avec reconnaissance, reprit, le pape, tout ce qui nous vient de Dieu : mais toi, prends garde de rien faire qui ne te soit commandé !

Propriétaires, qui êtes-vous ?

Chose étrange, la propriété, attaquée de toutes parts au nom de la charité, de la justice, de l'économie sociale, n'a jamais su répondre pour sa justification que ces mots : je suis parce que je suis. je suis la négation de la société, la spoliation du travailleur, le droit de l'improductif, la raison du plus fort, et nul ne peut vivre si je ne le dévore.

Cette effroyable énigme a fait le désespoir des intelligences les plus sagaces. [...]

Considérons dans leur ensemble les produits que l'industrie et l'agriculture apportent au marché. Ces produits, comme la poudre et le savon, sont tous, à un degré quelconque, le résultat d'une combinaison dont les matériau ont été tirés du magasin général. Le prix de ces produits se compose invariablement, d'abord des salaires payés aux différentes catégories de travailleurs, en second lieu, des profits exigés par les entrepreneurs et capitalistes. De sorte que la société se trouve divisée en deux classes de personnes : 1º les entrepreneurs, capitalistes et propriétaires, qui ont le monopole de tous les objets de consommation; 2º les salariés ou travailleurs, qui ne peuvent donner de ces choses que la moitié de ce qu'elles valent, ce qui leur rend la consommation, la circulation et la reproduction impossibles.

Chapitre X : Conclusion

En vain Adam Smith nous dit-il :

« La simple équité exige que ceux qui habillent, nourrissent et logent tout le corps de la nation, aient dans le produit de leur propre travail une part suffisante pour être eux-mêmes passablement nourris, vêtus et logés. »

Comment cela pourrait-il se faire, à moins d'une dépossession des monopoleurs ? Et comment empêcher le monopole, s'il est un effet nécessaire du libre exercice de la faculté industrielle ? La justice que voudrait établir Adam Smith est impraticable dans le régime de la propriété. Or, si la justice est impraticable, si elle devient même injustice, et si cette contradiction est intime à la nature des choses, à quoi sert de parler encore d'équité et d'humanité ? Est-ce que la Providence connaît l'équité, ou si la fatalité est philanthrope ? Ce n'est point à détruire le monopole, pas plus que le travail, que nous devons tendre; c'est, par une synthèse que la contradiction du monopole rend inévitable, à lui faire produire dans l'intérêt de tous les biens qu'il réserve à quelques-uns. Hors de cette solution la Providence demeure insensible à nos larmes; la fatalité suit inflexiblement sa route ; et tandis que nous nous disputons, gravement assis, sur le juste et l'injuste, le Dieu qui nous a faits contradictoires comme lui dans nos pensées, contradictoires dans nos actions, nous répond par un éclat de rire.

C'est cette contradiction essentielle de nos idées qui, se réalisant par le travail et s'exprimant dans la société avec une gigantesque puissance, fait arriver toutes choses en sens inverse de ce qu'elles doivent être, et donne à la société l'aspect d'une tapisserie vue à revers ou d'un animal retourné. L'homme, par la division du travail et par les machines, devait s'élever graduellement à la science et à la liberté; et par la division par la machine, il s'abrutit et se rend esclave. L'impôt, dit la théorie, doit être en raison de la fortune; et tout au contraire l'impôt est en raison de la misère. L'improductif doit obéir, et par une amère dérision l'improductif commande. Le crédit, suivant l'étymologie de son nom, et d'après sa définition théorique, est le fournisseur du travail; dans la pratique, il le pressure et le tue. l'a propriété, dans l'esprit de sa prérogative la plus belle, est l'extension de la terre ; et dans l'exercice de cette même prérogative, la propriété est l'interdiction de la terre. Dans

Pierre-Joseph Proudhon

toutes ses catégories l'économie politique reproduit la contradiction et l'idée religieuse. La vie de l'homme, affirme la philosophie, est un affranchissement perpétuel de l'animalité et de la nature, une lutte contre Dieu. Dans la pratique religieuse, la vie est la lutte de l'homme contre lui-même, la soumission absolue de la société à un Être supérieur. Aimez *Dieu de tout votre cœur,* nous dit l'Évangile, et *haïssez votre âme pour la vie éternelle : précisément* le contraire de ce que nous commande la raison...

je ne pousserai pas plus loin ce résumé. Parvenu au terme de ma course., mes idées se pressent en telle multitude et véhémence, que déjà il me faudrait un nouveau livre pour raconter ce que je découvre, et qu'en dépit de la convenance oratoire je ne vois d'autre moyen de finir que de m'arrêter brusquement.

Si je ne me trompe, le lecteur doit être convaincu au moins d'une chose : c'est que la vérité sociale ne peut se trouver ni dans l'utopie, ni dans la routine; que l'économie politique n'est point la science de la société, mais qu'elle contient les matériaux de cette science, de la même manière que le chaos avant la création contenait les éléments de l'univers; c'est que, pour arriver à l'organisation définitive qui paraît être la destinée de notre espèce sur le globe, il ne reste plus qu'à faire équation générale de toutes nos contradictions.

Mais quelle sera la formule de cette équation ?

Déjà il nous est permis de l'entrevoir : ce doit être une *loi d'échange,* une théorie de MUTUALITÉ, un système de garanties qui résolve les formes anciennes de nos sociétés civiles et commerciales, et satisfasse à toutes les conditions d'efficacité, de progrès et de justice qu'a signalées la critique une société non plus seulement Conventionnelle mais réelle; qui change la division parcellaire en instrument de. science; qui abolisse la servitude des machines, et prévienne les crises de leur apparition ; qui fasse de la concurrence un bénéfice, et du monopole un gage de sécurité pour tous ; qui, par la puissance de son principe, au lieu de demander crédit au capital et protection à l'État, soumette au travail le capital et l'État ; qui, par la sincérité de l'échange crée une véritable solidarité entre les peuples ; qui, sans interdire l'initiative individuelle, sans

Chapitre X : Conclusion

prohiber l'épargne domestique, ramène incessamment à la société les richesses que l'appropriation en détourne ; qui, par ce mouvement de sortie et de rentrée des capitaux, assure l'égalité politique et industrielle des citoyens, et par un vaste système d'éducation publique, procure, en élevant toujours leur niveau, l'égalité des fonctions et l'équivalence des aptitudes ; qui, par la justice, le bien-être et la vertu, renouvelant la conscience humaine, assure l'harmonie et l'équilibre des générations ; une société, en un mot, qui, étant tout à la fois organisation et transition, échappe au provisoire, garantisse tout et n'engage rien.

La théorie de la mutualité ou du mutuum, c'est-à-dire de l'échange en nature, dont la forme la plus simple est le prêt de consommation, est, au point de vue de l'être collectif, la synthèse des deux idées de propriété et de communauté ; synthèse aussi ancienne que les éléments qui la constituent, puisqu'elle n'est autre chose que le retour de la société à sa pratique primitive à travers un dédale d'inventions et de systèmes, le résultat d'une méditation de six mille ans sur cette proposition fondamentale, A égale A.

Tout se prépare aujourd'hui par cette restauration solennelle ; tout annonce que le règne de la fiction est passé, et que la société va rentrer dans la sincérité de sa nature. Le monopole s'est enflé jusqu'à égaler le monde : or, un monopole qui embrasse le monde ne peut demeurer exclusif ; il faut qu'il se républicanise ou bien qu'il crève. L'hypocrisie, la vénalité, la prostitution, le vol, forment le fond de la conscience publique : or, à moins que l'humanité n'apprenne à vivre de ce qui la tue, il faut croire que la justice et l'expiation approchent.

Déjà le socialisme, sentant faillir ses utopies, s'attache aux réalités et aux faits : il rit de lui-même à Paris ; il discute à Berlin, à Cologne, à Leipzig, à Breslau ; il frémit en Angleterre ; il tonne de l'autre côté de l'Océan ; il se fait tuer en Pologne ; il s'essaye au gouvernement à Berne et à Lausanne. Le socialisme, en pénétrant les masses, est devenu tout autre : le peuple s'inquiète peu de l'honneur des écoles ; il demande le travail, la science, le bien-être, l'égalité. Peu lui importe le système, pourvu que la chose s'y trouve. Or, quand le peuple veut quelque chose, et qu'il ne s'agit plus pour lui que de savoir comment il pourra l'obtenir, la découverte ne se fait point attendre : préparez-vous à voir descendre la grande mascarade.

Que le prêtre se mette enfin dans l'esprit que le péché, c'est la misère, et que la véritable vertu, celle qui nous rend dignes de la vie éternelle, c'est de lutter contre la religion et contre Dieu ; - que le philosophe, abaissant son orgueil, supercilium *philosophicum,* apprenne de son côté que la raison, c'est la société, et que philosopher, c'est faire oeuvre de ses mains; - que l'artiste se souvienne qu'autrefois il descendit de l'Olympe dans l'étable du Christ, et que de cette étable, il s'éleva tout à coup à des splendeurs inconnues; qu'ainsi que le christianisme, le travail doit le régénérer; - que le capitaliste songe que l'argent et l'or ne sont pas des valeurs véridiques; que par la sincérité de l'échange tous les produits s'élevant à la même dignité, chaque producteur aura dans sa maison un hôtel des monnaies, et, comme la fiction du capital productif a opéré la spoliation de l'ouvrier, ainsi le travail organise résorbera le capital; - que le propriétaire sache qu'il n'est que le collecteur des rentes de la société, et que s'il a pu jadis, à la faveur de la guerre, mettre l'interdit sur-le sol, le prolétaire peut à son tour, par l'association, mettre l'interdit sur les récoltes, et faire expirer la propriété dans le vide ; que le prince et son orgueilleux cortège, ses militaires, ses juges, ses conseillers, ses pairs et toute l'armée des improductifs, se hâtent de crier Merci! au laboureur et à l'industriel, parce que l'organisation du travail est synonyme de la subordination du pouvoir, qu'il dépend du travailleur d'abandonner l'improductif à son indigence, et de faire périr le pouvoir dans la honte et la famine.

Toutes ces choses arriveront, non pas comme nouveautés imprévues, inespérées, effet subit des passions du peuple, ou de l'habileté de quelques hommes, mais par le retour spontané de la société à une pratique immémoriale, momentanément délaissée, et pour cause...

L'humanité, dans sa marche oscillatoire, tourne incessamment sur elle-même : ses progrès ne sont que le rajeunissement de ses traditions ; ses systèmes, si opposés en apparence, présentent toujours le même fond, vu de côtés différents. La vérité, dans le mouvement de la civilisation, reste toujours identique, toujours ancienne et toujours nouvelle : la religion, la philosophie, la science, ne font que se traduire. Et c'est précisément ce qui constitue la Providence et l'infaillibilité de la raison

Chapitre X : Conclusion

humaine ; ce qui assure, au sein même du progrès, l'immutabilité de notre être; ce qui rend la société à la fois inaltérable dans son essence et irrésistible dans ses révolutions ; et qui, étendant continuellement la perspective, montrant toujours au loin la solution dernière, fonde l'autorité de nos mystérieux pressentiments.

En réfléchissant sur ces combats de l'humanité, je me rappelle involontairement que, dans la symbolique chrétienne, à l'Église militante doit succéder au dernier jour une Église triomphante, et le système des contradictions sociales m'apparaît comme un pont magique, jeté sur le fleuve de l'oubli.

ISBN : 978-1505839692

Pierre-Joseph Proudhon

www.ingramcontent.com/pod-product-compliance
Lightning Source LLC
Chambersburg PA
CBHW062000280526
45787CB00005B/1944